KB244342

리더가 꼭 알아야 할
재무관리 전략

리더가 꼭 알아야 할

재무관리 전략

박종원 지음

21세기북스

현대 기업에서 재무관리의 중요성은 아무리 강조해도 지나침이 없다. 투자와 자본조달 결정으로 대표되는 재무의사결정을 어떻게 수행하느냐에 따라 기업 경영의 성패가 좌우되기 때문이다. 최근 들어 글로벌화와 세계 금융시장의 통합이 한층 빠르게 진행되면서 경영환경의 불확실성과 복잡성이 증가하고, 이에 따라 재무관리의 중요성은 더욱 커지고 있다.

이 책에서는 기업의 가치를 높이기 위해 어떻게 재무의사결정을 해야 하는지를 간단명료하게 다루었다. 경영활동에서 경영자가 당면하게 되는 재무관리의 핵심문제 열여섯 가지를 선정하고, 각 문제에 대해 핵심개념과 이론을 설명한 후 사례를 분석하여 그 적용과정을 살펴보았다.

이 책의 장점은 복잡하고 다양하게 이루어지는 기업의 재무활동을 핵심주제로 단순화하고, 각 주제에 대해 기본이론과 실제사례를 유기적으로 구성함으로써 이론적인 실제 적용과정을 한눈에 파악할 수 있게 했다는 점이다. 따라서 이 책의 독자는, 각 주제의 중요성과 의미를 파악한 후 현실의 기업활동에서 재무관리자가 해당 주제와 관련된 의사결정을 어떻게 내리게 되는지를 보다 쉽고 편안하게 이해할 수 있을 것이다.

이 책에서 다룬 내용은 필자가 오랜 시간 회계법인과 대학에서 근무하는 동안 담당한 기업분석과 컨설팅, 기업체 임직원을 대상으로 한 강의, 관련 사례의 개발과 분석에서 얻은 지식과 경험을 토대로 한 것이다. 책에서 배운 재무관리 이론이 현실에 어떻게 적용되는지를 알고 싶어 하는 독자, 유능한 재무관리자CFO를 꿈꾸는 기업체 임직원과 재무관리의 핵심지식을 빠른 시간 내에 학습하기를 원하는 직장인, 그리고 재무관리에 관심이 많지만 어떻게 학습해야 할지 고민스러운 사람들에게 이 책이 좋은 길잡이가 될 것이라고 확신한다.

끝으로 이 책이 나오기까지 여러 면에서 도움을 주고 격려를 아끼지 않은 21세기북스 관계자 여러분에게 이 자리를 빌려 고마움을 표한다.

2011년 1월
박종원

| 차례 |

1장

금융시장과
금융회사의 역할

- 재무환경의 주요 구성요소에 대해 알아본다.

- 다양한 증권의 종류와 특성을 알아본다.

- 여러 금융중개기관들의 특성과 역할에 대해 알아본다.

- 기업, 투자자, 금융중개기관 간에 발생하는 이해상충 문제를 살펴본다.

| 핵심개념 체크 |

"금융시장이 효율적이라면 증권의 시장가격, 예를 들어 주식가격은 해당 기업의 진실한 가치를 반영한다"라는 말이 있다. 시장은 언제나 효율적일까?

효율적 시장은 시장에서 거래되는 상품의 가격이 해당 상품의 가격에 영향을 미치는 모든 정보를 신속하고 정확하게 반영하는 시장을 말한다. 따라서 금융시장이 효율적인 경우 주식의 시장가격은 해당 주식을 발행한 기업과 관련된 모든 정보를 정확하고 신속하게 반영하며, 이는 바로 해당 기업의 진실한 가치를 나타낸다.

그러나 현실시장이 효율적인가에 대해서는 많은 의문이 제기되고 있으며, 시장가격이 때로는 비효율적일 수 있다는 증거들이 관찰되고 있다.

포스코는 올해 약 7조 원의 신규투자를 계획하고 있으며, LG디스플레이는 약 3조 5,000억 원을 투자할 것이라고 발표했다.[1] 새로운 투자를 위해서는 자금이 필요하다. 포스코와 LG디스플레이는 필요한 자금을 어떻게 조달할 수 있을까?

기업(또는 투자자)이 자금을 조달하고 공급하는 장소나 방법 등 금융과 관련된 체계를 재무환경이라 한다. 기업이 어디에서 어떻게 자금을 조달할 수 있는지, 자금조달 수단인 주식과 채권 등의 거래는 어떻게 이루어지는지, 그리고 투자와 자금조달 과정에서 도움을 받을 수 있는 기관들에는 어떠한 것들이 있으며 이들은 어떤 역할을 하는지 등이 경영자가 이해해야 할 주요 재무환경 요인이다.

1 재무환경의 구성 요소

증권securities, 금융시장financial markets, 금융중개기관financial intermediaries은 재무환경을 구성하는 3대 요소이다.

증권

기업이 투자와 자금조달에 이용할 수 있는 자산은 크게 실물자산과 금융자산으로 구분된다. 실물자산은 토지 · 건물 · 기계 · 재고자산 등과 같이 재화와 용역을 생산하는 데 이용할 수 있는 유형자산과, 재화와 용역의 생산에 동원되는 인적자원의 지식 · 기술 · 숙련도 등의 무형자산을 말한다. 금융자산은 재화와 용역을 생산하는 데 직접 사용되는 자산이 아니라 실물자산의 이용으로부터 얻어질 소득에 대한 청구권을 나타내는 자산이다. 금융자산을 흔히 '증권'이라 부르며 주식과 채권이 그 대표적인 예이다.

어느 기업의 주식을 40% 소유하고 있는 주주는 이 기업의 순이익 중 40%를 받을 권리를 갖는다. 또 기업이 발행한 채권을 소유하고 있다면 그 채권에 대해 약속된 원리금을 기업으로부터 받을 권리를 갖는다. 기업은 금융자산을 발행하여 자금을 조달하고 이를 실물자산에 투자하므로 금융자산이 얻게 될 미래수익은 실물자산이 가져다줄 미래수익에 달려 있다.

증권의 종류는 매우 다양하지만 이들은 크게 ① 채권, 채무관계를 나타내는 부채증권, ② 소유지분을 나타내는 자본증권, ③ 앞의 두 가지 성격을 모두 지닌 혼합증권, ④ 다른 자산의 수익형태에 따라 그 수익형태가 결정되는 파생상품 등으로 분류된다. 이들을 좀 더 세분화하면 〈표 1-1〉과 같다.

| 표 1-1 • 증권의 종류 |

부채증권	단기부채증권	기업어음(CP), 양도성예금증서(CD), 환매채(RP) 등
	채권	국채, 공채, 회사채, 자산유동화증권(ABS) 등
자본증권	우선주, 보통주	
혼합증권	전환사채(CB), 신주인수권부사채(BW) 등	
파생증권	선도 · 선물, 옵션, 스왑 등	

금융시장

주식이나 채권과 같은 금융자산 혹은 증권이 발행·거래되고 또 그 가격이 형성되는 시장을 금융시장 또는 증권시장이라 한다. 자금의 수요자가 발행한 주식과 채권 등의 증권을 자금 공급자인 투자자가 매입함으로써 자금이 투자자로부터 수요자에게로 직접 흘러가는 방식을 직접금융이라 하는데, 금융시장은 직접금융이 일어나는 곳이라 할 수 있다.

금융시장은 거래되는 금융자산들의 만기에 따라서 단기자금시장(또는 화폐시장)과 자본시장으로 구분된다. 단기자금시장에서는 1년 이하의 만기를 가진 단기채권들이 거래되는데 단기채권은 유동성이 높고 현금화가 쉽기 때문에 때로는 '현금등가물'이라 한다. 기업은 단기자금시장에서 기업어음과 같은 단기채권을 발행하여 단기자금을 조달한다. 자본시장은 장기증권이 거래되는 곳인데, 이는 다시 채권시장과 주식시장으로 분류된다. 채권시장에서는 기업이나 정부가 장기자금을 조달하기 위해 발행하는 만기 1년 이상의 채권이 거래되며, 주식시장에서는 기업의 소유지분을 나타내는 보통주와 우선주 등의 주식이 거래된다.

금융중개기관

자금의 공급자와 수요자가 직접 만나 거래조건을 정하고 그에 따라 금융자산과 자금을 교환하는 것은 금융거래의 기본적인 방법이지만 여기에는 여러 가지 문제가 발생한다(거래 상대방을 찾기도 어려우며 구체적인 거래조건을 정하는 데도 어려움이 따를 수 있다).

이에 따라 금융에 관한 전문성을 갖춘 제3자가 자금의 공급자로부터 자금을 예치받아 이를 자금의 수요자에게 공급해줌으로써 직접거래에 따른 문제점을 해결하게 되는데, 이러한 금융방식을 '간접금융'이라 하고 간접금융에서 중개역할을 하는 기관을 '금융중개기관'이라 한다.

금융중개기관은 금융거래를 전문적으로 중개함으로써 대량거래에 따른 규모의 경제효과를 얻고, 정보의 수집과 분석에 따른 거래비용을 절약할 수 있다. 금융중개기관은 예금기관, 계약형 저축기관, 투자기관 등으로 구분된다.

| 그림 1–1 · **재무환경** |

- 예금기관 : (상업)은행, 협동조합, 저축은행 등
- 계약형 저축기관 : 생명보험회사, 손해보험회사, 연금기관 등
- 투자기관 : 뮤추얼펀드, 투자신탁, 종합금융회사 등
- 투자중개기관 : 증권회사(투자은행), 선물회사 등

금융시장과 금융중개기관을 합쳐 금융기관 financial institution 이라고 하는데, 금융기관은 좁은 의미에서는 금융중개기관만을 의미하는 용어로 사용되기도 한다. 〈그림 1-1〉은 자금의 수요와 공급, 금융시장, 금융중개기관을 종합하는 재무환경을 나타낸다.

주식회사의 자본조달 방법과 투자자의 특성

주식회사를 기준으로 기업이 필요한 자금을 어떻게 조달할 수 있는지, 이 경우 자본제공자의 권리와 투자위험은 어떠한지 생각해보자. 주식회사는 다양한 방법으로 기업경영에 필요한 자본을 조달한다. 크게 나누어 주식회사가 조달하는 자본은 주주에게서 조달하는 자

| 표 1-2 • **주식회사의 자본조달방법과 투자자의 특성** |

구분	자본조달 수단	자본제공자 (투자자)	자본제공자의 권리	조달자금의 상환의무	투자자의 위험
자기자본	• 외부자금 : 주식발행 • 내부자금 : 이익잉여금	주주	• 경영참가권 (의결권) • 이익청구권 (배당청구권)	없음	• 경영위험 • 재무위험
타인자본	• 회사채발행 • 차입	채권자	약속된 원리금 수령	상환해야 함	채무불이행 위험

기자본과 주주 외의 타인(채권자)으로부터 조달하는 타인자본(부채)으로 구분된다. 자본제공자인 주주와 채권자는 서로 다른 권리와 위험을 부담한다. 이를 간단하게 정리하면 〈표 1-2〉와 같다.

2 증권 발행시장과 유통시장

한편 금융시장은 발행시장과 유통시장으로도 분류된다. 발행시장은 기업, 정부 등의 발행자가 새로운 증권을 발행하여 장기자본을 조달하는 시장이다. 발행시장은 이미 공개된 회사가 추가로 자본을 조달하기 위해 증권을 발행하는 시장과 새로이 공개되는 회사가 증권을 처음 발행하는 시장으로 구분되는데, 후자를 기업공개Initial Public Offering : IPO 시장이라고 한다. 유통시장은 이미 발행된 증권이 거래되는 시장이다.

증권 발행시장의 구조

증권을 발행하는 방법에는 두 가지가 있다. 하나는 발행자가 중개기관을 거치지 않고 직접 투자자에게 증권을 팔아 자금을 조달하는 방법인데 이를 '직접발행'이라 한다. 반면, 중개자(이를 '발행기관'이라 부른다)를 개입시켜 증권 발행에 관한 전문지식을 얻음과 동시에 증권 판매를 원활하게 하는 방법이 있는데 이를 '간접발행'이라 한다.

대부분의 증권 발행에는 간접발행방법이 이용되며, 이 방법에 의한 발행시장의 구조를 살펴보면 〈그림 1-2〉와 같다.

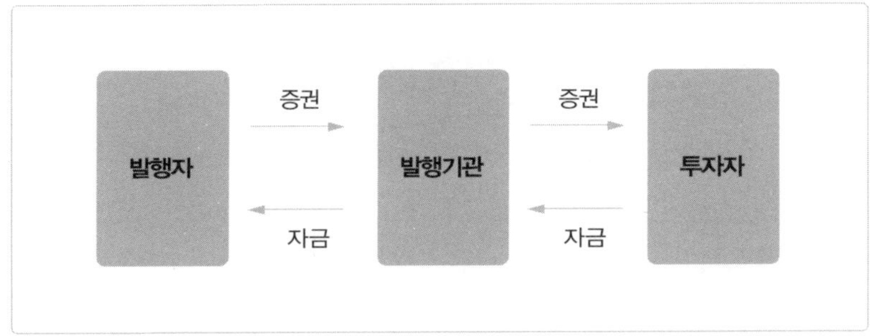

발행기관은 발행자에게 조언을 하거나 사무적인 발행절차를 대행하는 일도 하지만, 제일 큰 기능은 증권을 매출하거나 모집할 때 담당하는 인수기능underwriting이다. 인수기능이란 발행자로부터 유가증권을 매입한 후 이를 일반대중에게 매각하는 기능이다. 이러한 인수기능을 맡는 발행기관을 투자은행investment bank이라고 부르는데, 우리나라의 경우 증권회사와 은행 등이 그 업무를 담당하고 있다.

증권 유통시장의 기능과 구조

유통시장은 이미 발행된 증권이 거래되는 시장이다. 유통시장은 발행시장에서 거래된 증권의 유동성을 높여줄 뿐 아니라, 이로 인해 증권을 담보로 하여 쉽게 자금을 빌리거나 빌려줄 수 있게 한다. 또 유통시장에서는 많은 수요자와 공급자가 자유경쟁을 하며 많은 정보가 분석되어 증권가격이 결정되므로 증권의 가격이 해당 기업의 진실한 가치를 잘 반영할 수 있도록 해준다.

유통시장은 거래소시장과 장외시장으로 나누어진다. 우리나라에

| 그림 1-3 · **유가증권시장의 구조** |

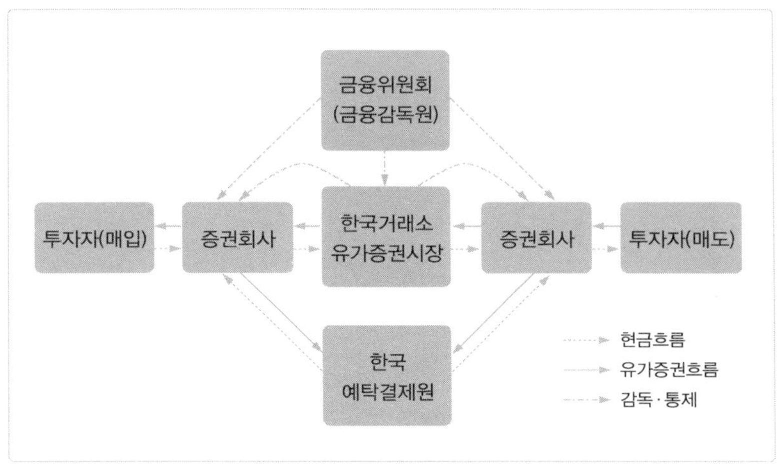

서는 한국거래소KRX, 미국에서는 뉴욕증권거래소NYSE가 대표적인 거래소시장이다. 거래소에서 거래가 이루어지도록 증권을 등록시키는 것을 '상장listing'이라 한다. 일반투자자들이 증권의 매매를 원할 경우에는 증권회사를 통해 거래소에서 사거나 판다.

우리나라의 경우 거래소시장은 한국거래소가 유일하다. 한국거래소는 유가증권시장, 코스닥시장, 파생상품시장을 개설하고 있다. 유가증권시장을 예로 하여 여기에 관계되는 기관들을 그림으로 살펴보면 〈그림 1-3〉과 같다.

장외시장은 거래소 밖에서 증권의 매매가 이루어지는 시장을 말한다. 거래소에서는 상장된 증권만을 제한된 시간에 매매할 수 있는 데 반해 장외시장에서는 비상장증권을 포함하여 거래시간의 제약 없이 언제든지 매매가 이루어진다.

3 주요 금융회사와 역할

다양한 금융회사들이 금융시장에서 활동하며 또 금융중개기관으로 활동한다. 이들의 역할은 다양하지만 크게 자금중개기능과 정보중개기능으로 집약할 수 있다. 즉 앞서 설명한 것과 같이 이들은 자금의 수요자와 공급자를 연결시켜줌으로써 자금의 효율적 배분이 가능하게 한다. 이들이 수행하는 또 하나의 중요한 역할은 시장참여자간에 갖는 정보의 불균형을 해소시켜준다는 것이다.

〈그림 1-1〉에서 살펴본 것처럼 금융시장(또는 금융중개기관)에서는 자금의 공급자인 개인(또는 가계)으로부터 자금의 수요자인 기업으로 자금이 이전된다. 이 과정에서 다음과 같은 두 가지 중요한 문제가 발생한다.

첫 번째 문제는 개인들로부터 자금을 모아 기업에게 전달하는 과정이 복잡하고 어려움이 많다는 것이다. 보유자금의 규모가 작은, 많은 수의 개인투자자들을 모아 기업이 필요로 하는 대규모의 자금을 모으는 작업이 필요하고, 투자자들에게 각 기업의 가치에 대한 적절한 평가 정보를 제공하여 합리적인 투자결정이 이루어지도록 해야 한다. 또 다양한 특성을 갖는 자금제공자와 자금수요자를 만족시키기 위해서 성격이 다른 다양한 자금조달수단(예를 들어 주식, 채권 등)을 개발하여 제공해야 한다.

벤처캐피털리스트, 상업은행 및 투자은행, 보험회사, 뮤추얼펀드 등이 이러한 역할을 하며 이들을 자금중개기관 또는 금융중개기관이라 한다. 금융중개기관은 대량거래에 따른 규모의 경제효과를 얻음으로써 거래비용을 줄일 수 있다.

또 하나의 문제는 기업가(또는 경영자)가 가지고 있는 사업 기회나 아이디어에 대해 기업 외부의 투자자들이 충분한 정보를 갖고 있지 못하다는 것이다. 즉 기업가는 사업내용에 대해 외부 투자자에 비해 더 많은 정보를 가지고 있다. 이러한 상황을 '정보비대칭information asymmetry' 또는 '정보불균형의 상황'이라고 한다.[2]

정보비대칭이 있는 경우 기업가는 자신의 기업가치를 시장에서 정당하게 평가받지 못할 수 있으며, 또한 투자자는 실제보다 비싼 가격에 기업을 사게 되는 경우가 발생할 수 있다. 따라서 시장에서는 정보비대칭을 해소하기 위한 노력이 지속적으로 발생하고 여러 회사들이 기업과 투자자 사이에서 정보를 수집·분석·생산하고, 생산된 정보를 제공하는 역할을 하게 된다. 기업이 주기적으로 수행하는 재무 보고나 거래소에서의 공시 등은 정보비대칭을 해소하기 위한 중요한 수단이다. 그리고 재무분석가financial analysts, 신용평가회사, 금융과 관련된 언론, 회계감사인 등은 기업에 관한 정보를 수집·분석·생산하여 투자자에게 전달함으로써 정보비대칭을 해소시키는 역할을 하는 정보 중개기관이다.

자금중개와 정보중개 기능을 수행하는 대표적인 금융회사로 벤처캐피털리스트, 투자은행, 재무분석가, 연기금·뮤추얼펀드 등의 기관투자자, 회계감사인이 있다. 재무분석가는 투자은행이나 증권회사 등에 고용되어 일하는 매도 측 분석가와 뮤추얼펀드나 보험회사, 연기금 등에 고용되어 일하는 매수 측 분석가로 구분할 수 있다. 이들이 수행하는 역할을 간단히 살펴보면 다음과 같다.

- 벤처캐피털리스트 : 기업가들이 제시하는 사업 기회를 초기단계에서 평가하여 걸러내며, 발굴된 사업에 대한 지원과 자금 제공 및 감독 과정을 거쳐 투자위험은 크나 수익성이 높은 유망사업을 육성하는 역할을 한다.

- 투자은행 : 기업공개IPO나 유상증자, 채권발행 등의 과정에서 인수자underwriter의 역할을 함으로써 자금조달이 원활히 이루어질 수 있도록 한다.

- 매도 측 분석가 : 새로 발행되거나 이미 거래되고 있는 증권에 대한 투자의견, 미래의 수익전망 등에 대한 분석보고서를 개인투자자나 기관투자자에게 제공함으로써 이들의 투자결정에 도움을 준다.

- 매수 측 분석가 : 자신이 속해 있는 연기금이나 뮤추얼펀드의 펀드매니저들에게 증권에 대한 분석보고서와 투자 의견을 제공한다.

- 연기금 · 뮤추얼펀드 등의 기관투자자 : 일반투자자들로부터 모은 자금을 여러 증권에 분산투자하여 수익을 얻고 이를 투자자에게 되돌려주는 역할을 한다.

- 회계감사인 : 경영자가 작성한 재무제표가 일반적으로 인정된 회계원칙GAAP에 의거하여 작성되었는지를 평가하여 인증함으로써 재무정보의 신뢰성을 높이는 역할을 한다.

4 금융회사들은 본연의 역할에 항상 충실할까 :
닷컴버블 사례

각각의 금융회사들이 앞서 살펴본 것과 같은 본연의 역할을 수행하면 시장에서 정보비대칭은 해소되고 효율적인 자원배분이 이루어질 것이다. 그러나 현실시장에서는 이러한 기능이 제대로 작동하지 않을 수 있다. 1999~2001년에 걸쳐 전 세계적으로 발생했던 닷컴버블 사례를 통해 이러한 문제를 살펴본다.

닷컴버블기의 주가동향

닷컴버블 기간에 한국시장에서 주식가격이 어떻게 요동쳤는지를 살펴보자. 〈그림 1-4〉는 한국의 유가증권시장에 상장된 전체 기업의 평균적인 가격동향을 나타내는 한국종합주가지수KOSPI와 코스닥시장의 상장기업 중 주로 닷컴기업과 인터넷기업들로 구성된 코스닥 IT벤처지수의 닷컴버블 기간의 움직임을 나타낸다.

1999년 1월에서 2000년 2월의 기간 동안 유가증권시장의 평균적인 가격동향을 나타내는 KOSPI는 약 1.6배 상승하였다. 반면에 코스닥IT벤처지수는 같은 기간 동안에 11.8배 상승했다. 그러나 2000년 2월 이후에 코스닥IT벤처지수는 가격이 폭락하여 2001년 초에는 1999년 초의 가격으로 환원되었다.

한편, 닷컴버블기 동안 미국시장의 주가는 어땠을까? 〈표 1-3〉은 당시 미국 나스닥에서 거래된 몇몇 종목의 주가동향이다. 해당 기업들은 설립된 지 채 몇 년이 지나기도 전에 기업공개를 하여 나스닥에

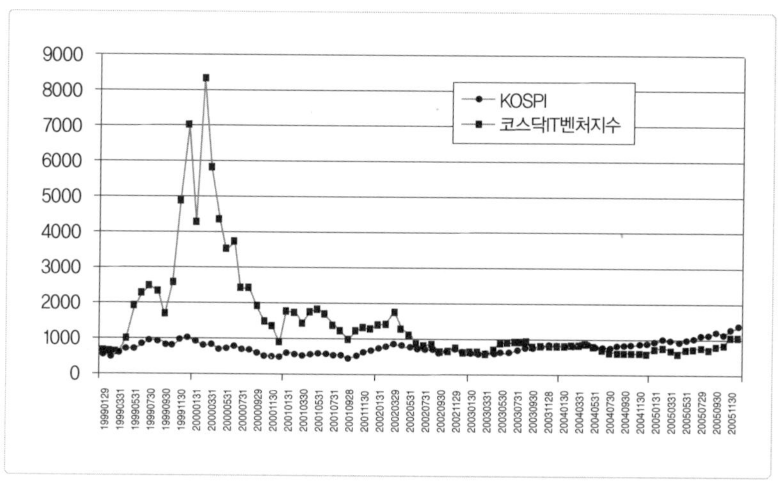

| 표 1-3 • 미국 나스닥시장에서의 인터넷 기업의 주가 등락 | (단위 : 달러)

회사명	기업 공개일	공모가	최고가	(최고가– 공모가)/ 공모가	최고가 기록일	2001년 2월 말 주가	(2월주가 –최고가) /최고가
사이언트 (Scient)	1999. 5	10	133.75	1,238%	2000. 3. 10	2.94	−97.8%
바이언트 (Viant)	1999. 6	8	63.56	695%	1999. 12. 14	3.06	−95.2%
IXL	1999. 6	12	58.75	390%	2000. 1. 20	1.25	−97.9%
레이저피시 (Razorfish)	1999. 4	8	56.94	612%	2000. 2. 14	1.16	−98.0%

주식을 상장하였으며, 상장 이후 주가는 놀라운 상승을 기록했다.

대표적으로 인터넷 컨설팅 기업인 사이언트는 설립(1997년 11월)된 지 불과 2년도 안 된 1999년 5월에 주당 10달러로 기업공개를 하여 나스닥시장에 주식을 상장했다. 상장 후 사이언트의 주가는 급등하여 2000년 3월에는 주당 133.75달러의 최고가를 기록했다. 이는 공모가 대비 1,238%에 달하는 놀라운 상승률이었다. 그러나 이렇게 높은 수준의 주가는 2000년 4월 이후 하락하기 시작하여 2001년 2월 말의 주가는 고점 대비 약 98%나 하락했다.

닷컴버블과 시장참여자의 이해상충 문제

〈그림 1-4〉와 〈표 1-3〉의 사례는 닷컴버블기에 시장 시스템이 무언가 잘못 작동했을 가능성을 보여준다. 왜 이러한 버블이 발생했으며 버블 발생에 대해 누가 책임을 져야 할까?

당시 상황에 대해 분석한 여러 연구는 버블의 발생과 붕괴가 어느 특정 주체의 책임이라기보다는 당시의 닷컴기업과 인터넷기업의 창업, 성장, 기업공개 등에 관여한 모두의 공동책임이라고 주장한다. 즉 벤처캐피털리스트, 투자은행, 매도 측 또는 매수 측 분석가, 해당 기업, 기관투자자, 개인투자자, 감독기관, 회계감사인 등 각 주체들이 본연의 역할에 충실하지 못하고 자신의 이익을 추구한 결과 시장 시스템의 실패를 불렀다는 것이다.[3] 이러한 문제점을 각 금융회사별로 간단히 살펴보자.

- 벤처캐피털리스트 : 투자한 기업의 지분을 매각하거나 투자금을 회수하여 수익을 얻기 때문에 이들의 투자성과는 투자한 기업의 성과, 특히 기업공개 여부에 직접적으로 영향을 받는다. 닷컴버블기에 많은 벤처캐피털리스들은 장기전망이 밝지 않은 사업 기

회를 성장가능성이 높은 것으로 포장하고 시장의 유행에 편승하여 조기 기업공개를 실시한 후 투자금을 회수하는 전략을 취함으로써 닷컴버블의 발생과 확산에 기여했을 수 있다.

- **투자은행** : 인수자로 참여한 기업의 기업공개나 유상증자, 채권 발행 등의 과정에서 조달된 자금에 대한 일정 비율을 수수료로 받으므로 일반투자자의 입장이 아닌 증권발행자의 입장을 옹호할 유인을 가진다. 따라서 벤처캐피털리스트와 기업가들이 미래 전망이 좋지 않은 기업을 기업공개할 수 있도록 도와줌으로써 버블의 확산에 기여했을 수 있다.

- **매도 측 분석가** : 이들은 수익은 투자은행이 얻는 인수수수료에 비례하여 결정되는 것이 보통이다. 따라서 매도 측 분석가는 투자은행의 역할을 뒷받침하는 낙관적인 분석보고서와 투자의견을 제시할 유인을 갖는다.

- **매수 측 분석가** : 이들의 수익은 제공된 보고서에 근거한 투자성과의 크기에 비례한다. 따라서 매수 측 분석가와 펀드매니저 역시 인터넷기업에 대한 정확하지 못한 분석과 일반투자자들의 비합리적인 투자 열기에 편승한 투자로 버블의 확산에 기여했을 수 있다.

- **기관투자자** : 이들의 수익은 관리하는 자산의 규모와 투자성과의 크기에 비례하는 것이 일반적이다. 따라서 기관투자자(펀드매니저)는 펀드의 규모를 늘리기 위해 신규 펀드 개발에 집중할 가능성이 있으며, 시장의 유행에 편승한 단기성과를 추구할 유인을 갖는다.

- 회계감사인 : 인터넷기업의 계속기업_{going concern}으로서의 가능성에 대한 평가를 정확히 하지 못했다는 점에서 비판을 면하기 어렵다.
- 닷컴기업의 기업가와 일반투자자 : 이들 역시 투자가 아닌 도박에 가까운 방법으로 고수익을 좇았다는 점에서 버블의 발생과 확산에 근본적으로 기여했다고 할 수 있다.

금융시장과 금융중개기관의 본연의 역할은 불완전한 시장요인으로 인해 나타나는 문제를 해결하여 시장의 효율성을 제고하고 투자자의 이익을 보호하는 데 있다. 그러나 시장 시스템과 시장에서 활동하는 금융회사들은 결코 완벽한 존재가 아니다. 시장은 효율적인 상황에서 벗어날 수 있으며, 시장가격은 언제든지 진실한 가치에서 이탈할 수 있다.

닷컴버블은 극단적인 하나의 예라고 할 수 있다. 따라서 투자자와 경영자는 이러한 가능성에 대해 항상 주의를 기울일 필요가 있다. 금융회사들이 본연의 역할을 잘 발휘하도록 제도를 정비하고 감독기관과 시장참가자 모두가 충분한 감시·감독을 수행할 때 금융회사들의 본연의 역할이 보다 원활히 이루어져, 시장의 효율성이 제고되고 기업과 투자자는 더욱 큰 이득을 얻을 것이다.

재무제표와
기업성과 평가

| 학습목표 |

- 재무비율을 이용하여 경영성과를 어떻게 평가하는지 살펴본다.
- 기업의 경영성과, 특히 주주의 투자성과를 나타내는 중요한 재무비율에 대해 알아본다.
- 영업활동에서 실현되는 현금흐름을 구하는 방법을 알아본다.
- 재무비율과 영업현금흐름을 이용하여 기업의 경영성과를 어떻게 평가할 수 있는지 알아본다.

| 핵심개념 체크 |

경영자는 매기 일정한 회계기준(이를 '일반적으로 인정된 회계원칙(Generally Accepted Accounting Principles : GAAP)' 이라 한다)에 따라 작성된 재무제표를 공시한다. 경영자는 왜 재무제표를 공시하며 이는 자본시장에서 어떤 기능을 할까?

경영자는 기업의 소유주인 주주로부터 권한을 위임받아 기업을 경영한다. 따라서 경영자는 성실한 경영활동을 통해 주주의 재산을 유지·증식시킨 후 그 결과를 주주에게 보고할 책임을 진다. 이를 경영자의 수탁책임이라 한다. 경영자는 수탁책임을 이행하는 한 방법으로 기업의 경영성과와 재무상태를 잘 나타내는 보고서를 작성하고 이를 주주를 비롯한 정보이용자(채권자, 은행, 국세청, 잠재적 투자자 등)에게 제공한다. 이때 작성되는 대표적인 보고서가 재무제표이다.

재무제표는 경영자와 주주(또는 정보이용자) 사이에 존재하는 기업내용에 대한 정보비대칭을 해소하는 중요한 역할을 한다. 재무제표 공시를 통해 경영자는 기업의 실체에 대한 자본시장의 올바른 평가를 이끌어낼 수 있다. 또 GAAP과 외부감사제도 등을 통해 재무제표 정보의 공정성과 신뢰성을 확보할 수 있으므로 정보이용자는 이에 기초해 합리적인 의사결정을 할 수 있다.

기업의 경영성과와 재무상태에 관한 정보를 어디에서 구할 수 있을까? 다양한 원천으로부터 관련 정보를 얻을 수 있지만, 가장 손쉽게 이용할 수 있는 정보 원천은 바로 재무제표이다. 재무제표에서 얻을 수 있는 여러 유형의 재무비율과 현금흐름을 이용하여 기업의 성과를 평가하고 성과 제고를 위해 필요한 개선책을 찾아볼 수 있다. 그 중 주주가 가장 큰 관심을 갖는 것은 자기자본이익률(ROE)과 영업현금흐름이다.

1 재무제표의 종류와 의미

재무제표는 재무상태표, 포괄손익계산서, 현금흐름표, 자본변동표와 각 보고서에 대한 주석 등으로 구성된다. 각각에 대한 의미를 간단히 살펴보자.

재무상태표

재무상태표(또는 대차대조표)는 특정시점의 기업의 재무상태를 나타낸 보고서이다. 재무상태표 작성 기준일은 보통의 경우 기업의 결산일이며, 필요에 따라 반기 또는 분기별로 작성되기도 한다. 재무상태표를 통해 제공되는 정보는 기준일 현재의 기업 자산과 부채, 자본의 총계와 그 과목별 내역이다.

자 산	부채와 자본
유동자산 :	유동부채 :
현금 및 현금성자산	단기차입금
단기금융자산	매입채무
매출채권	– – –
재고자산	비유동부채 :
– – –	사채
비유동자산 :	장기차입금
장기금융자산	장기충당부채
관계기업투자	– – –
유형자산	자본금
무형자산	주식발행초과금
– – –	이익잉여금
	기타포괄손익누계액

간단한 재무상태표의 구성을 살펴보면 〈표 2-1〉과 같다.

포괄손익계산서

포괄손익계산서(또는 손익계산서)는 한 회계기간 동안의 경영활동에서 발생한 수익과 비용에 대한 정보를 나타내는 보고서이다. 정보이용자는 손익계산서를 통해 기업의 영업활동에서 발생한 수익·비용에 대한 정보와 영업외활동에서 발생한 수익·비용에 대한 정보를 파악할 수 있다.

손익계산서는 일반적으로 1년 또는 반기나 분기 기준으로 작성된다. 포괄손익계산서의 간단한 구성과 각 구성항목의 의미를 간략히 살펴보면 〈표 2-2〉와 같다.

| 표 2-2 · **포괄손익계산서의 구성과 구성항목의 의미** |

포괄손익계산서의 구성	구성항목의 의미
매출액 －매출원가	정상적인 영업활동에서 발생한 수익 매출과정에서 발생한 원가
＝매출총이익	매출로부터 발생한 총이익
－판매비 －관리비	판매활동에서 발생한 비용 관리활동에서 발생한 비용
영업이익 ＋기타수익 －기타비용 －금융비용	정상적인 영업활동외의 경영활동에서 발생한 수익 정상적인 영업활동외의 경영활동에서 발생한 비용 부채 사용에 따라 발생한 비용
＝법인세비용차감전순이익 －법인세비용	기업의 이익에 부과되는 법인세 등 세금비용
＝당기순이익 ＋기타포괄손익	회계기준의 규정에 의해 당기순이익에 포함되지 않는 손익(자산재평가차익, 장기투자주식평가손익 등)
＝총포괄이익	자본의 순증가

주 : 각 항목의 분류와 과목의 명칭은 기업마다 차이가 있을 수 있음.

현금흐름표

현금흐름표는 한 회계기간 동안 기업의 경영활동에서 발생한 현금의 유입과 유출에 대한 정보를 나타낸다. 정보이용자는 현금흐름표에서 기업의 현금흐름의 원천과 운용에 대한 정보를 내역별로 파악할 수 있다. 현금흐름의 원천과 운용은 크게 영업활동, 투자활동, 재무활동으로 구분된다. 현금흐름표의 간단한 구성을 살펴보면 〈표 2-3〉과 같다.

| 표 2-3 · **현금흐름표의 구성** |

Ⅰ 영업활동으로 인한 현금흐름
   1. 당기순이익
   2. 현금의 유출이 없는 비용의 가산
   3. 현금의 유입이 없는 수익의 차감
   4. 영업활동으로 인한 자산 · 부채의 변동

Ⅱ 투자활동으로 인한 현금흐름
   1. 투자활동으로 인한 현금유입액
   2. 투자활동으로 인한 현금유출액

Ⅲ 재무활동으로 인한 현금흐름
   1. 재무활동으로 인한 현금유입액
   2. 재무활동으로 인한 현금유출액

Ⅳ 현금의 증가(Ⅰ+Ⅱ+Ⅲ)

Ⅴ 기초의 현금

Ⅵ 기말의 현금

자본변동표

자본변동표는 한 회계기간 동안 기업의 소유주 지분인 자본이 어떻게 변동했는가를 나타내는 표로, 주주들의 최대 관심사인 자본 변동 내역에 대한 정보를 제공해준다. 정보이용자는 자본변동표를 통해 자본을 구성하고 있는 자본금, 자본잉여금, 자본조정, 기타포괄손익누계액, 이익잉여금의 각 항목별로 기초잔액, 변동사항, 기말잔액에 대한 내용을 확인할 수 있다. 〈표 2-4〉는 자본변동표의 간단한 구성을 보여준다.

| 표 2-4 · **자본변동표의 구성** |

과 목	자본금	자 본 잉여금	자본조정	기타포괄 손익누계액	이 익 잉여금	총 계
2011년 1월 1일						
연차배당						
처분후이익잉여금						
당기순이익(손실)						
유상증자(감자)						
기타자본잉여금						
자기주식처분						
매도가능증권평가손익						
2011년 12월 31일						

주석

주석은 재무제표의 본문만으로는 중요한 정보를 전부 공시하기 어려우므로 재무제표 본문에 표시할 수 없는 정보를 재무제표상의 해당과목이나 금액에 기호를 붙이고 별지에 동일한 기호를 표시하여 그 내용을 간결·명료하게 기재하는 방법이다. 주석은 재무제표의 내용을 이해하는 데 필수적인 것으로 재무제표의 일부이다.

2 주요 재무비율의 계산과 의미

재무제표로부터 다양한 재무비율을 구성할 수 있다. 정보이용자는 재무비율을 이용하여 기업의 유동성, 부채 사용의 정도, 활동성, 수익성, 안정성, 자본시장에서 평가되는 기업가치에 대한 정보를 파악할 수 있다. 다음에서는 대표적인 재무비율의 의미와 계산방법을 살 펴본다.

매출액순이익률

기업의 수익성을 나타내는 대표적인 비율인 매출액순이익률은 기업 의 순이익을 매출액으로 나눈 값으로, 매출액 1원당 벌어들이는 순 이익의 크기를 나타낸다. 이때 사용되는 순이익은 보통 당기순이익 을 사용하지만 분석목적에 따라 법인세비용차감전순이익이나 영업 이익을 이용하기도 한다.

총자산회전율

총자산회전율은 기업의 자산이 영업활동에 몇 회나 사용되었는가를 나타내는 재무비율로 매출액을 총자산(기초와 기말의 평균)으로 나누 어 구한다. 이 비율은 기업의 활동성을 측정하는 대표적인 지표이다.

유동비율

유동비율은 유동자산을 유동부채로 나눈 값으로, 기업의 단기유동 성을 나타내는 대표적인 비율이다.

부채비율

부채비율은 기업의 총자본을 구성하는 타인자본과 자기자본의 구성 비율을 나타내는 것으로, 타인자본(부채)을 자기자본으로 나누어 구 한다. 부채비율은 이자보상비율과 함께 기업의 자본구성 안정성을 나타내는 대표적인 비율이다. 사용되는 타인자본은 유동부채와 비유동부채를 포함한 총부채를 이용하거나 비유동부채 중 영업활동에 실제 투자되고 있는 장기차입금과 사채만을 이용하기도 한다.

이자보상비율

이자보상비율은 영업이익(또는 영업현금흐름)을 금융비용으로 나눈 값으로, 영업이익(또는 영업현금흐름)이 부채 사용에 따른 이자비용의 몇 배에 해당하는지를 측정하는 재무비율이다.

주가수익배수

주가수익배수Price Earnings Ratio : PER는 주식의 시장가격을 예상되는 주당순이익Earnings Per Share : EPS으로 나눈 값으로, 주당순이익의 몇 배가 주식가격으로 형성되는가를 나타낸다. 주가수익배수를 '주가수익비율'이라고도 한다. 일반적으로 높은 성장이 기대되는 기업은 주가수익배수가 높게 나타나며, 성장이 낮을 것이라고 기대되는 기업은 주가수익배수도 낮게 나타난다.

배당성향

배당성향은 순이익 중 배당으로 지급한 금액의 비율을 말한다. 따라서 (1-배당성향)은 순이익 중 기업 내부에 유보된 이익의 비율을 말하여, 이를 '유보율'이라고 부른다.

3 자기자본이익률과 구성요소

기업, 특히 주주의 투자성과를 측정하는 중요한 재무비율로 자기자본이익률_{Return on Equity : ROE}이 있다. 자기자본이익률은 경영활동에서 얻은 순이익을 자기자본으로 나누어 구한 값으로 기업의 소유주인 주주의 투자성과를 나타낸다. 즉 자기자본이익률이 10%라는 것은 주주의 투자수익률이 10%라는 것을 의미한다.

$$\text{ROE} = \frac{\text{순이익}}{\text{자기자본}} \tag{2.1}$$

ROE는 다음과 같이 기업활동을 구성하는 여러 요소로 분해될 수 있다.

$$
\begin{aligned}
\text{ROE} &= \frac{\text{순이익}}{\text{자기자본}} \\[2mm]
&= \frac{\text{순이익}}{\text{총자산}} \times \frac{\text{총자산}}{\text{자기자본}} \\[2mm]
&= \frac{\text{순이익}}{\text{매출액}} \times \frac{\text{매출액}}{\text{총자산}} \times \frac{\text{총자본}}{\text{자기자본}} \\[2mm]
&= \frac{\text{세전순이익}}{\text{매출액}} \times \frac{\text{매출액}}{\text{총자산}} \times \left(1 + \frac{\text{부채}}{\text{자기자본}}\right) \times (1 - \text{법인세율})
\end{aligned} \tag{2.2}
$$

〈식 2.2〉에서 보듯이 자기자본이익률은 총자산의 수익성을 나타내는 총자산순이익률(순이익/총자산)과 총자본(총자산)에서 자기자본이 차지하는 구성비율의 역수의 곱으로 구할 수 있다. 총자산은 부채와 자기자본의 합이므로 (총자산/자기자본)은 결국 기업의 부채 사용 정도를 나타낸다.

이를 더 분해하면 ROE는 매출의 수익성을 나타내는 매출액 세전순이익률과 기업의 활동성을 나타내는 총자산회전율, 부채 사용의 정도를 나타내는 (1+부채비율), 그리고 기업의 법인세비용의 부담 정도를 나타내는 (1-법인세율)의 곱으로 구성된다.

한편, 기업이 외부시장에서 자금을 조달하지 않고 내부자금만으로 투자자금을 조달하고, 새로운 투자안의 내용이 기존사업과 큰 차이가 없는 경우를 가정해보자. 이 경우 자기자본이익률은 새로운 투자의 기대수익률과 큰 차이가 없으며, 신규투자를 위한 투자자금은 순이익 중 내부유보되는 금액이다.

따라서 기업이 외부시장에서의 자금조달 없이 내부자금만으로 필요자본을 조달할 때 달성할 수 있는 성장률(이를 유지가능성장률 또는 지속가능성장률이라 부른다)은 ROE에 유보율, 즉 (1-배당성향)을 곱해 간단하게 구할 수 있다.

$$\text{유지가능성장률} = \text{ROE} \times (1 - \text{배당성향}) \qquad (2.3)$$

4 재무비율과 현금흐름을 이용한 경영성과의 평가와 비교 : 사례분석

가상의 두 기업을 구성한 다음 이들 기업의 자기자본이익률과 관련

| 표 2-5 · **기업 A와 기업 B의 ROE와 주요 재무비율의 추이** |

구분	기업 A			기업 B		
	2010년	2009년	2008년	2010년	2009년	2008년
ROE(%)	8.16	18.14	24.59	17.04	19.05	19.24
＝세전순이익/매출액(%)	1.70	6.12	7.42	8.10	9.50	9.80
×매출액/총자산(배)	2.20	2.45	3.72	1.50	1.72	2.02
×(1＋부채비율)(배)	3.52	2.24	1.65	2.30	2.12	1.80
×(1－법인세율)(배)	0.62	0.54	0.54	0.61	0.55	0.54

재무비율을 이용하여 두 기업의 경영성과를 평가하고 향후 개선책을 모색해보자.

기업 A는 지금까지 저가격정책에 기반한 박리다매 전략을 주된 영업전략으로 채택해온 기업이며, 현금판매에 기초한 빠른 자금회수가 강점인 기업이다. 반면 기업 B는 기업 A에 비해 상대적으로 매출마진이 높고 고가인 제품을 판매하는 경쟁기업이다.

높은 성장을 계속해오던 기업 A는 최근 들어 순이익이 전년도에 비해 크게 줄었으며 이에 따라 주당순이익도 크게 감소하였다. 주가역시 전년도에 비해 크게 하락했다. 〈표 2-5〉에 과거 3년간 두 기업의 ROE와 ROE를 구성하는 주요 재무비율들이 제시되어 있다.

ROE를 이용한 경영성과의 비교와 평가

〈표 2-5〉를 보면 2008회계연도에서 2010회계연도 동안 기업 A의 ROE는 경쟁기업인 기업 B에 비해 시간이 지날수록 뚜렷하게 떨어지고 있음을 알 수 있다. 그리고 2010회계연도의 ROE의 크기는 기

업 B에 비해 매우 작다.

ROE를 구성하는 주요 항목들의 추세를 보면 기업 A의 ROE가 나빠지는 가장 중요한 원인은 매출의 수익성이 낮은 데 있음을 알 수 있다. 매출액 세전순이익률을 비교해보면 2010회계연도의 경우 경쟁기업인 기업 B는 8.10%인 데 반해 기업 A는 1.70%에 불과하다. 이는 판매제품의 수익성이 경쟁기업에 비해 현저히 낮음을 의미한다.

또한 총자산회전율은 경쟁기업에 비해서는 높은 수준을 유지하고 있으나 계속 하락하는 추세를 보이고 있다. 부채 사용의 정도를 나타내는 (1 + 부채비율)을 보면 2010회계연도에 들어 기업 A의 부채 사용이 갑자기 증가했음을 알 수 있다. (1 − 법인세율)의 추이를 보면 기업 A가 2010년도에 부담한 법인세율은 경쟁기업인 기업 B와 비슷한 수준이다.

전체적으로 볼 때 기업 A의 경영성과가 저조한 여러 원인 중 가장 문제가 되는 것은 매출의 수익성이 최근으로 올수록 그리고 경쟁기업에 비해 크게 떨어지고 있다는 것이다. 이런 현상이 나타나는 원인으로는, 낮은 매출마진과 판매비와 관리비 등 경상비용이 경쟁기업에 비해 높은 상황을 예상할 수 있다. 활동성 또한 떨어져 효율적인 재고관리와 채권관리가 이루어지지 못하는 것으로 보이는데, 그 원인으로는 재고자산이 증가하여 상품의 회전이 느려지고, 매출채권의 회수가 지연되는 상황을 예상할 수 있다. 부채 사용 정도 역시 경쟁기업에 비해 크게 증가했다.

유지가능성장률

두 기업이 동일하게 순이익 중 50%를 주주에게 배당으로 지급하고 있다고 가정해보자. 이 경우 2010년 말 현재 평가되는 두 기업의 유지가능성장률은 각기 4.08%(=8.16×0.5)와 8.52%(=17.04×0.5)이다. 또 기업 A의 경우 유지가능성장률은 전년도의 9.07%(=18.14×0.5)에 비해 크게 낮아졌다. 이는 기업 A의 ROE가 낮아진 것에 기인한다. 경영활동에서 벌어들이는 이익이 크게 줄었고, 이에 따라 미래에 달성 가능한 성장률 또한 현저히 떨어지고 있다.

영업현금흐름을 이용한 경영성과의 비교와 평가

현금흐름표는 재무상태표와 포괄손익계산서에서 얻을 수 있는 회계정보에 비해 기업의 경영활동에서 발생한 실제 현금유입과 현금유출에 관한 정보를 제공해주므로 의사결정에 보다 유용하게 이용될 수 있다. 특히 영업활동에서 실현되는 현금흐름 정보는 기업의 계속적이고 정상적인 활동에서 발생하는 현금흐름을 나타내므로 경영성과의 평가에 매우 유용하다.

앞서 살펴본 〈표 2-3〉의 현금흐름표에 의하면 영업활동으로 인한 현금흐름은 다음과 같이 구해진다.

영업활동으로 인한 현금흐름
=당기순이익＋현금의 유출이 없는 비용
－현금의 유입이 없는 수익
－영업활동으로 인한 자산·부채의 변동　　　　(2.4)

<식 2.4>에서 당기순이익은 기업의 경영활동에서 실현된 세후순이익을 말한다. 현금의 유출이 없는 비용 항목의 대표적인 것으로 감가상각비와 이연법인세비용 등을 들 수 있다. 이들 항목은 손익계산서에서 순이익을 구할 때 비용으로 처리되었으나 실제는 현금지출을 수반하지 않은 비용이므로 영업현금흐름을 구하기 위해 다시 더해준다.

현금의 유입이 없는 수익 항목으로 재고자산평가이익이나 외화환산이익 등을 들 수 있다. 이들 항목은 순이익을 계산할 때 더해준 항목이나 실제로는 현금유입이 발생하지 않은 항목이므로 다시 빼주어야 한다. 한편, 영업활동과 관련된 (현금과 예금을 제외한) 유동자산 항목과 유동부채 항목의 변동에 따라 현금흐름이 발생할 수 있다. 예를 들어 외상매출금의 증가는 현금지출을 의미하며 외상매입금의 증

| 표 2-6 • **기업 A와 B의 영업활동으로 인한 현금흐름을 구하기 위한 자료** |

(단위 : 억 원)

구분	기업 A			기업 B		
	2010년	2009년	2008년	2010년	2009년	2008년
순이익	3,109	7,061	10,136	11,551	10,462	8,122
현금 지출이 없는 항목 :	3,744	1,477	1,388	5,145	4,363	3,253
감가상각비	2,188	1,138	452	3,297	2,311	1,719
이연법인세	1,806	754	356	688	1,020	756
기타의 이연비용	(250)	85	30	1,160	1,032	732
운전자본투자금액[주]	19,414	10,562	11,255	7,606	5,321	9,751

주 : 운전자본투자금액은 현금 · 예금을 제외한 영업활동과 관련된 유동자산과 유동부채의 변동에 따른 현금흐름이다.

| 표 2-7 · 기업 A와 B의 과거 3년간의 영업활동에서 실현된 현금흐름 |

(단위 : 억 원)

구분	기업 A			기업 B		
	2010년	2009년	2008년	2010년	2009년	2008년
순이익	3,109	7,061	10,136	11,551	10,462	8,122
감가상각비	2,188	1,138	452	3,297	2,311	1,719
이연법인세비용	1,806	754	356	688	1,020	756
기타의 이연비용	(250)	85	30	1,160	1,032	732
운전자본투자금액	(19,414)	(10,562)	(11,255)	(7,606)	(5,321)	(9,751)
영업활동의 현금흐름	(12,561)	(1,524)	(281)	9,090	9,504	1,578

가는 현금수입을 의미한다.

〈표 2-6〉에는 앞서 예로 든 기업 A와 B의 영업활동의 현금흐름을 구하기 위해 필요한 자료가 제시되어 있다. 이 자료를 이용하여 두 기업의 영업활동으로 인한 현금흐름을 구하고 경영성과를 평가해보자.

〈식 2.4〉와 〈표 2-6〉에 제시된 자료를 이용하여 두 기업의 과거 3년간 영업활동에서 실현된 현금흐름을 구해보면 〈표 2-7〉과 같다.

〈표 2-7〉에 구해진 영업활동의 현금흐름을 보면 경쟁기업인 기업 B의 경우 2008회계연도에 비해 2009, 2010회계연도에 현금흐름이 크게 증가했다. 반면 기업 A는 영업활동의 현금흐름이 계속 음(-)의 값을 보이며 그 크기는 더욱 커지고 있다. 이는 기업 A가 영업활동에서 양(+)의 현금흐름을 창출하지 못함을 나타내는 것으로 이런 추세가 계속되면 기업은 지속될 수 없다. 또 이렇듯 저조한 현금흐름이 나타나는 이유는 기업이 실현하는 순이익이 경쟁기업에 비해 매우

작은 수준이며, 재고자산 등 운전자본에 대한 투자가 크게 증가하고 있기 때문이다.

이런 결과는 기업 A가 지금까지 추진해온 박리다매 등의 경영전략이 현금흐름을 창출하는 데 실패하고 있음을 보여주는 것으로 지속적인 성장을 위해서는 새로운 전략의 수립이 필요함을 말해주는 것이다.

3장

화폐의 시간가치와
현재가치평가모형

- 화폐의 시간가치를 반영한 미래가치와 현재가치의 계산에 대해 알아본다.
- 현재가치 평가모형을 학습한다.
- 순현가의 개념과 의미를 알아본다.
- 특수한 형태의 현금흐름 평가모형을 알아본다.
- 이자지급 횟수의 변경과 복리계산과정을 살펴본다.

| 핵심개념 체크 |

《장자(莊子)》에 나오는 조삼모사(朝三暮四)의 우화를 생각해보자. 옛날 송나라 저공이라는 사람이 원숭이를 많이 기르고 있었는데, 먹이가 부족해지자 도토리를 아침에는 3개 저녁에는 4개를 준다고 했다. 이에 원숭이들이 화를 내자 "그럼 아침에는 4개 저녁에는 3개를 주겠다"라고 말하자 원숭이들이 기뻐했다고 한다. 이 우화는 아침과 저녁에 받는 도토리의 총수가 같음에도 어리석은 원숭이들이 아침이 저녁보다 빠르게 다가오는 시간이기에 아침에 4개를 준다니까 저녁을 생각하지 아니하고 좋아했다는 이야기이다. 화폐의 시간가치를 생각할 때 과연 원숭이들이 어리석은 것일까? 왜 기업의 재무의사결정에서 화폐의 시간가치를 인식하는 것이 중요할까?

화폐의 시간가치를 고려하면 같은 수의 도토리라도 아침에 받는 것이 저녁에 받는 것보다 더 큰 가치를 갖는다. 따라서 우화에 나오는 원숭이들은 어리석은 것이 아니라 현명한 의사결정을 한 것이라고 할 수 있다. 기업의 재무활동은 현재와 미래 여러 기간에 걸쳐서 현금흐름을 발생시킨다. 예를 들어 기업이 설비투자를 하면 오늘은 현금지출이 발생하지만 미래 여러 기간에 걸쳐 현금수입이 발생한다. 또 은행에서 대출을 받으면 오늘은 현금수입이 발생하지만 미래에는 현금지출이 발생한다. 이렇듯 서로 다른 시점에서 발생하는 현금흐름을 비교·평가하기 위해서는 서로 다른 시점에서 발생하는 현금흐름은 서로 다른 가치를 갖는다는 점을 반드시 고려해야 한다.

같은 금액이라 하더라도 현금흐름이 실현되는 시간의 차이에 따라 현금흐름의 가치가 서로 다르게 평가되는데, 이를 화폐의 시간가치time value of money 라 한다. '많으면 많을수록 좋다' 라는 기본 가정하에서는 모든 사람이 내일의 1원보다 오늘의 1원을 선호한다. 왜냐하면 오늘 1원을 은행에 예금하거나 확실한 이익을 가져다줄 사업에 투자할 경우 내일은 1원보다 더 큰 금액을 얻을 수 있기 때문이다. 따라서 내일의 1원보다 오늘의 1원이 더 큰 가치를 가지는데, 이를 '재무관리의 제1원리' 라고 한다.

1 미래가치와 복리

오늘 100만 원을 은행에 예금하면 1년 후에는 얼마를 받을 수 있을까? 이와 같이 현재의 일정금액을 특정 미래시점의 가치로 환산한 금액을 미래가치Future Value : FV라고 한다. 미래가치는 복리계산에 기초하여 이루어진다. 복리계산이란 이자가 발생하면 그것이 재투자되어 이자에 대한 이자가 반복하여 발생한다고 가정하는 이자계산을 말한다.

현재의 원금을 C_0, 다음 1년간의 이자율을 r이라고 하자. 원금 C_0 원을 1년간 예금하였을 때 받게 되는 1년 후의 미래가치 FV_1는 원금 C_0와 이에 대한 이자를 더한 값 $[FV_1 = C_0 + 이자]$이다. 이때 이자는 원금 C_0에 연간 이자율 r을 곱한 값 [$C_0 \times r$]이다. 원금 C_0원을 n년간 예금하는 경우 n년 후의 미래가치는 다음과 같이 나타낼 수 있다.

$$t=0 \qquad\qquad\qquad\qquad\qquad\qquad t=n$$

$$C_0 \longrightarrow FV_n(C_0)$$

> C_0원의 n년 후의 미래가치 : $FV_n = C_0 \times (1+r) \times (1+r) \times \cdots (1+r)$
>
> $$= C_0 \times (1+r)^n \tag{3.1}$$

[예제 1] 이자율이 10%일 때, 오늘 100원의 1년 후 미래가치와 5년 후 미래가치를 구하라.

[풀이]

1년 후 미래가치는 $100 \times 1.1 = 110$원이고, 5년 후 미래가치는 $100 \times (1.1)^5 = 161$원이다.

72의 법칙

실무적으로는 미래가치가 원금의 2배가 되는 이자율과 기간과의 조합을 나타내는 '72의 법칙$_{\text{rule of 72}}$'을 통해 대략적인 미래가치를 계산하기도 한다. 이는 미래가치가 원금의 2배가 되는 이자율과 기간의 조합들은 그 곱이 대략 72로 일정하다는 것이다.

예컨대 8%의 이자율일 경우 약 9년 후에 미래가치가 원금의 2배가 되고, 12년 후의 미래가치가 원금의 2배가 되도록 하는 이자율은 6%

로 보면 된다는 것이다. '72의 법칙'은 이자율이 5～20% 범위를 벗어나면 오차가 크게 되어 그 유용성이 떨어진다.

2 현재가치와 할인

미래가치가 현재의 금액을 일정기간 후의 가치로 환산한 것이라면, 현재가치Present Value : PV는 미래에 발생하게 될 현금흐름을 현재시점의 가치로 환산한 금액을 말한다. 1년 후에 받게 될 100만 원의 오늘의 가치는 얼마일까?

현가계산을 위한 공식은 미래가치의 계산식인 〈식 3.1〉로부터 도출할 수 있다. 미래가치의 계산에서는 현재의 현금흐름과 이자율 r을 알고 n기간 후의 미래가치FVn를 계산하는 데 반하여, 현가계산에서는 미래의 현금흐름 C_n과 이자율 r을 알 경우 그것의 현재가치PV를 계산하고자 하는 것이므로 미래가치 계산과는 반대로 미래의 현금흐름을 이자율로 할인해주어야 한다.

$t=0$ $t=n$

$PV(C_n) \longleftarrow C_n$

$$\text{n기간 후 } C_n \text{원의 현재가치} : PV = \frac{C_n}{(1+r)^n} = C_n \times (1+r)^{-n} \qquad (3.2)$$

<식 3.2>에서 $1/(1+r)^n$은 n기간 후의 1원이 현재 얼마의 가치가 있는지를 계산한 할인요소Discount Factor : DF 또는 현가요소Present Value Factor : PVF이다. 여기서 사용되는 이자율은 '할인율'이라 부르는데, 이것은 기업이 특정 투자안을 선택했을 경우 포기해야 하는 대체투자안의 이자율이라는 의미에서 자본의 기회비용을 의미한다

[예제 2] ㈜백두는 1년 후에 1,000만 원의 수익을 가져다줄 것이 확실한 투자안을 가지고 있다. ㈜백두가 현 시점에서 이 투자안을 다른 회사에 매각한다면 얼마의 가격을 요구할 수 있을까? ㈜백두는 투자안의 매각대금을 안전한 은행에 1년간 예금할 경우 연 10%의 이자를 받을 수 있다고 한다.

[풀이]
㈜백두가 요구할 수 있는 매각가격은 바로 투자안의 현재가치이다. 투자안의 현가를 평가하기 위해 사용할 할인율은 바로 예금이자율 10%이다(㈜백두가 투자안을 보유하는 경우 포기해야 하는 대체투자안은 투자안 매각대금을 은행에 예금하는 것이다). 따라서 투자안의 가치는 미래의 수익 1,000만 원의 현재가치인 $1,000 \times 1/1.1 = 909$만 원이다.

3 순현가

투자안의 현재가치가 909만 원이라고 해서, ㈜백두가 얻는 순이득이 909만 원이라는 의미는 아니다. 이 투자안에 투자하는 데 들어간 투자비용을 고려해야 하기 때문이다. 만약 투자비용이 800만 원이라면, 순이득은 909-800=109(만 원)이 되며 투자비용이 1,000만 원이라면 909-1,000=-91(만 원)이 되는데, 이러한 순이득을 투자안의 순현가Net Present Value: NPV라고 한다. 순현가를 구하는 식은 다음과 같다.

순현가(NPV)=투자안의 현가-투자비용 (3.3)

순현가가 양(+)이면 투자를 하고, 음(-)이면 투자를 하지 말아야 한다.

[예제 3] 투자비용이 9,000만 원이고 1년 후의 수익이 1.1억 원인 투자안이 있다. 이자율이 10%일 때 이 투자안을 채택해야 하는가? 투자비용이 1억 500만 원이면 어떠한가?

[풀이]

이자율이 10%일 때 이 투자안의 현가는 1.1억 원/1.1=1억 원이며 순현가는 1,000만 원이다. 따라서 투자안을 채택한다. 그러나 투자비용이 1억 500만 원인 경우 이 투자안의 순현가는 -500만 원이다. 따라서 투자안을 포기한다.

4 현재가치평가모형

1년 후에 C_1, 2년 후에 C_2, ……, n년 후에 C_n의 확실한 현금흐름을 가져다주는 투자안이 있다고 하자. 이 투자안의 현재시점에서의 가치는 어떻게 평가할 수 있을까? 여러 기간에 걸쳐 발생하는 크기가 다른 현금흐름의 현재가치는 각각의 현금흐름의 현재가치를 계산하고 그 값들을 합하여 총현재가치를 구하면 된다.

n년 동안에 적용되는 연간 이자율이 r로 일정하다고 하면, 현금흐름의 현가를 구하는 과정은 다음의 그림과 같다.

| 그림 3-1 • **여러 기간의 현금흐름의 현재가치 평가과정** |

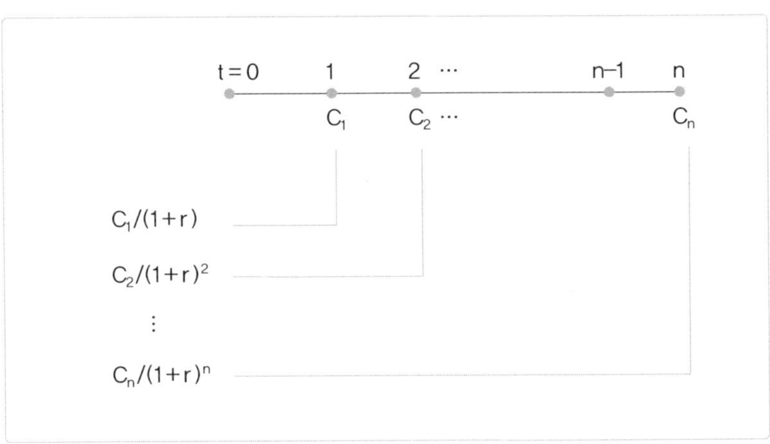

그림에서와 같이 1년 후의 현금흐름 C_1의 현재가치는 $C_1/(1+r)$이고, 2년 후의 현금흐름 C_2의 현재가치는 $C_2/(1+r)^2$과 같으므로 총현재가치는 다음과 같다.

$$PV = \frac{C_1}{(1+r)} + \frac{C_2}{(1+r)^2} + \frac{C_3}{(1+r)^3} + \cdots\cdots + \frac{C_n}{(1+r)^n}$$

(3.4)

만약 기간마다 이자율이 다를 때는 각 현금흐름을 할인할 때 서로 다른 이자율을 적용한다. 예를 들어 다음 1년에 적용되는 이자율은 r_1, 다음 2년간 적용되는 이자율은 r_2, 다음 n년간 적용되는 이자율이 r_n인 경우 현재가치는 다음과 같이 평가된다.[4]

$$PV = \frac{C_1}{(1+r_1)} + \frac{C_2}{(1+r_2)^2} + \frac{C_3}{(1+r_3)^3} + \cdots\cdots + \frac{C_n}{(1+r_n)^n}$$

(3.5)

〈식 3.4〉와 〈식 3.5〉를 할인현금흐름모형Discounted Cash Flow model : DCF model 혹은 현재가치평가모형Present Value Model : PV model이라 부르며, 재무관리에서 가장 기본이 되고 흔히 사용되는 가치평가모형이다.

[예제 4] 1년 이자율과 2년 이자율이 각각 9%와 10%일 때, 다음 현금흐름의 현재가치를 구하라.

현금흐름 : 현재 −73,241, 1년 후 −15,794, 2년 후 +128,569

[풀이]

〈식 3.5〉를 이용하여 위 현금흐름의 현가를 구해보자.

$$-73{,}241 + \frac{-15{,}974}{(1.09)} + \frac{128{,}569}{(1.1)^2} = 18{,}474$$

첫 두 시점에서 발생하는 음(−)의 현금흐름은 어떤 사업에 소요되는 투자액으로 볼 수 있다. 이 경우 위에서 구한 현가는 투자안의 순현가가 된다. 만약 이러한 투자안이 있다면 채택해야 할 것이다.

5 특수한 형태의 현금흐름 평가

화폐의 시간가치에 관한 한 기본적으로 현재가치평가모형을 이용하면 많은 문제를 해결할 수 있다. 하지만 많은 경우 계산에 소요되는 시간이나 노력이 엄청날 수 있다.

예를 들어 10년 동안 매월 같은 금액을 지불해야 할 채무가 있다고 하자. 이 채무의 현가를 구하는 일은 개념적으로는 단순하지만 120회라는 상당한 양의 계산을 필요로 한다. 하지만 다음에 소개될 특수한 형태의 현금흐름의 평가는 공식을 통해 비교적 간편하게 구할 수 있다. 단, 네 가지 모두에서 매기간 동안 적용될 연간 이자율이 같아야 한다는 가정이 필요하다.

영구연금

영구연금이란 매기 일정금액을 영구적으로 지급하는 현금흐름을 말한다. 영원한 현금흐름이란 비현실적으로 들릴 수도 있으나 영국과 캐나다 정부가 발행한 콘솔Consol이라는 만기가 없는 채권이 잘 알려진 예이다. 이 채권을 구입하면 원금의 상환 없이 매기마다 일정금액의 이자를 영구히 지불받게 된다. 영구연금의 현금흐름과 현가 PV는 다음과 같다.

$$t=0 \quad 1 \quad 2 \quad 3 \quad 4 \quad \cdots$$
$$C \quad C \quad C \quad C \quad \cdots$$

$$PV(영구연금) = \frac{C}{r} \tag{3.6}$$

영구연금이 무한개수의 현금흐름을 가지면서도 유한한 값의 현가를 가지는 이유는 미래로 갈수록 현금흐름에 대한 할인 정도가 높아져 아주 먼 미래에 발생하는 현금의 현가는 거의 영에 가깝기 때문이다.

[예제 5] 이자율이 10%일 때 매년 10만 원씩 영구히 지급하는 현금흐름의 현재가치는 얼마인가?

[풀이]
PV＝10만/0.1＝100만 원

성장형 영구연금

성장형 영구연금은 현금흐름이 영구연금과 유사하나 매기 지급되는 현금이 일정 성장률(g)로 증가하는 점이 다르다. 이러한 현금흐름의 형태는 다음 그림과 같다.

$$t=0 \quad 1 \quad 2 \quad 3 \quad 4 \quad \cdots$$

$$C \quad C(1+g) \quad C(1+g)^2 \quad C(1+g)^3 \quad \cdots$$

이 경우 현금흐름의 현가는 다음과 같은 공식을 이용하여 구한다.

$$\text{PV(성장형 영구연금)} = \frac{C}{r-g} \quad \text{단}, r \rangle g \tag{3.6}$$

위의 식은 성장률 g가 할인율 r보다 작은 경우에만 적용되어야 한다. 만약 현금흐름이 할인율보다 빠르게 성장한다면 이 현금흐름의 현재가치는 무한대가 될 것이다.

[예제 6] 1년 후에 50만 원이 지급되기 시작하여 매년 5%씩 인상 지급되는 영구연금의 현재가치를 구하라. 단, 이자율은 9%이다.

[풀이]

PV =50만/(0.09 − 0.05)=1,250만 원

연금

미래의 일정기간 동안 매년 일정금액을 지급하는 현금흐름의 형태를 연금이라고 한다. 매년 일정금액을 지급하는 점에서는 영구연금과 유사하나 현금흐름이 영구적이지 않고 어느 시점에서 그

친다는 점이 다르다. 일반적인 연금의 현금흐름 형태는 다음 그림
과 같다.

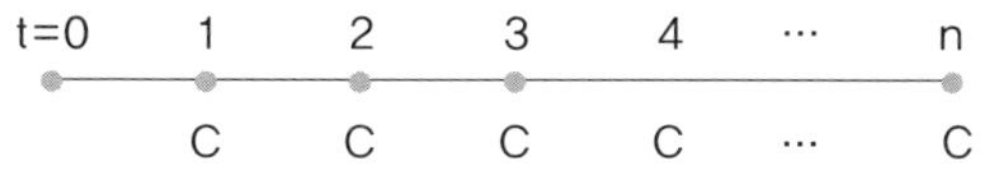

```
t=0   1   2   3   4  ···  n
C   C   C   C  ···  C
```

위 연금의 현금흐름은 다음의 두 현금흐름 A와 B의 차이와 같다.

현금흐름 A

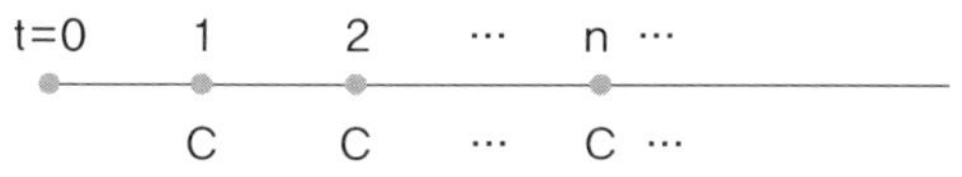

```
t=0   1   2  ···  n ···
C   C  ···  C ···
```

현금흐름 B

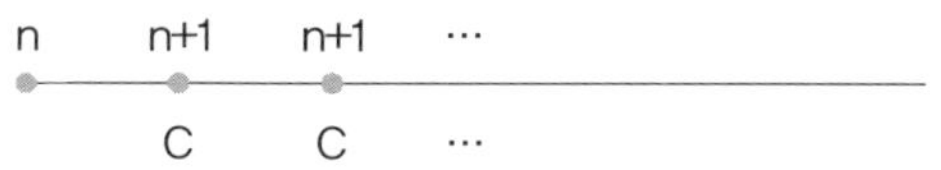

```
n   n+1   n+1  ···
C   C  ···
```

 현금흐름 A는 1기부터 시작되는 영구연금의 현금흐름이며, 현금
흐름 B는 (n+1)기부터 시작되는 영구연금의 현금흐름이다. 따라서
연금의 현재가치는 영구연금 A의 현재가치와 영구연금 B의 현재가
치의 차이로 〈식 3.7〉과 같이 평가된다. 이러한 연금의 현가는 미리
계산해놓은 현금의 현가표를 이용하여 계산할 수도 있다.

$$PV(연금) = \frac{C}{1+r} + \frac{C}{(1+r)^2} + \cdots + \frac{C}{(1+r)^n} = \left[\frac{C}{r} - \frac{C}{r} \times \frac{1}{(1+r)^n} \right]$$

$$= C \times \left[\frac{1}{r} - \frac{1}{r \cdot (1+r)^n} \right] = C \times PVFA(r,\ n) \qquad (3.7)$$

PVFA : 연금의 현가요소(present value factor for annuity)

[예제 7] 연이자율 10%에 만기가 20년인 연금증서가 있다. 매년 2,000만 원을 지급받는다면, 이 연금증서의 가치는 얼마인지 계산하라.

[풀이]

$PV = 2,000 \times PVFA(10\%,\ 20년) = 2,000 \times 8.514 = 17,028(만\ 원)$

한편, 연금의 현금흐름을 n년도 말의 미래가치로 평가할 수도 있다. 이는 〈식 3.7〉의 연금의 현재가치를 이자율 r로 n년간 복리로 가치를 증식시킨 금액이다. 연금의 미래가치는 다음의 공식을 이용하거나, 미리 계산해놓은 연금의 미래가치표를 이용할 수 있다.

$$FV(연금) = C \times (1+r)^{n-1} + C \times (1+r)^{n-2} + \cdots + C \times (1+r) + C$$

$$= C \times \left[\frac{(1+r)^n - 1}{r} \right] = C \times FVFA(r,\ n) \qquad (3.8)$$

FVFA : 연금의 미래가치요소(future value factor for annuity)

[예제 8] [예제 7]의 연금증서의 가치를 20년 말 시점에서 평가하면 얼마가 되겠는가?

[풀이]

FV=2,000×FVFA(10%, 20년)=2,000×57.275=114,550(만 원)

또는 FV=17,028×(1.1)^{20}=114,550(만 원)

[예제 9] 채권 A는 만기가 5년이고, 액면가가 100만 원이며, 연 9%의 표면이자를 반년 기준으로 지급한다. 따라서 이 채권에 투자하면 6개월마다 45,000원의 이자를 받고 5년 후에 액면 100만 원을 받는다. 현재 시장의 이자율이 8%(6개월 기준 4%)로 평가된다면 이 채권의 가격은 얼마인가?

[풀이]

채권 A의 가격은 다음과 같다.

$$PV_A = \frac{45}{(1.04)} + \frac{45}{(1.04)^2} + \frac{45}{(1.04)^3} + \cdots + \frac{45}{(1.04)^{10}} + \frac{1,000}{(1.04)^{10}}$$

$$= 45 \times \left[\frac{1}{0.04} - \frac{1}{0.04(1.04)^{10}} \right] + 1,000 \times \frac{1}{1.04^{10}}$$

$$= 45 \times 8.1109 + 1,000 \times 0.6756 = 1,040.55(천 원)$$

[예제 10] Seoul&Co.의 이사회는 조기퇴직계획을 시행하기로 결정했다. 이 계획에 따르면 나이가 55세인 직원이 현재 조기퇴직하는

경우 일정액의 퇴직수당과 향후 30년간 한 해 10,000달러의 연금을 받을 수 있다(첫 번째 지급은 퇴직시점으로부터 1년 후에 이루어진다). Seoul&Co.의 CFO는 이 계획에 필요한 자금을 마련하여 이를 거래 보험회사에 예치할 예정이다. 보험회사는 이 자금에 대해 향후의 경제상황변화에 관계없이 연 8%의 수익률을 보장할 수 있다고 한다. CFO는 100명의 직원이 조기퇴직계획을 이용할 것이라 예상하고 있다. 따라서 향후 30년간 연 100만 달러의 연금지급에 충당할 수 있는 자금을 조달해야 한다. 필요한 소요자금을 현재시점에서 마련하여 예치한다면 얼마가 필요할까?

[풀이]

Seoul&Co.가 계획한 안은 미래의 30년 동안 매년 말에 100만 달러의 현금지출이 발생한다. 이 경우 적립자금의 운용을 담당하는 보험회사는 연 8%의 수익률을 제시하고 있으므로 기간 30년, 이자율 8%, 매년의 현금흐름 100만 달러인 연금의 현재가치를 구하면 된다. 필요 적립액은 다음과 같다.

$$PV_A = \frac{100}{(1.08)} + \frac{100}{(1.08)^2} + \frac{100}{(1.08)^3} + \cdots + \frac{100}{(1.08)^{30}}$$

$$= 100 \times \left[\frac{1}{0.08} - \frac{1}{0.08(1.08)^{30}} \right] = 100 \times 11.258 = 1,125.78(\text{만 달러})$$

6 이자지급 횟수와 복리계산

지금까지의 가치평가에서는 이자가 단위기간 동안 한 번만 지급된다고 가정했다. 즉 일반적으로 이자율은 1년을 단위로 하므로 현금흐름도 1년마다 발생하고 또 이에 맞춰 복리계산을 했다.

만일 이자가 단위기간 동안 여러 번에 걸쳐 지급된다면 어떻게 될 것인가? 달리 말해, 주어진 이자율의 단위기간보다 짧은 기간을 주기로 하여 현금흐름이 발생한다면 이때의 복리계산은 어떻게 이루어질 것인가?

일반적으로 원금 PV원에 대하여 연 r의 이자율로 연간 k회의 이자를 지급하는 경우(즉 복리계산의 기준기간이 1/k년인 경우) 1년 후의 미래가치는 다음과 같다.

$$FV = PV \times (1 + \frac{r}{k})^k \tag{3.9}$$

그리고 미래가치 FV를 가져다주는 1년 1회 지급되는 이자율을 r^e이라고 하면 이는 다음과 같이 계산될 수 있다.

$$r^e = \frac{FV}{PV} - 1 = (1 + \frac{r}{k})^k - 1 \tag{3.10}$$

위에서 r^e을 유효이자율 또는 실효이자율이라고 하며 이는 명목이자율 r과 구분된다. t년 후의 미래가치는 다음과 같다.

$$FV_n = PV \times (1 + \frac{r}{k})^{k \cdot n} \tag{3.11}$$

[예제 11] 연이자율이 15%이며 분기마다 이자를 지급하는 경우 원금 100만 원의 5년 후 미래가치는 얼마인가? 또 연간 실효이자율은 얼마인가?

[풀이]

5년 후 미래가치 : $FV_n = PV \times (1 + \frac{r}{k})^{k \cdot n} = 100 \times (1 + \frac{0.15}{4})^{4 \cdot 5} = 208.8(만\ 원)$

연간 실효이자율 : $r^e = (1 + \frac{r}{k})^k - 1 = (1 + \frac{0.15}{4})^4 - 1 = 15.86(\%)$

4장

채권가치와
신용등급 평가

| 학습목표 |

- 채권의 가치평가에 대해 알아본다.

- 차익거래에 기초한 균형가격의 결정과정에 대해 알아본다.

- 신용등급의 주요 내용에 대해 살펴본다.

- 신용평가회사들의 역할과 등급평가의 주요 결정요소에 대해 살펴본다.

| 핵심개념 체크 |

신용평가회사들은 채권을 발행한 발행자(국가 또는 기업)의 신용위험을 평가하여 신용등급을 매기고 이를 시장에 발표한다. 이를 채권의 등급평가(bond rating)라고 부른다. 신용평가회사들의 이러한 역할이 왜 필요한 것일까?

1장에서 살펴본 것과 같이 시장참여자 사이에는 정보비대칭이 존재한다. 채권을 발행하는 국가 또는 기업과 해당 채권에 투자하는 투자자 사이에는 채권발행자의 신용위험(특히 원리금상환능력)에 대해 정보비대칭이 존재한다. 투자자가 스스로 채권발행자들의 신용위험을 평가해야 하지만 이는 현실적으로 매우 어려운 일이다. 신용평가회사는 채권발행자와 투자자 사이에 존재하는 이러한 차이를 메워준다. 전문적인 분석능력과 자료수집능력을 갖춘 신용평가회사가 채권발행자들의 신용위험 수준을 평가하여 이를 투자자에게 전달함으로써 발행자와 투자자 간의 정보비대칭을 줄여준다. 또 투자자가 직접 신용위험을 평가하는 경우에 비해 규모의 경제효과를 얻음으로써 거래비용을 줄이는 이점을 얻을 수 있다.

지난 2010년 4월 14일 세계 3대 신용평가기관 중 하나인 무디스가 우리나라의 신용등급을 A2에서 A1으로 한 단계 상향 조정한다고 발표했다. 이로써 우리나라의 신용등급은 지난 1997년 IMF외환위기 이후 약 15년 만에 이전 수준으로 회복된 것이다. 반면 무디스는 최근 큰 위기를 겪고 있는 그리스에 대해 2010년 4월 27일 신용등급을 BBB+에서 BB+로 3단계 하향조정하고 앞으로 추가로 강등할 수 있다고 경고했다. 신용등급이란 무엇을 의미하며 등급의 평가는 어떻게 이루어질까? 또 이러한 등급평가는 자본시장에서 어떤 기능을 할까?

1 채권의 가치평가와 가격결정요인

채권은 이자지급 유무와 만기에 따라 세 종류로 구분된다. 첫째는 무이표채zero-coupon bond 또는 순수할인채pure discount bond로, 만기까지 이자지급이 없고 만기에 가서 액면금액을 받는 채권이다. 둘째는 이자지급채권으로, 만기까지 매 기간 일정액의 이자를 지급받고 만기에 가서 마지막 기의 이자와 액면금액을 받는 채권이다. 이러한 채권을 이표채coupon bond라고 하며, 매기 지급받는 이자를 표면이자coupon라고 한다. 셋째는 영구채perpetual bond로, 만기 없이 영원히 이자만을 받는 채권이다.

만기가 n년인 무이표채와 이표채, 영구채의 미래현금흐름을 그림으로 나타내면 〈그림 4-1〉과 같다. 여기서 이자지급은 1년에 한 번 일어난다고 가정하였으며 FV는 액면금액을 C는 표면이자를 나타낸다.

| 그림 4-1 • **여러 채권의 미래현금흐름** |

<table>
<tr><td></td><td>0</td><td>1</td><td>2</td><td>3</td><td>……</td><td>n</td><td>n+1</td><td>n+2</td><td>……</td></tr>
<tr><td>무이표채</td><td></td><td>0</td><td>0</td><td>0</td><td>……</td><td>FV</td><td></td><td></td><td></td></tr>
<tr><td>이표채</td><td></td><td>C</td><td>C</td><td>C</td><td>……</td><td>C+FV</td><td></td><td></td><td></td></tr>
<tr><td>영구채</td><td></td><td>C</td><td>C</td><td>C</td><td>……</td><td>C</td><td>C</td><td>C</td><td>……</td></tr>
</table>

〈그림 4-1〉과 같은 현금흐름을 발생시키는 채권의 적정가격은 어떻게 구할 수 있을까? 이에 대한 답은 현재가치평가모형에서 찾을 수 있다. 채권으로부터 발생할 미래의 현금흐름을 현재시점에서 평가한 가치가 바로 채권가격이다. 이표채를 예로 들면 채권가격은 다음 식에 의해 결정된다.

$$B = \frac{C}{(1+r_1)} + \frac{C}{(1+r_2)^2} + \cdots + \frac{C+FV}{(1+r_n)^n} \tag{4.1}$$

여기서 B는 채권의 현재가격, r_t는 t 기간 동안에 적용될 연간 할인율, n은 채권의 만기를 나타낸다. 채권의 가치평가에 사용되는 할인율은 원리금 상환능력이나 채권의 발행조건 등 채권의 특성에 따라 다른 값이 적용되며, 채권계약에 명시된 표면이자율과는 달리 시장

에서 결정되는 이자율이다. 〈식 4.1〉을 중심으로 채권가격을 결정하
는 여러 가지 요인을 살펴보자.

현금흐름

〈식 4.1〉 우변의 분자 항목인 채권의 현금흐름은 표면이자와 액면
금액을 들 수 있다. 표면이자나 액면금액이 클수록 채권가격이 높
아진다.

현물이자율

〈식 4.1〉 우변의 분모 항목인 할인율을 결정하는 가장 중요한 요소로
현물이자율을 들 수 있다. 이는 단순히 이자율이라 부르는 것으로,
국가가 발행한 무이표채에 대한 수익률을 말한다. 현물이자율은 표
면이자율과는 달리 채권시장에서 결정되므로 시장의 상황에 따라
매 순간 변화할 수 있다. 이자율이 올라가면 채권가격은 떨어지고 이
자율이 내려가면 채권가격은 올라간다.

채무불이행위험

〈식 4.1〉의 우변의 분모 항목인 할인율을 결정하는 또 하나의 중요
한 요소가 채무불이행위험이다. 이는 발행자가 채권발행 시점에 약
속한 대로 원리금을 상환하지 못할 가능성을 말한다. 채무불이행위
험이 높을수록 할인율이 커지고 채권가격은 내려간다. 예를 들어
채무불이행위험이 있는 회사채의 가격은 같은 조건의 국채의 가격
보다 싸다.

만기까지의 기간

〈식 4.1〉에서 보면 무이표채의 경우 만기까지의 기간이 길수록 가격이 낮아지는 것을 쉽게 알 수 있다. 이표채의 경우 이자율의 크기에 따라 방향이 달라질 수 있지만 만기까지 남은 기간이 채권가격에 영향을 미친다는 사실에는 변함이 없다.

〈식 4.1〉에는 나타나지 않지만 채권의 수익에 대해 부과되는 세금, 채권의 유동성, 수의상환권이나 전환권 같은 채권에 부가된 옵션 또한 채권가격에 중요한 역할을 미칠 수 있다.[5]

2 현물이자율과 기간구조, 시장가격의 결정

현금흐름이 단 한 번 발생하는 채권, 즉 무이표채의 수익률을 현물이자율 또는 단순히 이자율이라고 한다. 만기가 다른 무이표채의 수익률은 서로 다를 수 있기 때문에 기간에 따라 이자율은 달라질 수 있다. 은행이 만기 1년의 예금에 대해서는 5%의 연이자율을 적용하고 만기 2년의 예금에 대해서는 6%의 연이자율을 적용하는 현상 등이 좋은 예이다. t기간 동안에 적용되는 연이자율을 r_t(t=1, 2, …, n)로 나타내자.

이자율의 기간구조

만기와 현물이자율의 관계를 이자율의 기간구조라고 부른다. 쉽게 말하면, 이는 단기이자율과 장기이자율의 관계를 나타낸다. 이자율의 기간구조는 흔히 수익률곡선으로 나타내는데 〈그림 4-2〉에서 몇 가지 전형적인 형태를 보여주고 있다. 수익률 곡선이 우상향이면 장기이자율이 단기이자율보다 높고, 우하향이면 그 반대이며, 수평이면 기간에 관계없이 이자율이 일정함을 나타낸다.

| 그림 4-2 · **수익률곡선의 형태** |

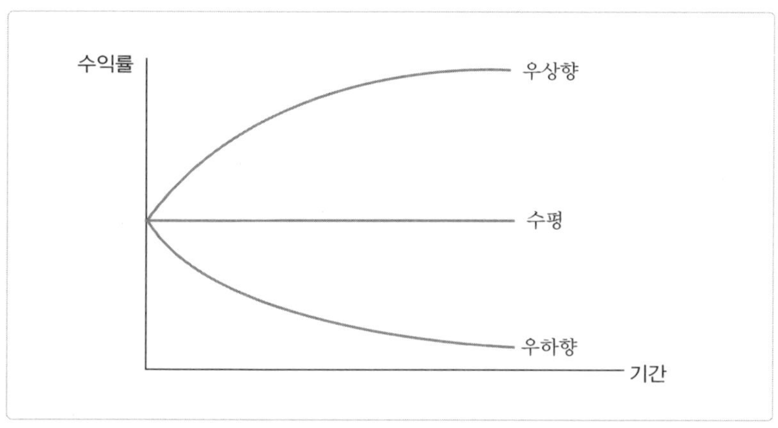

현물이자율이나 수익률곡선은 시장에서 거래되는 무이표채의 가격을 관찰함으로써 계산해낼 수 있다. 물론 채권이 시장에서 적정가격에 거래된다는 전제가 필요하다. 〈식 4.1〉을 무이표채에 적용할 경우 만기 n년의 무이표채의 현재가격은 다음과 같다.

$$B = \frac{FV}{(1+r_n)^n} \tag{4.2}$$

〈식 4.2〉에서 B와 FV를 알고 있으므로 r_n을 계산할 수 있다.

[예제 1] 액면금액이 10,000원이고 만기가 서로 다른 무이표국채가 현재 다음과 같은 가격에 거래되고 있다고 한다. 각 기간에 적용될 현물이자율을 구하고 이자율의 기간구조를 도출하라.

| 만기가 다른 무이표채의 가격 |

국채	만기(년)	가격(원)	국채	만기(년)	가격(원)
A	1	9,434	D	5	6,806
B	2	8,573	E	8	5,820
C	3	7,722	F	10	5,083

[풀이]

〈식 4.1〉을 적용하면 5년 만기 현물이자율은 채권 D의 가격으로부터 다음과 같이 구해진다.

$$6,806 = \frac{10,000}{(1+r_5)^5} \text{ 에서, } r_5 = 8\%.$$

같은 방법으로 나머지 채권가격들로부터 각각의 현물이자율을 구하면 다음과 같다.

| 만기에 따른 현물이자율 |

만기(년)	현물이자율(%)	만기(년)	현물이자율(%)
1	6	5	8
2	8	8	7
3	9	10	7

위의 결과는 〈그림 4-2〉와 같은 수익률곡선의 형태로 나타낼 수도 있다.

차익거래와 균형가격

채권투자에서 발생하는 미래의 현금흐름을 할인하여 채권가격을 평가하려면 각 기간에 대한 현물이자율, 즉 이자율의 기간구조를 아는 것이 필수적이다. 〈식 4.1〉에 의하면 1년 후에 발생하는 현금흐름은 1년 이자율 r_1으로, 2년 후에 발생하는 현금흐름은 2년 이자율 r_2로, t년 후에 발생하는 현금흐름은 t년 이자율 r_t 등으로 할인해주어야 하기 때문이다. 이표채의 가치를 평가하는 예를 통해 이를 살펴보자.

[예제 2] 이자율의 기간구조가 [예제 1]에서와 같을 때 만기가 2년, 액면금액 100만 원, 표면이자율이 5%인 이표채의 가격을 결정하라. 단, 표면이자는 1년에 한 번 지급된다.

[풀이]

2년 만기 이표채의 현금흐름은 다음과 같다.

t=0   1   2

+5만 원   +5만 원+100만 원

  이 현금흐름을 [예제 1]에서 결정된 현물이자율로 할인하여 더해준 값이 채권의 적정가격이 된다.

$$B = \frac{5}{(1+r_1)} + \frac{105}{(1+r_2)^2} = \frac{5}{1.06} + \frac{105}{(1.08)^2} = 4.72 + 90.02 = 94.74(\text{만 원})$$

| 표 4-1 · **차익거래의 현금흐름** |

(단위 : 만 원)

거 래	t=0	t=1	t=2
• 채권 1단위 90에 매입	−90	5	105
• 1년간 4.72 차입(이자율 6%)	+4.72	−5	0
• 2년간 90.02 차입(이자율 8%)	+90.02	0	−105
차익거래의 현금흐름	+4.74	0	0

[예제 2]에서 채권의 적정가격은 채권으로부터 발생하는 미래현금흐름의 현가와 같아야 한다고 했는데 그렇다면 이 논리의 이론적 배경은 무엇일까?

앞에서 분석한 만기가 2년이고 표면이자율이 5%인 이표채의 예를 통해 살펴보자. [예제 2]의 채권가격 계산식은 이표채를 매입하는 대신 1년간 4.72만 원, 2년간 90.02만 원을 은행에 예금하면 채권의 미래현금흐름을 얻는 것과 동일한 효과를 거둘 수 있음을 말해준다. 따라서 이 채권을 살 때 치러야 할 값은 은행에 예금해야 할 금액과 같아야 한다. 만약 시장에서 이 채권이 90만 원에 거래된다면 어떻게 하겠는가? 〈표 4-1〉에서와 같은 거래를 해보자.

위와 같은 거래를 차익거래arbitrage라 하는데, 이는 같은 미래수익을 가져다주는 두 투자전략의 투자비용이 다를 경우, 비용이 낮은 전략을 사고 비용이 높은 전략을 파는 거래(비용이 낮은 전략에 대한 거래와 반대방향의 거래)를 함으로써 자기자금과 위험을 전혀 부담하지 않고 차익arbitrage profit이라고 하는 공짜이익을 얻는 거래를 말한다.

위의 예에서 채권매입과 동일한 투자전략은 대출이다. 그런데 채권이 시장에서 상대적으로 저평가되어 있으므로 채권은 사고 대출을 팔면, 즉 반대방향의 거래인 차입을 하면 차익이 생긴다. 〈표 4-1〉에서 4.74만 원의 차익이 발생한 것을 확인할 수 있다.

그렇다면 시장에서 채권가격이 90만 원인 상태가 오래 지속될 수 있을까? 시장에서 다수의 투자자들이 위와 같은 거래를 한다면 채권에 대한 수요증가로 채권가격은 올라가고, 차입에 대한 수요증가는 이자율을 높여 차입으로부터 받는 금액을 적게 한다. 이런 과정이 반복되면서 채권가격과 차입금액의 차이가 없어지고 결국 차익거래 기회가 사라지게 된다.

이러한 상태, 즉 차익거래 기회가 없는 상태를 균형이라 하는데 균형에서는 채권의 시장가격이 이론가격과 일치하게 된다. 이와 같이 같은 미래수익을 가져다주는 두 투자전략의 투자비용이 같아야 한다는 논리를 무차익원리no arbitrage principle 혹은 일물일가의 법칙law of one price이라 한다. 앞에서 소개된 채권가격결정모형은 근본적으로 무차익원리에 이론적 근거를 두고 있다.

채권수익률 : 만기수익률

채권을 만기까지 보유할 경우 얻게 되는 연평균수익률을 만기수익률yield to maturity : y 또는 내부수익률Internal Rate of Return : IRR이라고 한다. 내부수익률이란 투자안의 순현가NPV를 0으로 만드는 할인율로 정의된다. 투자안의 순현가는 투자안으로부터 발생하는 수익의 현가PV로부터 비용의 현가cost를 뺀 것이므로 이러한 정의를 이표채에 대한 투자에 적용하면 다음의 관계가 성립해야 한다.

$$NPV = PV - Cost = \frac{C}{(1+y)} + \frac{C}{(1+y)^2} + \cdots + \frac{C}{(1+y)^n} + \frac{FV}{(1+y)^n} - B = 0$$

(4.3)

〈식 4.3〉을 다시 정리한 것이 만기수익률 y가 만족시켜야 할 관계식이다.

$$B = \frac{C}{(1+y)} + \frac{C}{(1+y)^2} + \cdots + \frac{C}{(1+y)^n} + \frac{FV}{(1+y)^n} \qquad (4.4)$$

〈식 4.4〉에서 B는 채권의 시장가격으로서 시장이 효율적이라면 〈식 4.1〉에 의해 결정된다. C, FV, n은 이미 알려져 있어 〈식 4.4〉를 y에 대해 풀 수 있다. 이때 강조되어야 할 사항은 만기수익률 y가 채권가격을 결정하는 것이 아니고, 반대로 채권가격을 관찰하고 그로부터 만기수익률을 계산해낸다는 것이다. 예를 들어보자.

[예제 3] 채권시장이 효율적이어서 시장가격과 이론가격이 같을 경우 [예제 2]에서 살펴본 2년 만기 이표채의 만기수익률을 구하라.

[풀이]

[예제 2]에서 〈식 4.1〉을 적용하여 구한 2년 만기 이표채의 가격은 94.74만 원이었다. 이를 〈식 4.4〉에 적용하면 만기수익률 y는 다음의 관계식을 만족시켜야 한다.

$$94.74 = \frac{5}{(1+y)} + \frac{105}{(1+y)^2}$$

위 식에서 시행착오법으로 y를 구하면 y=7.94%이다.

3 채권발행자의 위험과 수익률스프레드

〈표 4-2〉는 같은 만기를 가지나 발행자가 다른 여러 채권의 2010년 1월 29일자의 만기수익률을 보여준다.

| 표 4-2 • **여러 채권의 수익률** |

(2010. 1. 29.)

구분	국고채	한국전력채권	무보증회사채
만기(년)	3	3	3
수익률(%)	4.27	4.96	5.39

자료 : 한국금융투자협회(www.kofia.or.kr)

〈표 4-2〉에서 보듯이 같은 만기를 갖는 채권이라 하더라도 발행자가 다르면 수익률도 다르다. 이러한 차이는 발행자의 신용위험수준이나 채권의 발행조건 차이 때문에 발생하며, 이 차이를 수익률스프레드yield spread라 한다.

채권의 발행조건이나 발행자가 가지고 있는 위험수준의 차이로 인해 채권의 수익률에 체계적인 차이가 나타나는 것을 채권수익률의 위험구조라 한다. 채권은 투자에 따른 미래현금흐름인 표면이자와 액면금액이 계약에 의해 확정되어 있다는 점에서 주식과는 달리 현금흐름의 불확실성이 거의 없다.

그렇다고 해서 투자자가 위험을 전혀 부담하지 않는 것은 아니다. 채권을 발행한 기업은 미래의 영업실적에 따라 이자와 액면금액을 약속대로 지급하지 못할 수도 있으며, 때로는 발행조건에 따라 미래 현금흐름에 불확실성이 존재하기도 한다.[6]

채무불이행위험프리미엄과 위험프리미엄

채무불이행위험이란 채권의 발행자가 약속한 원금과 이자를 약속대로 상환하지 못할 위험을 말한다. 예를 들어 채권발행을 통하여 자금을 조달한 기업은 미래의 영업실적에 따라 약속된 채무를 갚지 못할 가능성을 갖는다. 따라서 채권발행 시 기업이 투자자에게 약속했던 수익률(이를 약속수익률 또는 약속된 만기수익률이라 부른다)보다 실제로 실현될 수 있는 수익률의 기대치는 낮게 된다. 이때 채무불이행위험의 가능성을 고려하여 실제로 실현될 수 있는 수익률의 기댓값을 구한 것을 채권의 기대수익률이라 한다. 채무불이행위험프리미엄은 약속수익률과 기대수익률의 차이로 정의된다.

전통적으로 위험채권에 투자하여 얻을 수 있는 기대수익률은 동일한 만기와 표면이자율을 갖는 무위험채권의 수익률과 비교된다. 그리고 이들 채권의 수익률의 차이를 위험채권이 갖는 위험프리미엄이라 한다. 따라서 수익률스프레드는 채무불이행위험프리미엄과 위험프리미엄의 합이다.

예를 들어 약속수익률이 12%이지만 높은 채무불이행위험 때문에 실제로 실현가능한 수익률의 기댓값은 9%인 채권이 있다고 가정해

보자. 그리고 동일한 만기와 표면이자율을 갖는 무위험채권의 만기
수익률이 8%라 하자. 그러면 채무불이행위험프리미엄과 위험프리
미엄은 각기 3%와 1%이며, 수익률 스프레드는 4%이다.

결국 채권의 약속된 만기수익률은 다음과 같이 구성된다.

$$만기수익률 = 무위험이자율 + 채무불이행위험프리미엄$$
$$+ 위험프리미엄 \qquad (4.5)$$

〈식 4.5〉에서와 같이 채권의 수익률스프레드는 채무불이행위험뿐
만 아니라 채권의 발행조건이나 유동성위험 등에 따른 위험프리미
엄에도 영향을 받는다. 그러나 이 중에서도 채무불이행위험이 수익
률 스프레드의 결정에 가장 큰 역할을 한다. 그러므로 채권의 수익률
스프레드는 채무불이행위험 때문에 발생하는 약속수익률과 기대수
익률의 차이로 정의되어 사용되기도 한다.

4 신용평가회사와 채권의 등급평가

채무불이행위험은 각 채권마다 다르며, 이에 따라 각 채권의 수익률
스프레드도 달라진다.

채권등급평가bond rating는 신용평가회사가 특정채권의 채무불이행
위험의 정도를 평가하여 이를 등급을 매겨 투자자에게 전달하는 것
을 말한다. 그러므로 채권등급평가의 목적은 채무불이행위험의 정

도를 측정하여 투자자에게 전달함으로써, 이 같은 정보를 알지 못하여 발생할 수 있는 손실로부터 투자자를 보호하는 데 있다. 이때 채권등급은 AAA, Aaa 등과 같은 간략하고도 이해하기 쉬운 기호로 나타낸다.

세계적으로 볼 때 무디스Moody's, 스탠더드앤드푸어스Standard&Poor's, 피치Fitch Ratings 등이 대표적인 신용평가회사이다. 이들 신용평가회사는 채권을 발행하는 기업이 속한 국가의 신용도, 해당 기업이 속한 산업의 동향과 특성, 채권발행기업에 대한 재무적·비재무적 분석, 개별 채권의 발행조건 등을 종합적으로 분석하여 채무불이행위험의 정도를 평가하고 채권등급을 결정한다.

채권등급은 채무불이행위험의 정도에 따라서 여러 가지 기호로 표시된다. 회사채 등 장기채권에 대해서 최상급 채권인 AAA(무디스는 Aaa로 표시)부터 최하급 채권인 C까지의 세분된 등급으로 구분하고 있다. 어느 평가회사든 BBB(Baa)까지를 상환능력 면에서 보아 투자적격채권으로 판단하고 있으며, AAA는 원리금상환에 관한 안전성이 최고위, AA는 고위, A는 상위, BBB는 중립의 채권으로 본다.

BB(Ba)등급 이하의 채권들은 원리금 상환에 문제가 있는 투자부적격채권으로 분류된다. 이러한 등급의 채권들은 투자위험을 가지고 있는 반면에 그에 따른 높은 수익률을 기대할 수 있는 특성이 있으며 투기성채권 또는 정크본드(junk bond)라고 불린다. 등급별 채권의 보다 자세한 특성들은 〈표 4-3〉과 같다.

| 표 4-3 · 스탠더드앤드푸어스의 장기채권발행자의 신용등급과 내용 |

등급	설명
AAA	스탠더드앤드푸어스에 의해 정해진 가장 높은 신용등급이다. AAA등급은 의무자가 채무를 이행할 능력이 아주 강함을 나타낸다.
AA+ AA AA	AA는 채무를 이행할 아주 강한 능력을 나타내고, 최고 등급과 그다지 차이가 크지 않다.
A+ A A	A는 채무를 이행할 강한 능력을 나타내지만, 상위 등급에 비해 외부상황과 경제상황 변화에서의 불리한 영향에 다소 취약하다.
BBB+ BBB BBB	BBB는 지급의무를 이행할 적절한 능력을 나타낸다. 그러나 불리한 경제상황이나 변하는 외부환경에서 보다 쉽게 채무이행능력이 약화된다.
BB+ BB BB	가까운 장래에 채무불이행이 발생할 가능성은 비교적 적으나 경영상태, 재무상황, 경제상황이 악화될 경우 채무불이행 가능성이 높다.
B+ B B	현재는 지급의무를 이행할 능력을 가지고 있으나, 기업의 경영상태, 재무상황, 경제상황이 악화될 경우 채무불이행 가능성이 있다.
CCC+ CCC CCC	현재 채무불이행 가능성이 있으며, 우호적인 사업, 재무상황, 경제상황에서만 채무를 이행할 수 있음을 나타낸다.
CC	현재 채무불이행 가능성이 상당히 높다.
C	파산 신청 중이거나 이와 유사한 상황이나 원리금은 계속 상환하고 있다.
D	채무불이행 등급이다. 스탠더드앤드푸어스는 채무불이행이 일반적인 채무불이행이고 의무자는 모든 또는 상당한 수준의 의무를 이행하는 데 실패할 것으로 간주한다.
SD	선택적 채무불이행 등급이다. 스탠더드앤드푸어스는 이 등급의 의무자가 특정 발행물에 대해서는 채무불이행 상태에 있지만 다른 발행물에 대해서는 지급의무를 이행할 것이라고 믿는다.

5 채권등급과 수익률스프레드의 관계 및 등급정보의 이용

〈표 4-4〉는 미국시장에서 채권의 수익률 스프레드가 채권등급에 따라 어떠했는지를 보여준다. 이 표를 보면 1955년 이후 최근까지 미국시장에서 장기국채와 최상위등급 회사채AAA의 수익률 스프레드는 평균 0.1~1.0% 사이에서 움직였으며, AAA등급과 BBB등급의 시장수익률 차이는 0.7~1.3% 사이에서 움직였다는 것을 알 수 있다. 채권등급이 떨어질수록 수익률이 커지는 것을 확인할 수 있다. 등급평가에 의해 이와 같은 수익률 차이가 발생하므로, 등급평가는 기업의 자금조달비용에 큰 영향을 미치게 된다. 그러므로 좋은 등급을 받기 원하는 기업은 평가에 필요한 자료를 등급평가기관에 적극적으로 제

| 표 4-4 • **채권등급과 수익률스프레드** | (단위 : %)

구분	1955~ 1969년	1970~ 1979년	1980~ 1989년	1990~ 1999년	2000~ 2009년
장기국채	4.1	7.3	10.6	7.0	5.0
AAA	4.6	8.2	11.1	7.1	6.0
BBB	5.3	9.2	12.4	7.9	7.1
수익률스프레드 (AAA-장기국채)	0.5	0.9	0.5	0.1	1.0
수익률스프레드 (BBB-AAA)	0.7	1.0	1.3	0.8	1.1

주 : 등급별 수익률은 각 등급을 대표하는 채권지수의 평균수익률임.
자료 : Standard & Poor's Trade and Securities Statistics ; FRB(www.federalresearve.gov).

공하게 되고 이에 따라 등급평가가 보다 정확하게 이루어질 수 있다.

상위등급과 하위등급의 수익률은 경기상황이 좋을 때는 그 차이가 적으나, 불황일 때나 경기침체기에는 차이가 크게 벌어진다. 경기가 좋을 때는 낮은 등급의 채권들도 채무불이행위험이 감소하며, 그 반대상황에서는 낮은 등급의 채권의 채무불이행위험이 크게 증가하기 때문이다.

채권등급 정보는 투자자에게 특정채권의 채무불이행위험에 대한 정보를 제공하는 것 외에도 다양하게 이용된다. 예를 들어 채권등급은 시장에서 여러 부채증권의 수익률을 결정하는 데 유용한 요인이다. 많은 기관투자자들은 특정 등급 이상의 채권만을 소유할 수 있으므로, 채권의 신용등급은 해당 채권을 누가 살 수 있는지 아니면 살 수 없는지를 결정한다. 또한 몇몇 주식등급평가회사들은 주식의 등급을 매길 때 채권의 신용등급을 고려하기 때문에 채권의 신용등급은 해당 회사의 주식가격에 영향을 미치기도 한다.

5장

주식가치 평가
: 잉여현금흐름평가모형과 주가배수모형

- 미래의 현금흐름을 어떻게 추정하는지 살펴본다.
- 잉여현금흐름평가모형에 대해 살펴본다.
- 여러 가지 주가배수를 이용한 상대가치평가모형에 대해 살펴본다.

기업이 기업공개를 통해 얻을 수 있는 이점과 단점에는 어떠한 것들이 있을까?

기업공개는 소수의 주주로 구성된 비공개기업이 다수의 주주로 구성되는 공개기업으로 전환하는 것을 말한다. 기업은 불특정 다수의 투자자들에게 신주를 발행하거나 기존 주식을 여러 투자자들에게 공개매각하는 방법을 통해 기업을 공개한다. 주주를 공개적으로 모집한다는 의미에서 '공개모집' 혹은 줄여서 '공모'라고도 한다. 보통 공개기업은 자사 주식이 증권거래소에서 거래될 수 있도록 주식을 상장하므로 기업공개 후에 해당 기업의 주식은 거래소에서 자유롭게 사고팔 수 있게 된다.

기업공개를 통해 얻을 수 있는 이점은 다음과 같다.

- 기업공개와 상장과정을 거쳐 주식이 증권시장에서 자유롭게 거래되는 경우 보다 손쉽게 자금조달을 할 수 있다. 가치가 높게 평가되는 기업일수록 주식을 발행해 보다 많은 자금을 조달할 수 있으므로 보다 저렴한 비용으로 자금을 조달할 수 있게 된다.
- 기업공개 후에 기업의 재무 상태나 경영 상황이 매스컴이나 관계기관의 각종 자료에 공개됨으로써 국내외의 투자자 및 거래처에 인지도를 제고하는 효과를 얻을 수 있다.

- 부수적으로 기업공개에 따른 세제상의 혜택 등이 있는 경우 이를 향유할 수 있다. 반대로 기업공개에 따른 단점도 나타날 수 있다.
- 공개기업은 증권거래소에서 요구하는 여러 가지 요건을 충족시켜야 하며 비공개기업에 비해 보다 많은 규제를 받는다. 따라서 새로운 자금이 필요하지 않은 기업의 경우 기업공개는 불필요한 규제와 간섭에 노출되는 결과를 가져올 수 있다.
- 기업공개를 통해 많은 수의 주주와 이해관계자가 생기는 경우 기업 문화의 일체감이 상실되고 이해갈등이 증가하는 등 경영의 효율성이 낮아질 수 있다.
- 종업원지주제도 등을 통해 임직원이 소유한 지분 비중이 높은 기업은 기업공개 과정에서 회사지분이 분산됨으로써 임직원의 충성도와 동기부여 수준이 떨어질 수 있다.

3장에서 살펴본 할인현금흐름모형은 가치평가의 기본모형이다. 기업, 투자안, 주식, 채권 등의 가치평가에 할인현금모형을 적용할 수 있다. 5장에서는 주식가치를 평가하는 과정을 기업공개와 관련하여 살펴본다. 할인현금흐름모형을 구체적으로 적용하는 과정을 백두주식회사의 사례를 통해 살펴본다. 이후 실무에서 자주 이용하는 상대가치 평가모형을 이용하여 주식가치를 어떻게 평가할 수 있는지를 UPS의 사례를 통해 알아본다.

1 잉여현금흐름평가모형

기업가치는 기업이 벌어들이는 미래 잉여현금흐름의 현재가치로 평가할 수 있다. 잉여현금흐름Free Cash Flow : FCF은 영업활동과 투자활동 그리고 영업활동과 관련된 운전자본(유동자산과 유동부채)의 변동에 따른 현금수요를 모두 충족한 후의 잔여현금흐름을 말한다.[7]

잉여현금흐름평가모형을 이용한 기업가치의 평가는 미래 기간에 기업에 귀속되는 잉여현금흐름을 구하고 이 잉여현금흐름을 기업의 자본비용으로 할인한 현재가치를 구함으로써 이루어진다. 주주가치는 평가된 기업가치에서 부채가치를 차감하여 구할 수 있으며, 주식가치는 주주가치를 발행주식수로 나누어 구할 수 있다.

미래의 특정기간 동안 발생할 기업의 잉여현금흐름은 다음과 같이 구할 수 있다.

$$FCF = 세후영업현금흐름 - 자본적\ 지출 - 순운전자본의\ 변동에 \\ 따른\ 현금지출 \tag{5.1}$$

〈식 5.1〉에서 자본적 지출은 기업의 투자활동에 따른 현금지출을 나타내며, 순운전자본의 변동에 따른 현금지출은 현금예금을 제외한 영업활동과 관련된 유동자산과 유동부채 항목의 변동에 따른 현금소요액을 나타낸다. 세후영업현금흐름은 세후영업이익에 영업활동의 수익 중 현금수입이 없는 항목을 차감하고 영업활동의 비용 중 현금지출이 없는 항목을 더함으로써 계산된다.[8]

$$세후영업현금흐름 = 영업이익 \times (1 - 법인세율) \tag{5.2} \\ + 영업활동의\ 비용항목\ 중\ 현금지출이\ 없는\ 항목 \\ - 영업활동의\ 수익항목\ 중\ 현금수입이\ 없는\ 항목$$

영업활동의 비용항목 중 현금지출이 없는 항목의 대표적인 것으로 감가상각비를 들 수 있다. 감가상각비 외의 다른 조정항목들의 크기가 크지 않아 무시할 수 있는 경우 세후영업현금흐름은 다음과 같이 개략적으로 구할 수 있다.

$$세후영업현금흐름 \approx 영업이익 \times (1 - 법인세율) + 감가상각비 \tag{5.3}$$

잉여현금흐름평가모형은 미래의 일정기간(T)에 대해 잉여현금흐름을 추정하고, 추정된 잉여현금흐름과 잉여현금흐름 추정기간 말에 평가된 기업가치_{Terminal Value : TV}를 기업의 자본비용으로 할인하여 현재시점의 기업가치를 평가한다. 이를 식으로 나타내면 다음과 같다.

$$\text{기업가치} = \frac{FCF_1}{(1+k)} + \frac{FCF_2}{(1+k)^2} + \frac{FCF_3}{(1+k)^3} + \cdots + \frac{FCF_T}{(1+k)^T} + \frac{TV_T}{(1+k)^T}$$

(5.4)

FCF_t = t년도의 잉여현금흐름

k = 기업의 자본비용

TV_T = T년도 말 시점의 기업가치(T년도 이후의 영업활동에서 기대되는 잉여현금흐름의 T년도 말 시점의 가치)

〈식 5.4〉에서 T기 말 시점의 기업가치 TV_T는 T기 이후의 잉여현금흐름의 성장률에 대한 가정에 따라 성장이 없는 경우의 평가모형이나 일정한 성장을 가정한 모형을 이용하여 간단하게 평가할 수 있다.

기업의 자본비용은 미래 잉여현금흐름을 할인하는 할인율이다. 이때 할인율은 미래 잉여현금흐름의 불확실성(위험)을 반영하여 결정되어야 한다. 이를 위험조정할인율이라 부른다. 위험조정할인율은 무위험이자율에 잉여현금흐름의 불확실성을 반영한 위험프리미엄을 더해 결정된다. 이에 대한 구체적인 내용은 7장에서 살펴본다.

2 잉여현금흐름평가모형을 이용한 기업공개 주식의 가치평가 : 백두주식회사 사례

백두주식회사의 사례를 이용하여 잉여현금흐름평가모형이 기업공개 주식의 가격을 평가하는 데 어떻게 이용되는지 살펴보자.

2010년 말 현재 백두주식회사는 기업공개를 계획하고 있다. 백두주식회사의 현재 발행주식수는 100만 주이며, 증권분석가들은 이 회사의 매출액이 향후 5년간 연평균 5%의 성장을 하고 그 이후에는 현상유지를 할 것으로 분석하고 있다. 백두주식회사의 유효법인세율은 30%이다.

향후 5년간 5%의 매출증가를 위해서 백두주식회사는 앞으로 3년간 매년 10억 원의 신규투자를 필요로 한다. 이에 따라 감가상각비는 2010년도 비용에 비해 매년 추가투자분의 20%가 더해질 것으로 예상된다. 2010년도의 감가상각비는 12억 원이다. 3년간의 신규투

| 표 5-1 • **백두주식회사의 추정포괄손익계산서(2011~2016년)** |

(단위 : 만 원)

구분	성장기					안정기 첫해
	2011년도	2012년도	2013년도	2014년도	2015년도	2016년도
매출액	2,375,100	2,493,855	2,618,547	2,749,475	2,886,948	2,886,948
영업이익	190,008	199,508	209,483	219,958	230,956	230,956
이자비용	88,000	96,000	104,000	104,000	104,000	104,000
세전이익	102,008	103,508	105,483	115,958	126,956	126,956
법인세비용	30,602	31,052	31,645	34,787	38,087	38,087
세후순이익	71,406	72,456	73,838	81,171	88,869	88,869

자 이후는 매년 감가상각비만큼의 단순재투자가 유지된다. 영업활동에 사용될 순운전자본은 1년차에 10억 원이 증가하여 유지되다 5년차 말에 회수될 것으로 예측된다. 미래현금흐름 할인을 위한 백두주식회사의 자본비용은 8%로 추정되며, 2010년 말 현재 부채 사용금액은 80억 원이다.

주어진 자료에 기초하여 추정한 2011년부터 2016년까지의 백두주식회사의 추정포괄손익계산서를 〈표 5-1〉에 나타냈다.

〈표 5-1〉과 주어진 자료를 이용하여 백두주식회사의 매 연도의 잉여현금흐름과 기업가치, 그리고 기업공개 시의 적정 주당가격을 평가해보자. 먼저 2011년부터 2016년까지의 백두주식회사의 잉여현금흐름을 구해보자. 잉여현금흐름은 〈식 5.1〉과 〈식 5.3〉을 이용하

| 표 5-2 • **백두주식회사의 잉여현금흐름(2011~2016년)** |

(단위 : 만 원)

구분	성장기					안정기 첫해
	2011년도	2012년도	2013년도	2014년도	2015년도	2016년도
세후영업이익	133,006	139,656	146,638	153,970	161,668	161,668
감가상각비	140,000	160,000	180,000	180,000	180,000	180,000
자본적 지출	−220,000[1]	−240,000[2]	−260,000[3]	−180,000[4]	−180,000	−180,000
순운전자본변동에 따른 현금지출	−100,000	–	–	–	+100,000	–
잉여현금흐름	−46,994	59,656	66,638	153,970	261,668	161,668

주 : 1) 자본적 지출＝기존감가상각비(120,000)＋2011년도 신규투자액(100,000)＝220,000
　　2) 기존감가상각비(120,000)＋2010년도 투자분 감가상각비(20,000)＋2010년도 신규투자액(100,000)
　　　＝240,000
　　3) 120,000＋40,000＋100,000
　　4) 120,000＋60,000＝180,000

여 세후영업이익에 감가상각비를 더하고 자본적 지출과 순운전자본 변동에 따른 현금소요액을 빼줌으로써 계산할 수 있다. 매년의 잉여현금흐름을 구한 결과를 〈표 5-2〉에 나타냈다.

이제 잉여현금흐름의 현가를 구해보자. 먼저 2011년부터 2015년까지 추정된 잉여현금흐름의 현가는 자본비용이 8%이므로 다음과 같다.

$$\text{현가} = \frac{-46{,}994}{(1.08)} + \frac{59{,}656}{(1.08)^2} + \cdots + \frac{261{,}668}{(1.08)^5} = 351{,}770(\text{만 원})$$

2016년 이후의 잉여현금흐름의 2015년 말 시점의 가치(TV_{2015})는 2016년 이후의 매출이 성장 없이 현상유지를 할 것으로 예측되므로 3장의 〈식 3.6〉에서 살펴본 성장이 없는 경우의 가치평가모형을 이용하여 구할 수 있다. 할인율이 8%이므로 2015년 말 시점에 평가되는 기업가치는 다음과 같다.

$$TV_{2015} = \frac{161{,}668}{0.08} = 2{,}020{,}850(\text{만 원})$$

따라서 현재시점에서 평가되는 기업가치는 다음과 같다.

$$\text{기업가치} = [2011\sim2015\text{년 잉여현금흐름의 현가}] + [TV_{2015}\text{의 현가}]$$

$$= 351{,}770 + \frac{2{,}020{,}850}{(1.08)^5} = 1{,}727{,}126(\text{만 원})$$

주주가치는 기업가치에서 부채가치 80억 원을 차감한 927,126만 원으로 평가되며, 1주당 가치는 이를 발행주식수 1,000,000주로 나누어 구할 수 있다. 2010년 말 현재 백두주식회사의 1주당 가치는 다음과 같다.

주당가치＝927,126(만 원)/1,000,000주＝9,271(원)

따라서 백두주식회사가 기업공개시 적용할 적정한 주식매각가격은 주당 9,271원이라고 평가할 수 있다.

3 상대가치평가모형

할인현금흐름모형의 문제점

앞서 살펴본 할인현금흐름모형은 가치평가의 기본 모형이나 현실적용에 있어 여러 문제점이 있다. 간단히 정리해보면 다음과 같다.

첫째, 미래현금흐름을 어떻게 추정할 것인가의 문제이다. 백두주식회사의 사례에서는 잉여현금흐름 추정을 위한 기본자료가 〈표 5-1〉에 주어졌고, 이에 기초해 〈표 5-2〉에 제시된 것과 같은 잉여현금흐름을 추정했다. 그러나 실제 적용에서 미래현금흐름의 추정, 추정기간의 결정, TV의 추정 등은 현실적으로 매우 어려운 과제이다.

둘째, 적절한 할인율을 어떻게 결정할 것인가의 문제이다. 할인율 결정을 위해서는 위험 측정방법이 정해져야 하며 적절한 가격결정모형이 정해져야 한다. 많은 연구가 이루어져 있지만 특정 모형이나 위험측정치가 타당한가에 대해서는 여전히 많은 논란이 있다. 이에 대해서는 7장에서 구체적으로 다룬다.

셋째, 특정자산이나 기업에 투자한 경우 얻는 효익이 현금흐름으로 완전히 설명되는가의 문제이다. 예를 들어 보통주와 우선주의 가치 차이는 현금흐름만으로 설명되지 않는다.

넷째, 현실적인 적용의 한계이다. 음(-)의 현금흐름이 기대되는 부실기업, 현금흐름의 변동이 매우 심한 경기순환기업, 비업무용 부동산이나 무형자산(특허권, 지적재산권 등)의 비중이 큰 기업, 성장성이 매우 높은 벤처기업이나 사기업, 수익 획득만이 목적이 아닌 경우(M&A 시의 인수가격 결정 : 경영권 프리미엄 등) 등에는 할인현금흐름모형을 적용하여 적정한 평가치를 구하기가 어렵다.

대표적인 주가배수

상대가치평가는 특정 자산이나 기업의 가치를 공통적으로 이용할 수 있는 표준화된 변수를 사용하여 평가하는 것을 말한다. 보통 주가배수를 많이 이용하므로 '주가배수price multiples : P-Multiples 모형'이라고도 부른다. 예를 들어 주가수익비율PER, 주가 대 현금흐름비율PCR, 기업가치 대 영업현금흐름비율FV/EBITDA, 주가 대 장부가치비율PBR 등 주가배수를 바탕으로 해서 기업가치를 평가하는 방법이다.

주가배수모형은 동일 산업 내에 분석 대상 기업과 비교될 수 있는 다른 기업들이 존재하고, 시장은 이런 비교 기업들의 가치를 올바르게 평가하고 있다고 가정하는 방법이다. 주식시장이 효율적이어서 시장가격이 해당 기업의 진실한 가치를 잘 반영하며 기업의 회계처리가 일반적으로 인정된 회계원칙GAAP에 따라 적정하게 이루어져 재무제표가 기업의 재무상태와 경영성과를 합리적으로 나타내는 경우 주가수익비율과 주가 대 장부가치비율 등 주가배수는 기업의 전반적인 상태를 나타내는 지표가 될 수 있으며, 적정 주가는 다음과 같이 평가할 수 있다.

주식의 가격＝예상되는 주당순이익(EPS)×주가수익비율　　　(5.5)

주식의 가격＝주당장부가치(BPS)×주가 대 장부가치비율　　　(5.6)

주가배수를 이용한 상대가치평가는 복잡한 미래현금흐름 추정의 어려움 없이 이용할 수 있다는 이점이 있어 실무에서 자주 이용되고 있다. 대표적으로 이용되는 주가배수를 살펴보면 다음과 같다.

PER＝현재주가/예상주당순이익

PER은 현재주가를 예상되는 주당순이익으로 나눈 값으로 실현되는 이익 1원당 시장에서 얼마의 가격으로 평가되느냐를 나타낸다. 기업의 성장성이 높을수록 새로운 투자에서 더욱 많은 미래현금흐름이 창출될 것이므로 PER이 높게 평가된다.

PBR＝현재주가/주당장부가치

PBR은 현재주가를 주당장부가치로 나눈 값이다. 주당장부가치는 장부금액으로 평가되는 주당 투자원금이라고 할 수 있다. 우량 기업일수록 단위당 투자원금에서 더욱 많은 현금흐름을 창출할 것이므로 PBR이 높게 평가될 것이다.

PCR＝현재주가/주당현금흐름, PSR＝현재주가/주당매출액

PCR 계산시 주당현금흐름은 주당영업현금흐름을 이용하거나 주당잉여현금흐름을 이용할 수 있다. 역시 성장성이 높고 우량한 기업일수록 PCR이나 PSR이 높게 평가된다.

EBITDA배수＝현재주가/주당EBITDA

EBITDA Earnings Before Interest, Taxes, and Depreciation 는 감가상각비 차감 전의 영업이익을 나타내는 것으로 세전영업현금흐름을 개략적으로 나타내준다. 손익계산서에서 바로 구할 수 있으므로 세전영업현금흐름의 대용치로 자주 이용된다.

상대가치평가모형의 장점과 문제점

PER이나 PBR 등의 주가배수를 이용하여 주식가격을 평가하는 방법은 할인현금흐름모형에 비해 그 논리적 근거가 정교하게 정립되어 있지는 않다. 그러나 주가배수를 이용한 기업가치 평가는 할인현금흐름모형에 비해 자료가 많이 필요하지 않으며, 필요한 자료의 상당 부분을 시장의 평가치로 활용함으로써 할인현금흐름모형을 이용할 때 자주 겪게 되는 측정오류(미래현금흐름과 적절한 할인율)를 줄일 수 있다는 장점이 있다.

그러나 이러한 방법들은 이론적인 근거가 정교하지 못하다는 점과 증권시장에 비교기업들이 많이 존재하고 비교기업들의 가치가 평균적으로 정확하게 평가되고 있어야 그 타당성을 확보할 수 있다는 점, 시장에 공통적인 오류가 존재하는 경우 이 오류에 근거하여 가치가

평가된다는 점, 기업의 회계처리방법에 따라 주당순이익이나 주당 장부가치 등이 영향을 받으므로 PER과 PBR의 값도 달라진다는 문제, 기업의 특성이나 경기변동에 따라 PER과 PBR의 값이 안정적이지 못하고 계속 변동하므로 적정한 PER과 PBR의 수준을 결정하기가 어렵다는 문제점을 갖는다.

4 상대가치평가모형을 이용한 기업공개 주식의 가치평가 : UPS 사례

1999년 11월에 UPS United Parcel Service 는 기업을 공개했다. 기업공개 이전에 UPS는 100년 가까이 종업원들이 지분을 소유해온 초우량기업이며 동종업계에서 최고의 성과를 내온 기업이었다. 기업공개 과정에서 UPS의 고민은 기업공개 가격을 어떻게 평가할 것인가였다. UPS의 기업공개 가격을 상대가치평가를 이용하여 구해보자.

당시 페덱스 FedEx 는 업계 2위의 동종 경쟁업체로 이미 기업공개가 이루어져 주식시장에서 주식거래가 이루어지고 있었다. 문제는 당시 시점에서 페덱스의 경영성과가 UPS에 비교되지 못한다는 것이었다. 〈표 5-3〉에 UPS와 페덱스의 지난 4년간의 ROE와 매출액세후영업이익률이 제시되어 있다. UPS가 페덱스에 비해 월등히 좋은 성과를 보이고 있음을 알 수 있다.

따라서 UPS는 페덱스뿐만 아니라, 당시 미국 경제에서 초우량기업으로 평가받고 있는 기업들의 주가배수를 이용하여 기업공개 가

| 표 5-3 • **UPS와 페덱스의 과거 4년간의 경영성과** |

구분		1995년	1996년	1997년	1998년
ROE	UPS	22.4%	22.5%	15.4%	28.6%
	페덱스	13.7%	7.6%	14.4%	15.9%
매출액세후 영업이익률	UPS	5.2%	5.4%	4.5%	7.6%
	페덱스	3.5%	1.7%	3.6%	4.1%

격을 구하기로 했다. 비교기업으로 선정된 초우량기업은 홈데포Home Depot, 코카콜라, 월마트이다. 〈표 5-4〉에 비교기업들의 주요 재무자료를 제시했다.

| 표 5-4 • **비교기업들의 주요 재무자료** |

구분		주가	ROE	PER	PBR
페덱스		$41.50	13.5%	19.8	2.68
우량 기업	홈데포	$68.50	25%	50.9	12.7
	코카콜라	$49.94	40%	39.3	15.6
	월마트	$50.81	25%	46.1	11.6
우량기업 평균		$56.41	30%	45.4	13.3

UPS의 1999년도의 주당순이익은 2.02달러, 기업공개 시점의 주당장부가치는 5.56달러로 추정되고 있었다. 제시된 자료를 이용하여 UPS의 주식가격을 PER과 PBR을 이용한 주가배수모형을 이용하여 구해보면 다음의 〈표 5-5〉 및 〈표 5-6〉과 같다.

PER과 PBR을 이용하여 평가한 UPS 기업공개 가격을 종합하여 정

| 표 5-5 · **PER을 이용한 UPS 기업공개 가격의 평가** |

비교기업		비교 기업의 PER	UPS EPS	기업공개 가격
페덱스		19.8	$2.02	$39.99
우량 기업	홈데포	50.9	$2.02	$102.82
	코카콜라	39.3	$2.02	$79.39
	월마트	46.1	$2.02	$93.12
우량기업 평균		45.4	$2.02	$91.71

| 표 5-6 · **PBR을 이용한 UPS 기업공개 가격의 평가** |

비교기업		비교 기업의 PBR	UPS BPS	기업공개 가격
페덱스		2.68	$5.56	$14.90
우량 기업	홈데포	12.7	$5.56	$70.61
	코카콜라	15.6	$5.56	$86.74
	월마트	11.6	$5.56	$64.50
우량기업 평균		13.3	$5.56	$73.95

리하면 다음과 같다.

- 경쟁기업인 페덱스의 자료를 이용할 경우 기업공개 가격은 PER를 기준으로 하는 경우 39.99달러, PBR을 기준으로 하는 경우 14.90달러로 평가된다.
- 우량기업 자료를 이용하는 경우 PER을 기준으로 하면 평균 91.71달러, PBR을 기준으로 하면 평균 73.95달러로 평가된다.
- 전체적으로 UPS 기업공개 가격 평가치는 14.90~102.82달러

사이의 매우 큰 편차를 보이며, 모든 추정치의 평균값은 약 69달러 정도이다.

UPS가 동종업계 최고의 기업이라는 점을 고려하면 페덱스보다는 우량기업 자료에 기준하여 평가하는 것이 바람직할 수 있다. 그러나 산업 내 경쟁 심화와 시장환경변화에 따른 불확실성 등을 감안하면 업계 2위 기업인 페덱스의 자료를 이용하는 것이 보수적인 관점에서 지지를 받을 수도 있다.[9]

6장

자본예산전략

- 대표적인 투자결정기법인 순현가법과 내부수익률법에 대해 알아본다.

- 순현가법이 내부수익률법에 비해 왜 우월한지 알아본다.

- 여러 자본예산기법들의 문제점에 대해 알아본다.

자본예산에서 투자의 타당성은 회계이익보다는 현금흐름에 기초하여 분석되어야 한다. 왜 회계이익이 아닌 현금흐름이 강조되는 것일까?

5장에서 살펴본 것과 같이 회계이익을 결정짓는 수익·비용은 현금흐름을 결정짓는 현금유입·현금유출과 정확하게 일치하지는 않는다. 회계처리가 발생주의에 기초하여 이루어지므로 수익으로 계상되었으나 현금유입이 없는 항목들이 있을 수 있으며, 비용으로 계상되었으나 현금유출이 없는 항목들이 있기 때문이다. 재무활동의 궁극적인 목표는 기업가치의 극대화이다.

3장에서 살펴본 것처럼 기업가치는 기업이 벌어들이는 미래현금흐름의 현재가치로 평가한다. 따라서 투자의 타당성이 회계이익이 아닌 현금흐름에 기초하여 분석될 때 자본예산에서 이루어지는 모든 투자결정은 기업가치의 극대화를 달성하도록 수행될 수 있다.

새로운 사업안이 있을 때 이 사업에 대한 투자 여부를 어떻게 결정할 수 있을까? 또 그동안 사용해오던 설비를 성능이 좋은 새 설비로 대체하는 것이 바람직한지의 여부는 어떻게 판단할 수 있을까? 영업활동에 장기간 사용할 자산에 대한 투자결정 문제를 자본예산capital budgeting이라고 부른다. 자본예산은 대규모 자금을 필요로 하며 미래의 장기간에 걸쳐 기업에 영향을 주므로 기업의 존속과 성장을 결정짓는 매우 중요한 의사결정이다. 합리적인 투자결정을 위해 어떤 의사결정 기법들이 사용될 수 있을까? 그리고 여러 기법 중 어떤 기법이 보다 바람직할까?

1 다양한 자본예산기법과 이용

투자의 타당성을 분석하는 방법을 자본예산기법 또는 투자결정기법이라 하는데 회수기간법, 회계적이익률법, 내부수익률법, 순현가법, 수익성지수법이 자주 이용된다.

회수기간법

회수기간이란 투자시점에서 지출한 비용을 회수하는 데 걸리는 기간이다. 이 방법에서는 개별투자안을 분석하는 경우에는 경영자가 주관적으로 설정한 기준기간보다 짧은 회수기간을 갖는 투자안을,

여러 투자안을 비교하는 경우에는 회수기간이 짧을수록 좋은 투자
안으로 평가한다.

회계적이익률법

회계적이익률은 투자기간 동안에 발생하는 연평균순이익을 연평균
투자액으로 나눈 비율이다. 이 방법에서는 개별투자안을 분석하는
경우에는 경영자가 주관적으로 설정한 기준수익률보다 높은 회계적
이익률을 갖는 투자안을, 여러 투자안을 비교하는 경우에는 회계적
이익률이 높을수록 좋은 투자안으로 평가한다.

순현가법

순현가Net Present Value : NPV는 투자에서 발생하는 미래현금유입의 현가,
즉 투자안의 가치에서 투자비용의 현가를 뺀 금액으로 투자에 따른
가치의 순증가분을 나타낸다. 이 방법에서는 개별투자안을 분석하
는 경우에는 순현가가 0보다 큰 투자안을, 여러 투자안을 비교하는
경우에는 순현가가 클수록 좋은 투자안으로 평가한다.

내부수익률법

내부수익률Internal Rate of Return : IRR은 순현가를 0으로 만드는 할인율을
말하며, 투자기간 동안에 얻을 수 있는 연평균투자수익률을 나타낸
다. 이 방법에서는 개별투자안을 분석하는 경우에는 내부수익률이
할인율(자본비용)보다 큰 투자안을, 여러 투자안을 비교하는 경우에
는 내부수익률이 높을수록 좋은 투자안으로 평가한다.

수익성지수법

수익성지수 또는 수익-비용 비율은 투자안의 가치를 투자비용의 현가로 나눈 비율이다. 이 방법에서는 개별투자안을 분석하는 경우에는 수익성지수가 1보다 큰 투자안을, 여러 투자안을 비교하는 경우에는 수익성지수가 높을수록 좋은 투자안으로 평가한다.

위 방법들 중 가장 자주 이용되며 이론적 타당성을 갖는 방법은 내부수익률법과 순현가법이다. 〈표 6-1〉은 한국과 미국의 기업에서 사용하고 있는 자본예산기법을 보여준다.

수익성지수는 투자원금 1단위당 실현되는 순현가를 나타내므로 순현가법의 보조지표로 주로 이용된다. 따라서 〈표 6-1〉에서 제외했다. 〈표 6-1〉에서 보듯이 내부수익률법과 순현가법이 가장 많이 이용되는 자본예산기법이며, 대부분의 기업이 복수의 평가기법을 이용하고 있음을 알 수 있다. 순현가법과 내부수익률법의 구체적인

| 표 6-1 • 한국과 미국의 기업에서 사용하는 자본예산기법 |

(단위 : %)

자본예산기법	미국	한국
내부수익률법	75.0	54.0
순현가법	74.0	51.0
회계적이익률법	20.0	15.0
회수기간법	56.0	32.0

자료 : 미국 : Graham, J. R., and R. H. Campbell, "The Theory and Practice of Corporate Finance : Evidence from the Field," *Journal of Financial Economics*, 2001, pp. 187~243, 한국 : 이한득 · 박상수 · 최수미, 〈한국기업의 재무활동역량서베이〉, LG경제연구원, 2001. 9. 미국은 392개, 한국은 161개 기업이 응답한 자료이다. 표의 비율은 각 기법을 투자안 평가시에 항시 사용하고 있다고 대답한 응답기업수를 전체기업수로 나누어 구한 비율이다.

내용과 각 기법의 장단점에 대해서는 뒤에서 살펴보겠다.

2 순현가법과 내부수익률법

순현가법은 투자에서 발생하는 미래의 모든 현금흐름을 적절한 할인율로 할인한 현가로 나타내어 투자결정에 이용하는 방법이다. 앞서 살펴본 것과 같이 순현가는 투자에서 실현되는 미래현금흐름의 현가에서 투자비용의 현가(C_0)를 뺀 값이다.

순현가(NPV) = 미래현금흐름의 현가 − 투자비용의 현가

$$NPV = \frac{C_1}{1+r} + \frac{C_2}{(1+r)^2} + \cdots + \frac{C_T}{(1+r)^T} - C_0 \tag{6.1}$$

C_t : t시점의 현금흐름 r : 할인율(자본비용)

순현가법을 이용하는 경우 어떤 투자안의 순현가가 양(+)이면 투자로 인해 기업가치가 증가하는 것이므로 바람직한 투자안으로 평가한다. 따라서 독립적으로 투자안을 분석하는 경우 투자결정의 기준은 0보다 큰 순현가를 갖는 모든 투자안을 선택하게 되며, 여러 투자안 중 하나를 선택해야 하는 경우는 순현가가 가장 큰 투자안이, 투자의 우선순위를 결정해야 하는 경우는 순현가의 순서대로 선택하게 된다.

[예제 1] 오늘 1억 원을 투자하면 1년 후에 1억 5,000만 원을 얻는 투자안이 있다. 할인율이 20%라 할 때 순현가를 기준으로 판단할 때 이 투자안에 투자하는 것이 바람직할까?

[풀이]

할인율이 20%이므로 투자안의 순현가는 0.25억 원(=1.5억 원/1.20−1억 원)이다. 따라서 이 투자안에 투자해야 한다.

내부수익률이란 미래현금유입의 현가와 투자비용의 현가를 같게 만드는, 즉 순현가를 0으로 만드는 할인율이다. 내부수익률은 해당 투자에서 얻을 수 있는 연평균 투자수익률의 의미를 갖는다. 사업기간이 T년인 투자안의 내부수익률을 찾기 위해서는 다음 식을 내부수익률에 대해 풀면 된다.

내부수익률(IRR)＝투자의 순현가(NPV)를 0으로 만드는 할인율

$$\text{NPV} = \frac{C_1}{1+\text{IRR}} + \frac{C_2}{(1+\text{IRR})^2} + \cdots + \frac{C_T}{(1+\text{IRR})^T} - C_0 = 0 \qquad (6.2)$$

내부수익률은 투자의 연평균수익률을 나타내므로, 투자안들을 독립적으로 평가하는 경우 내부수익률이 할인율(자본비용)보다 높은 투자안이 좋은 투자안으로 선택된다. 여러 투자안 중 하나를 선택하는 경우는 내부수익률이 높은 투자안을 채택하게 된다.

[예제 2] 오늘 1억 원을 투자하면 1년 후에 1억 5,000만 원을 얻는 투자안이 있다. 할인율이 20%라 할 때 내부수익률을 기준으로 판단할 때 이 투자안에 투자하는 것이 바람직할까?

[풀이]

투자안의 내부수익률은 50%이다(NPV=1.5억 원/1.50−1억 원=0). 할인율이 20%이므로 이 투자안에 투자해야 한다.

3 순현가법과 내부수익률법의 비교 : 순현가법의 우위

내부수익률에 기초한 투자결정은 잘못된 결과를 가져올 수 있다. 따라서 내부수익률법을 이용하는 경우 두 방법에 의한 평가결과가 같은 결과를 가지도록(순현가법에 의한 의사결정과 일치되도록) 주의할 필요가 있다. 이에 대해 살펴보자.

두 방법이 같은 결과를 가져오는 경우

하나의 투자안에 대한 투자 여부를 분석하는 경우 순현가법과 내부수익률법은 언제나 같은 결정을 내리게 된다. 일반적인 경우 기초에 투자비용이 지출되고 이후 현금유입이 발생한다. 이 경우 〈그림 6-1〉에서 보는 것과 같이 투자안의 순현가는 할인율(r)이 커질수록 작아지게 된다. 할인율(자본비용)이 IRR과 같을 때 NPV가 0이 된다. 따라서 순현가가 0보다 큰 영역에서는 IRR이 언제나 자본비용보다 크다. 반대로 NPV가 0보다 작은 영역에서는 언제나 IRR이 자본비용보다 작다. 따라서 단일투자안에 대한 분석에서는 두 방법은 일관된 결과를 가진다.

| 그림 6-1 • **순현가와 할인율의 관계 : 일반적인 투자의 경우** |

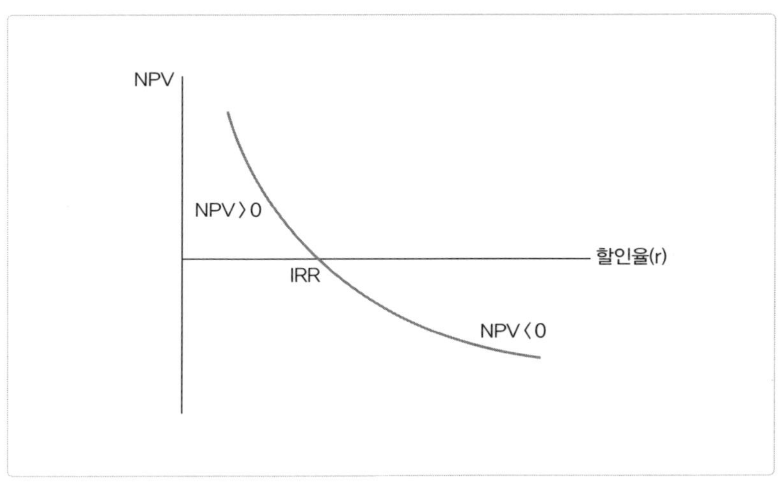

두 방법에 차이가 발생하는 경우

〈그림 6-1〉과 달리 투자안의 순현가가 할인율이 커질수록 증가하는 경우를 생각할 수 있다. 대표적으로 차입의사결정을 생각할 수 있다. 차입의 경우 먼저 현금유입이 발생하고 후에 현금유출이 발생한다. 따라서 차입할 때는 당연히 이자율이 낮은 경우가 유리하다. 따라서 자본비용보다 IRR(수익률 또는 이자율)이 낮다면 순현가가 양(+)의 값을 가지며, 차입투자안의 NPV는 할인율이 커질수록 증가하게 된다.

〈그림 6-2〉를 보자. 〈그림 6-2〉에서 할인율이 커질수록 순현가가

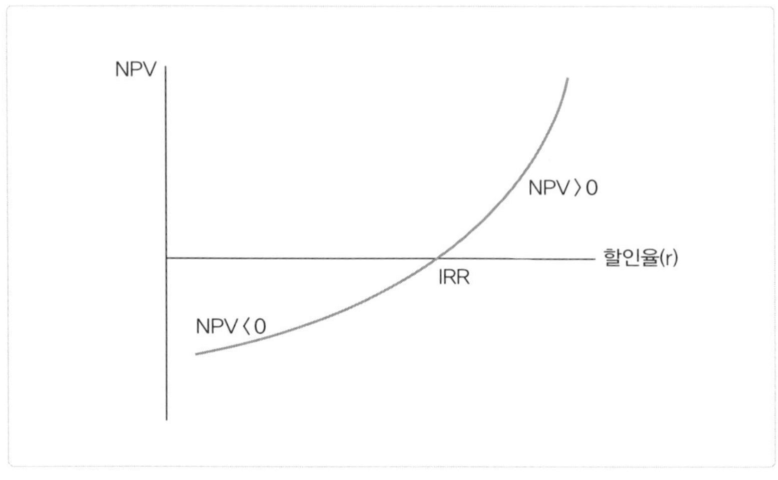

커진다. IRR이 할인율보다 큰 영역에서 순현가는 음(-)의 값을 가져 순현가법에서는 투자안을 기각해야 한다. 그러나 내부수익률법에서는 투자안을 채택한다. 반대로 IRR이 할인율보다 작은 영역에서는 순현가법에서는 투자안을 채택해야 하지만 내부수익률법에서는 투자안을 기각하게 된다.

순현가법의 우위 : 구체적인 예

다음에는 내부수익률을 이용한 투자결정이 바람직하지 못한 경우가 되는 예를 구체적으로 살펴본다.

현금지출이 여러 번 발생하는 투자안

[예제 3] 다음과 같은 현금흐름이 발생하는 광산개발을 생각해보자.

초기에 투자비용이 지출되고 투자의 내용연수 말에 폐광을 원상태로 복원하기 위해 다시 현금지출이 발생한다. 이 투자안의 순현가와 할인율의 관계를 구해보자.

C_0	C_1	C_2	C_3
-925	$+1,000$	$+1,400$	$-1,500$
초기 투자액			청산비용

[풀이]

이 투자안의 순현가는 할인율이 0%인 경우 -25이며, 할인율이 10%인 경우는 $+14$이다. 내부수익률을 구하면 4.62%와 26.5%의 두 값이 나온다.

할인율 $r=0$인 경우 : $\text{NPV} = -925 + 1,000 + 1,400 - 1,500 = -25 \langle 0$

할인율 $r=10\%$인 경우 : $\text{NPV} = -925 + 1,000/1.1 + 1,400/(1.1)^2$
$$+1500/(1.1)^3 = 14 \rangle 0$$

$$\text{IRR} : -925 + \frac{1,000}{1+\text{IRR}} + \frac{1,400}{(1+\text{IRR})^2} - \frac{1,500}{(1+\text{IRR})^3} = 0 \text{에서}$$

시행착오과정을 거쳐 IRR을 구하면,

$\text{IRR}_1 = 4.62\%$ 또는 $\text{IRR}_2 = 26.5\%$이다.

따라서 투자안의 순현가와 할인율의 관계를 그림으로 나타내면 다음과 같다.

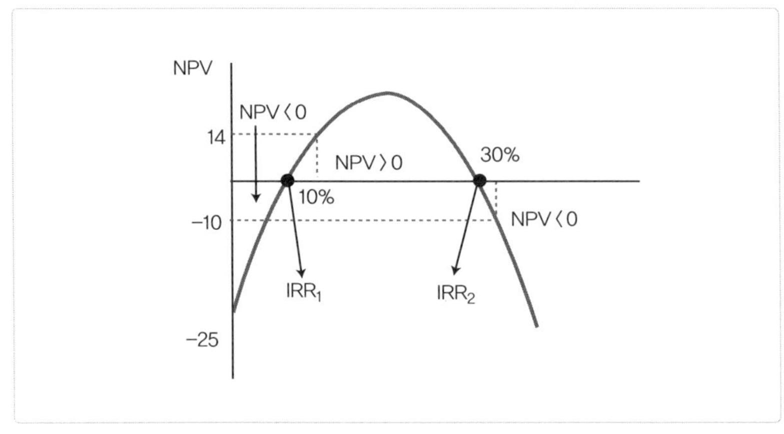

이를 보다 구체적으로 분석해보자.

① 자본비용 〈 IRR_1 =4.62%인 경우

기업의 자본비용(할인율)이 4.62%보다 작은 영역에 위치한 경우를 생각해보자. 이 경우 내부수익률을 이용하여 투자결정을 하는 경우 투자안을 채택한다. 그러나 〈그림 6-3〉에서 보듯이 이 경우 투자안의 순현가는 음(−)이므로 투자를 하는 경우 기업가치는 투자 전에 비하여 음(−)의 순현가만큼 감소한다. 이 경우는 앞서 살펴본 차입결정의 상황으로 볼 수 있다. 따라서 내부수익률이 자본비용보다 작을 때 투자안을 채택해야 한다. 그러나 이를 확인하는 데에는 오랜 시간이 걸린다. 만약 순현가법을 이용했다면, 현상황이 차입인지 대출인지를 확인할 필요가 없다. 단지 순현가만을 계산하면 되므로 훨씬 쉬운 작업이다.

② IRR_1 〈 자본비용 〈 IRR_2인 경우

자본비용이 4.62%보다는 크나 26.5%보다 작은 경우를 생각해보자. 이 경우 내부수익률이 2개이므로 어떤 내부수익률을 기업의 자본비용과 비교해야 할지 판단할 수가 없다. 만일 4.62%(IRR_1)를 투자안의 진정한 내부수익률로 판단하여 의사결정을 하는 경우 내부수익률법에서는 투자안을 기각해야 한다. 그러나 〈그림 6–3〉에서 보듯이 이 경우 양(+)의 순현가를 갖는 투자안을 기각하게 되어 기업가치의 감소를 가져온다. 내부수익률이 복수로 존재할 경우 실제문제는 보다 훨씬 복잡하다. 왜냐하면 프로젝트가 장기이고, 현금흐름이 양(+)에서 음(–)으로 많이 교차되는 경우, 일반적으로 순현가가 0이 되는 할인율은 2개 이상이기 때문이다. 이런 경우는 순현가를 이용하는 것이 훨씬 간편하다.

③ 자본비용 〉 IRR_2인 경우

자본비용이 26.5%보다 큰 경우를 생각해보자. 이 경우는 내부수익률이 자본비용보다 작으므로 내부수익률법에서 투자안을 기각한다. 순현가가 0보다 작으므로 바른 의사결정이다.

지금까지 살펴본 것처럼, 내부수익률을 이용하여 의사결정을 할 때 현금흐름의 양상에 따라 결정기준이 달라지게 된다. 처음에 현금유출이 발생하고 그 이후에 현금유입이 발생하는 투자안에 대해서는 내부수익률이 자본비용보다 크면 채택하고 내부수익률이 자본비용보다 작으면 기각한다. 반대로 기초에 현금유입이 발생하고 이후

에 현금유출이 발생할 때에는 내부수익률이 자본비용보다 작으면 채택하고 내부수익률이 자본비용보다 크면 기각한다. 이는 매우 복잡한 방법이며, 실제 어느 상황에 있는지를 발견하기란 쉽지 않다.

내부수익률이 없는 경우

내부수익률법으로 투자안을 평가할 때 투자안으로부터 예상되는 현금흐름의 양상에 따라 내부수익률이 존재하지 않는 경우가 있다. 이 경우 내부수익률을 투자결정에 사용할 수 없다.

내부수익률과 이자율의 기간구조

지금까지는 매 기간에 대해 동일한 할인율을 가정했다. 즉 수익률곡선이 수평이라고 가정했다. 그러나 현실은 꼭 그렇지만은 않다. 매 기간의 할인율이 다를 경우 순현가를 계산할 때도 각 기간에 맞는 할인율을 사용해야 한다. 이 경우 내부수익률법을 사용한다면 내부수익률을 어떤 할인율과 비교해야 할까? 적절한 비교대상 할인율을 찾기란 상당히 어려운 작업이다. 역시 순현가법이 쉬운 방법이다.

상호배타적인 투자안의 분석

여러 투자안 중에 하나를 선택해야 하는 경우(상호배타적인 투자안들) 두 기법에 의한 결과가 다를 수 있다. 다음과 같은 상황을 고려해보자.

[예제 4] 투자안 A와 B에 대한 현금흐름과 내부수익률, 순현가가 다

음 표에 제시되어 있다. 두 기법에 의한 분석결과를 비교하라. 자본
비용은 10%이다.

투자안	C_0	C_1	IRR	NPV(10%)
A	−1,000	+1,200	20%	91
B	−10	+30	200%	17

[풀이]

[예제 4]에서 중요한 문제는 투자성과를 상대적으로 평가할 것인가
아니면 절대적으로 평가할 것인가이다. A의 성과는 상대적으로는
낮으나 절대적으로는 크다. B의 성과는 상대적으로는 높으나 절대
적으로는 작다. A와 B가 상호배타적 투자안이라면 둘 다 채택할 수
없으므로 성과평가에서 중요한 것은 절대적인 성과이다. 왜냐하면
중요한 것은 상대적인 수익률이 아니라 주머니에 들어갈 화폐의 절
대액이기 때문이다.

따라서 이 같은 경우에는 반드시 순현가법을 이용해야 한다. 왜냐
하면 내부수익률법에 기초하여 투자결정을 하는 경우 순현가가 작
은 B안을 채택하여 기업가치의 감소를 가져올 수 있기 때문이다.

재투자수익률의 가정

순현가법에서는 투자로부터 발생하는 현금흐름을 적절한 자본비용
(할인율)으로 재투자하며, 내부수익률법에서는 내부수익률로 재투자
한다고 가정하고 있다. 기업은 기업의 가치를 증가시키는, 즉 순현가

가 0보다 큰 투자안에 투자를 할 것이 당연하므로 투자는 순현가가 큰 투자안부터 이루어질 것이다. 이렇게 되면 투자를 위한 자금에 제약이 없는 경우에는 기업들이 기업의 가치를 극대화시키는, 즉 순현가가 0인 투자안에까지 투자를 하게 된다. 결론적으로 말하면 할인율로 재투자한다고 보는 순현가법의 가정이 보다 합리적이다.

내부수익률로 재투자할 수 있다는 가정은 현재와 같은 내부수익률을 낼 수 있는 투자기회가 미래에도 존재한다고 가정하는 것이다. 현재 기업이 투자가치가 있다고 결론을 내렸다면 투자안의 내부수익률이 할인율보다 크다는 뜻인데, 내부수익률로 재투자할 수 있다면 미래에도 현재처럼 유리한 투자 기회가 계속 존재한다는 것을 가정하는 것이 된다. 그러나 치열한 경쟁을 하고 있는 현재의 기업환경을 생각할 때, 유리한 투자 기회가 앞으로도 계속 존재할 것이라는 가정은 너무나 낙관적이다.

4 자본예산기법들의 비교

앞서 살펴본 것과 같이 투자의 타당성을 평가하는 데 사용된 여러 기법들은 상황에 따라 각기 다른 의사결정을 내릴 수 있다. 그러면 어떤 기법이 바람직한 분석기법일까? 이상적인 자본예산기법은 다음과 같은 몇 가지 조건을 갖추어야 한다.

- 측정된 모든 현금흐름이 고려되어야 한다.

• 적절한 할인율을 사용하여 화폐의 시간가치를 반영해야 한다.

• 분석자의 주관에 영향을 받지 않아야 한다.

• 기업가치를 극대화할 수 있는 투자안을 선택할 수 있어야 한다.

지금까지 살펴본 여러 자본예산기법들이 위에 제시한 조건을 충족하는지의 여부를 〈표 6-2〉에 나타냈다. 〈표 6-2〉에 분석된 것과 같이 여러 자본예산기법 중에서 가장 우월한 방법은 순현가법이다. 그럼에도 불구하고 많은 기업들은 〈표 6-1〉에서 살펴본 것처럼, 내부수익률법 역시 투자안 평가에 자주 이용한다. 이러한 사실은 어떻게 설명될 수 있을까?

우선, 앞서 살펴본 것과 같이 단일투자안을 분석하는 경우에는 순현가법이나 내부수익률법이 일관된 분석결과를 가져온다는 점이다.

둘째, 〈표 6-1〉에서 본 것과 같이 대부분의 기업은 투자안 평가에 순현가법과 내부수익률법을 모두 이용한다. 즉 어느 한 방법만으로 투자의 타당성을 평가하기보다는 복수의 방법을 이용하여 투자안을

| 표 6-2 • **자본예산기법의 평가결과** |

자본예산기법	모든 현금흐름 고려	화폐의 시간가치	분석자의 주관 배제	기업가치의 극대화
회수기간법	X	X	X	X
회계적이익률법	X	X	X	X
내부수익률법	O	O	O	X
수익성지수법	O	O	O	X
순현가법	O	O	O	O

평가한다.

셋째, 자금에 제약이 존재하는 현실상황에서 제한된 자금의 투자성과를 극대화할 수 있는 방법으로 내부수익률이 유용하게 이용될 수 있다는 점이다. 실제 현실에서 모든 기업이 순현가가 0보다 큰 모든 투자안에 투자할 만큼 충분한 자금을 확보하고 있지 못하다. 이 경우 내부수익률이 유용하게 이용될 수 있다.

마지막으로, 순현가에 비해 투자수익률을 보다 친숙하게 받아들이는 경향이다. 많은 경영자들이 수익률이라는 개념에 대해 잘 알고 있으며, 수익률이 투자성과를 잘 나타내준다고 생각한다. 그러나 순현가가 가치의 증가분을 나타내며 투자수익률(내부수익률)은 투자원금에 대한 상대적인 투자성과를 나타낸다는 점을 생각하면 순현가가 보다 쉽고 명료한 개념이다.

7장

순현가법의 실제 적용과 현실적인 문제들

| 학습목표 |

- 현금흐름을 측정할 때 주의해야 할 점에 대해 살펴본다.
- 인플레이션이 발생하는 경우의 현금흐름측정에 대해 살펴본다.
- 순현가법의 구체적인 적용 과정에 대해 살펴본다.
- 순현가법의 현실 적용에서 나타나는 문제점에 대해 살펴본다.

| 핵심개념 체크 |

순현가법을 적용하여 투자의 타당성을 분석하는 과정에 대해 생각해보고 적용과정에서
나타날 수 있는 문제점에 대해 생각해보자.

순현가는 투자에서 발생하는 미래현금유입의 현재가치에서 투자비용의 현가를 뺀 금
액이다. 따라서 순현가를 계산하기 위해서는 무엇보다 먼저 투자에 따른 비용과 미래
현금흐름을 추정해야 한다. 또한 미래현금흐름을 현재가치로 환산하기 위해서는 현금
흐름의 불확실성을 반영하는 적절한 할인율(자본비용)을 추정해야 한다.

투자에 따른 미래현금흐름의 추정은 매우 어려운 작업이며 특별한 왕도가 없다. 분석
자는 주어진 여건하에서 가능한 객관적이고 정확하게 현금흐름을 추정할 수 있도록 노
력할 따름이다. 이 과정에서 주의해야 할 몇 가지 이슈들이 있는데 이에 대해서는 다음
에 살펴본다. 할인율의 추정은 현금흐름 추정에 비해 상대적으로 많이 연구가 이루어
져 있으나, 이 역시 쉬운 작업이 아니다. 먼저 위험을 측정해야 하며 측정된 위험에 적
정한 프리미엄을 구하기 위해서는 어떤 위험평가모형, 즉 자산가격결정모형을 이용할
것인지를 결정해야 한다. 이에 대해서는 8장에서 살펴본다.

6장에서 여러 자본예산기법들 중 순현가법을 가장 합리적인 방법으로 평가했다. 순현가법은 실제로 어떻게 적용할 수 있을까? 현실에서 순현가법은 아무런 문제없이 적용될 수 있을까? 순현가법의 현실 적용에서 발생하는 문제들은 어떻게 해결할 수 있을까? 이 장에서는 록히드의 트리스타 사례를 통해 이러한 물음들에 대한 답을 찾아본다.

1 현금흐름의 측정

투자안의 순현가를 계산할 때 가장 중요한 것은, 분석대상인 투자안으로부터 발생할 현금흐름을 측정하는 일이다. 투자시점이나 투자 후에 발생할 현금흐름을 측정할 때 다음 세 가지 기본원칙을 명심해야 한다.

- 현금흐름만이 중요하다.
- 항상 증분기준 incremental basis 으로 현금흐름을 측정해야 한다.
- 인플레이션을 다루는 데 일관성을 유지해야 한다.

현금흐름만이 중요하다

6장에서 설명한 것과 같이 자본예산에서의 평가대상은 회계이익이 아닌 현금흐름이다. 따라서 최적의 투자결정을 위해서는 투자시점의 현금지출을 계산하고, 투자의 내용연수 동안 매년의 경영성과를 나타내는 재무제표상의 회계이익을 적절히 조정하여 투자분석에 필요한 영업현금흐름을 계산해야 한다. 투자와 관련된 현금흐름은 보통 다음과 같이 구분함으로써 보다 쉽고 정확하게 측정할 수 있다.

- 투자시점의 현금지출액
- 투자의 내용연수 동안 발생하는 매년의 영업현금흐름
- 투자와 관련되어 발생하는 순운전자본의 변동에 따른 현금흐름
- 기타의 현금흐름 : 내용연수 말의 잔존가치, 투자세액공제 등

항상 증분기준으로 현금흐름을 측정해야 한다

증분기준이란 새로운 투자안에 투자했을 경우와 하지 않았을 경우를 비교하여 그 차이를 기준으로 현금흐름을 측정하는 것을 의미한다. 즉 투자했을 때 추가적으로 발생하는 현금흐름만이 분석의 대상이다.

증분현금흐름을 측정하는 과정에서 다음과 같은 사항에 유의해야 한다.

- 세후 기준으로 현금흐름을 측정하라 : 세금은 분명한 현금지출이다.
- 모든 부수효과를 포함시켜라 : 어떤 투자안에 투자했을 때 이 투자결정이 기업의 다른 부분에 영향을 미쳐 발생할 수 있는 모든

효과를 포함시켜야 한다. 예를 들어 화장품회사가 새로운 색조 화장품을 개발하려 할 때 이 신제품은 회사가 판매하고 있는 기존 립스틱이나 아이크림의 판매에 영향을 미칠 수 있다.

- 매몰비용은 잊어버려라 : 매몰비용은 현재의 의사결정과는 관계 없이 과거의 의사결정에 의해 이미 지출된 비용이다. 이 비용은 되돌릴 수 없는 것이고, 현재의 투자비용에 포함시켜서는 안 된 다. 예를 들어 장부가치가 100억 원인 구설비를 새로운 설비로 대체하려 한다면, 이 경우 구설비의 장부가치 100억 원은 새 설 비의 투자비용에 포함시켜서는 안 된다.
- 기회비용은 포함시켜라 : 어떤 기업이 새로운 공장건설을 위한 부 지로 보유 토지를 사용한다고 가정할 경우 토지를 공장부지로 사용하는 대신 매각하고 매각자금을 다른 곳에 투자하여 수익을 창출할 수도 있다는 것을 고려해야 한다. 즉 기회비용을 고려해 야 한다.

인플레이션을 다루는 데 일관성을 유지해야 한다

인플레이션과 관련하여 우선 명목nominal과 실질real을 구분하는 것이 중요하다. 명목현금흐름이란 미래의 어느 시점에 실제로 나타날 금 액, 즉 인플레이션이 반영된 현금흐름을 말하며, 실질현금흐름이란 투자시점에서의 구매력으로 조정된 현금흐름, 즉 인플레이션의 영 향이 제거된 현금흐름이다. 명목현금흐름과 실질현금흐름은 다음과 같은 관계를 갖는다.

$$\text{실질현금흐름}_t = \frac{\text{명목현금흐름}_t}{(1+\text{기대인플레이션율})^t} \qquad (7.1)$$

그리고 명목할인율과 실질할인율의 관계는 다음과 같다.

$$\text{명목할인율} = (1+\text{실질할인율}) \times (1+\text{기대인플레이션율}) - 1 \qquad (7.2)$$

인플레이션이 발생하는 경우 합리적인 투자안 평가를 위해서는 명목현금흐름은 명목할인율로 할인해야 하고, 실질현금흐름은 실질할인율로 할인해야 한다. 이 사실만 명심하면 어느 방법을 선택하든지 상관없다. 두 가지 방법은 같은 결과를 가져온다. 다음 예를 통해서 살펴보자.

[예제 1] 명목이자율이 10%이며, 기대인플레이션율은 5%이다. 어떤 투자안의 명목현금흐름이 다음과 같을 때 순현가를 구하라.

기간	0	1	2
현금흐름	−10,000	9,000	5,000

[풀이]

① 명목현금흐름과 명목할인율을 이용하는 방법

단순히 명목현금흐름을 명목할인율로 할인하면 된다. 순현가는 다음과 같이 2,314이다.

$$NPV = \frac{9,000}{1.1} + \frac{5,000}{(1.1)^2} - 10,000 = 2,314$$

② 실질현금흐름과 실질할인율을 이용하는 방법

현금흐름과 할인율을 〈식 7.1〉과 〈식 7.2〉를 이용하여 실질기준으로 바꾸어보자.

기간	0	1	2
명목현금흐름	−10,000	9,000	5,000
실질현금흐름	−10,000	9,000/1.05=8,571	5,000/(1.05)²=4,535

$$\text{실질할인율} = \frac{1+\text{명목할인율}}{1+\text{기대인플레이션율}} - 1 = \frac{1.10}{1.05} - 1 = 4.762\%$$

$$NPV = \frac{8,571}{1.04762} + \frac{4,535}{(1.04762)^2} - 10,000 = 2,314$$

명목기준을 사용하든 실질기준을 사용하든 같은 값의 순현가를 얻게 된다. 단지 두 방법을 혼용하지 않으면 된다.[10]

2 순현가법을 이용한 투자 타당성 분석 : 록히드의 트리스타 사례[11]

미국의 항공기 제조업체인 록히드Lockheed는 1967년 말 260명에서 400명 정도 태울 수 있는 신형 민간항공기인 L-1011 트리스타Tri Star 개발사업에 뛰어들었다. 군수산업 부분에서 어려움을 겪고 있던 록히드는 새로운 돌파구로 민간항공기 개발사업을 추진했으며, 프로젝트 계획이 수립될 무렵 신형 항공기의 손익분기점을 195대에서 205대 정도로 예상했다. 사업 시작 이후 록히드는 심각한 유동성 위기에 처하게 되었고, 위기탈출을 위해 정부에 2.5억 달러의 긴급대출에 대한 보증을 요청했다. 1971년 의회청문회가 열려 록히드에 대한 대출보증이 승인되어, 록히드는 1972년에 대출을 받아 사업을 계속 진행할 수 있게 되었다.

의회청문회에서 록히드는 트리스타의 손익분기 판매수량이 200대 정도라고 주장했다. 록히드는 향후 10년간 미국 내 항공 수요가 연평균 10% 이상 증가할 것이며 이 경우 트리스타급 항공기의 수요량은 775대가 될 것이고 이 중 록히드가 35~40%(270~310대)를 판매할 수 있으므로 록히드의 신형 항공기 개발사업이 매우 유망함을 주장했다.

반면, 반대하는 측에서는 이 사업이 애초에 경제성이 없다고 주장했다. 당시 트리스타와 거의 비슷한 용도와 성능을 가진 항공기로 맥도넬-더글러스는 DC-10기를, 유럽컨소시움은 A-300B에어버스를 개발하고 있었다. 항공 수요도 연평균 5% 정도의 성장이 합리적인 것으로 예상되어 록히드의 예상과는 달리 미래 시장전망이 불투명하다는 것이었다.

대출이 이루어진 이후 1982년 트리스타 생산이 중단되었을 때까지 록히드는 겨우 244대의 항공기를 판매하는 데 그쳤다. 13년간 생산중단을 연기함으로써 발생한 추가 손실을 포함하여 총손실액은 약 25억 달러로 늘어났다. 록히드의 주가는 1967년 최고 71달러에서 1974년 초 3.24달러까지 하락했다. 록히드는 트리스타 프로젝트의 실패에 따른 영향으로 파산위기에 처하게 된다.

트리스타 프로젝트의 현금흐름

트리스타 프로젝트와 관련한 자료를 종합해보면 1967년부터 약 5년간 지속된 연구개발과 설비투자 단계에서 발생한 현금지출은 약 8억~10억 달러에 달하는 것으로 추정된다. 투자비용은 〈표 7-1〉과 같이 9억 달러로 가정한다.

1971년부터 1976년의 기간 동안 매년 35대씩 총 210대의 항공기를 생산하며, 대당 평균 현금지출 생산비용은 0.14억 달러로 예측했다.[12] 항공기의 판매는 생산 후 1년 뒤인 1972년부터 1977년까지의 기간 동안 매년 35대씩 판매되며, 대당 판매가격은 0.16억 달러이다.

한편 판매액의 25%는 예치금으로 항공기 인도 2년 전에 발생한다. 따라서 매년 총현금지출 생산비용은 4.9억(=0.14×35) 달러이며, 총판매금액은 5.6억(=0.16×35) 달러이다. 판매액의 25%는 예치금

| 표 7-1 · **연구개발과 설비투자 단계의 현금지출** |

연도 말	시점(t)	현금흐름(억 달러)
1967	0	−1
1968	1	−2
1969	2	−2
1970	3	−2
1971	4	−2

| 표 7-2 • **영업활동의 현금흐름** |

(단위 : 억 달러)

구분	1970년	1971년	1972년	1973년	1974년	1975년	1976년	1977년
생산비용	–	-4.9	-4.9	-4.9	-4.9	-4.9	-4.9	–
판매수익	1.4	1.4	5.6	5.6	5.6	5.6	4.2	4.2

으로 항공기 인도 2년 전에 발생하므로 1970년부터 1.4억(=5.6×0.25) 달러의 예치금 수입이 발생한다. 이를 정리하면 〈표 7-2〉와 같다. 세금과 인플레이션은 없는 것으로 가정하고 분석한다.

투자안 평가를 위한 할인율(록히드의 자본비용)

트리스타 프로젝트를 시작하기 전에 록히드는 부채와 자기자본을 3 : 7의 비율로 사용하는 자본구조를 유지하고 있었으며, 세후부채비용은 4~5%, 자기자본비용은 12% 정도로 추정되고 있었다. 따라서 록히드의 자본비용(가중평균자본비용)은 9~10%로 추정되었다. 전문가들은 트리스타 프로젝트의 위험이 록히드의 기존 사업에 비해 위험이 매우 크다고 판단하여 투자안 평가를 위한 할인율은 최소 10%는 되어야 한다고 평가했다.

순현가를 이용한 프로젝트의 평가

트리스타 프로젝트의 사업타당성을 평가하기 위해 지금까지 분석된 자료를 이용하여 프로젝트의 순현가를 사업 시작시점(1967년)에서 평가해보자. 먼저 트리스타 프로젝트의 증분현금흐름을 〈표 7-1〉과 〈표 7-2〉를 종합하여 구하면 〈표 7-3〉과 같다.

| 표 7-3 · **트리스타 프로젝트의 현금흐름** |

(단위 : 억 달러, 1967년=time 0)

구분	1967년	1968년	1969년	1970년	1971년	1972~1975년	1976년	1977년
	t=0	t=1	t=2	t=3	t=4	t=5~8	t=9	t=10
투자비용	-1	-2	-2	-2	-2			
생산비용					- 4.9	-4.9	-4.9	
판매수익				1.4	1.4	5.6	4.2	4.2
증분현금흐름	-1	-2	-2	-0.6	-5.5	+0.7	-0.7	+4.2

　록히드의 트리스타 프로젝트 평가를 위한 할인율(자본비용)은 최소 10%는 될 것으로 평가되었다. 10%를 할인율로 이용하는 경우 투자의 순현가는 다음과 같다.

$$\frac{4.2}{(1.1)^{10}}+\sum_{t=5}^{8}\frac{0.70}{(1.1)^t}-\frac{0.70}{(1.1)^9}-\frac{5.5}{(1.1)^4}-\frac{0.60}{(1.1)^3}-1-\sum_{t=1}^{2}\frac{2}{(1.1)^t}=-5.84억(달러)$$

　따라서 록히드는 트리스타 프로젝트를 추진하지 말았어야 했다.

3 록히드와 의회는 무엇을 잘못했을까

앞서 계산된 프로젝트의 순현가는 음(-)이다. 그럼에도 불구하고 록히드는 자사의 기준에 근거하여 트리스타 프로젝트의 손익분기판매수량을 200대 정도로 제시하고 의회청문회에서 이 사업의 경제성이 충분하다고 주장하였다. 그리고 의회청문회는 추가 대출에 대한 보증을 허용했다. 이러한 판단이 어떤 점에서 큰 오류를 범하고 있는지 분석해보자.

자본예산과 손익분기점의 함정 : 현가기준 vs 단순금액기준

록히드는 트리스타 프로젝트의 손익분기점으로 200대 정도를 제시하고, 의회청문회에서도 이를 기초로 향후 판매예상수량(약 270~310대)에 비추어볼 때 이 사업의 경제성이 충분하다고 주장했다. 그러나 이러한 수치는 자본비용을 고려한 현가기준에 의한 평가치가 아니라 단순한 수입과 지출금액을 기준으로 손익분기점을 평가한 것이다.

록히드의 주장(주석 12 참조)대로 투자비용이 8억 달러, 대당 평균 생산비용이 0.12억 달러, 대당 판매가격을 0.16억 달러로 가정하는 경우 단순한 손익분기 판매수량을 X라 하면 X는 다음과 같이 200대로 구해진다.

$$손익분기판매수량 : 8+0.12X=0.16X$$

위 식에서 X를 구하면 X=200이다. 그러나 앞서 분석한 것과 같이 210대의 항공기를 생산하는 경우 합리적인 평균생산비용의 추정치는 대당 0.14억 달러였으며, 투자비용은 9억 달러였다. 따라서 손익분기판매수량을 계산하는 과정에서 록히드가 적용한 투자비용과 생산비용이 적정한 금액에 비해 낮았음을 알 수 있다.

그러나 무엇보다 중요한 문제는 위에서 계산된 손익분기판매수량

| 표 7-4 · 현가기준 트리스타 프로젝트의 손익분기 판매수량 |

구분	1967년	1968년	1969년	1970년	1971년	1972~1975년	1976년	1977년
	t=0	t=1	t=2	t=3	t=4	t=5~8	t=9	t=10
투자비용	-1	-2	-2	-2	-2			
생산비용					-0.12Y	-0.12Y	-0.12Y	
판매수익				0.16×0.25	0.16×0.25	0.16Y	0.16×0.75	0.16×0.75
증분현금흐름	-1	-2	-2	-2 +0.04Y	-2 -0.08Y	+0.04Y	-0.04Y	0.12Y

이 화폐의 시간가치를 반영하지 않은 결과라는 것이다. 장기간의 프로젝트에서 적정한 자본비용을 이용하여 현가기준으로 투자안을 평가하는 것은 무엇보다 중요하다. 영업활동의 내용연수를 6년으로 가정하고 손익분기점을 달성하기 위하여 매년 판매가 되어야 하는 항공기의 평균수량을 Y라 하고 이를 구해보자. 록히드의 주장대로 대당 평균생산비용이 0.12억 달러로 일정하다고 전제하는 경우에도 현가기준에 의한 손익분기 판매수량을 평가하면 407대이다.[13]

손익분기판매수량 Y를 구하는 식 :

$$-1 - \frac{2}{1.1} - \frac{2}{(1.1)^2} - \frac{2}{(1.1)^3} + \frac{0.04Y}{(1.1)^3} - \frac{2}{(1.1)^4} - \frac{0.08Y}{(1.1)^4} + \sum_{t=5}^{8} \frac{0.04Y}{(1.1)^t}$$

$$- \frac{0.04Y}{(1.1)^9} + \frac{0.12Y}{(1.1)^{10}} = 0$$

위 식에서 Y를 구하면 Y=67.78이다. 따라서 영업활동 내용연수

6년을 상정하는 경우 총 407(=67.78×6)대를 팔아야 순현가를 0으로
하는 손익분기점을 달성할 수 있다.

지나치게 낙관적인 미래예측

록히드는 향후 항공 수요가 연평균 10% 이상 증가할 것으로 추정하
였으며(항공기 수요 775대), 이에 기초하여 자사의 트리스타 항공기를
향후 10년간 270대에서 310대 정도 판매할 수 있을 것으로 추정했
다. 그러나 당시의 관광 · 항공산업 전문가들의 시장예측은 이보다
훨씬 비관적이어서 연평균성장률이 5% 내외에 머물 것으로 전망했
다. 이 경우 트리스타급 항공기의 총수요는 약 323대 정도이며, 록히
드의 판매가능수량은 113~130대 수준이다. 또한 경쟁사들 역시 비
슷한 유형의 항공기를 개발하고 있었으나 록히드는 이에 대한 평가
를 너무 안이하게 하는 우를 범했다고 할 수 있다.

위험관리 실패

록히드 입장에서 볼 때 트리스타 사업은 자신의 핵심사업 부문이 아
닌 신규사업이다. 또 새로운 기술개발이 필요한 사업의 속성상 아무
리 사전 기획 기능을 강화한다 하더라도 모든 프로젝트가 성공할 수
는 없다. 기술 개발의 속성상 실패하는 프로젝트는 반드시 존재한다.
문제는 이러한 실패 프로젝트의 파급효과를 어떻게 줄이느냐 하는
것이다. 가장 중요한 하나는 성공 가능성이 없다는 것이 분명해질
때, 해당 프로젝트를 빨리 중단하는 것이다. 록히드는 민간항공기 부
문에서 차별적인 경쟁력을 확보할 수 없다는 것을 너무 늦게 인식하

였으며, 빨리 중단했어야 할 프로젝트를 계속 추진함으로써 치명적인 결과를 가져왔다고 평가할 수 있다.

매몰비용의 함정

록히드에 대한 지원을 논의하기 위한 의회청문회에서 2.5억 달러의 대출보증에 대한 승인을 하게 된 주요 근거는 록히드가 이미 초기투자비용으로 약 9억 달러를 투자했다는 것이었다. 자본예산의 의사결정은 미래에 발생하는 현금흐름에 기초하여 이루어져야 하며, 이 경우 록히드의 트리스타 프로젝트는 그 시점에서 중단되는 것이 최선의 선택이었다. 그러나 청문회는 이미 지출된 초기투자비용(이는 바로 매몰비용이다)의 활용 가능성에 너무 큰 비중을 두었고 결과적으로 더욱 큰 손실을 가져오는 의사결정을 한 것으로 평가할 수 있다.[14]

현실적인 문제들과 대안적인 방법들

위에서 설명한 내용 외에 자본예산의 현실적용 과정에서 많은 문제점들이 나타나며, 상황에 따라서 순현가법은 합리적인 평가기법이 되지 못할 수도 있다. 이에 대해서는 15장에서 구체적으로 살펴본다.

8장

위험의 평가와
할인율(자본비용) 추정

- 평균-분산 포트폴리오 선택이론에 대해 살펴본다.

- 비체계적 위험과 체계적 위험에 대해 살펴본다.

- CAPM과 베타(β)에 대해 살펴본다.

- CAPM의 이용에 대해 살펴본다.

| 핵심개념 체크 |

미래현금흐름이 불확실한 경우 투자의 기대수익률은 어떻게 구할 수 있을까?

사람들은 투자비용이 같다면 미래수익이 불확실한(또는 위험한) 투자보다는 확실한(또는 안전한) 투자를 선호한다. 즉 '안전한 1원이 위험한 1원보다 더 높은 가치를 가진다.' 이 사실을 '재무관리의 제2원리'라 하며, 위험에 대한 사람들의 이러한 태도를 '위험회피risk aversion' 라고 한다. 위험회피 성향을 갖는 사람들은 미래가 불확실한 사업에 투자할 때 이 사업으로부터 기대되는 수익률이 위험이 없는 사업의 수익률(무위험이자율)보다 높아야만 투자를 한다. 위험이 있는 투자안 i의 기대수익률 $E(r_i)$는 다음과 같다.

위험투자안 i의 기대수익률＝무위험이자율＋투자안 i의 위험프리미엄

$$E(r_i)=r_f+\alpha_i$$

여기서 투자안 i의 위험프리미엄risk premium은 위험의 크기와 사람들의 위험회피 정도에 따라 결정된다. 투자안의 위험이 클수록, 또 사람들의 위험회피 성향이 높을수록 위험프리미엄은 큰 값을 갖는다. 이처럼 투자안의 위험이 커질수록 투자에서 기대하는 수익률이 더 커지는 것(반대로 투자의 위험이 작을수록 기대수익률이 낮아지는 것)을 위험-수익의 상충관계risk-return trade-off라 한다.

투자의 가치는 미래에 기대되는 현금흐름을 현금흐름의 불확실성, 즉 위험을 반영한 할인율로 할인한 현재가치로 평가한다. 투자위험은 어떻게 측정하며 적정한 위험프리미엄은 어떻게 계산할 수 있을까?

자본자산가격결정모형(CAPM)은 투자자들이 평균–분산 포트폴리오 선택이론에 기초하여 투자결정을 하는 경우 시장의 균형상태에서 투자위험을 어떻게 측정할 수 있는지, 또 적정한 위험프리미엄은 어떻게 평가되는지를 보여주는 대표적인 모형이다. 투자자는 CAPM을 이용하여 위험이 있는 투자의 가치평가를 위한 할인율을 구할 수 있다.

1 확률분포와 기댓값, 그리고 표준편차

투자의 결과를 확실하게 알지 못하는 상황을 불확실성 또는 위험이 있는 상황이라고 한다. 위험이 있는 투자의 경우, 투자 결과는 미래의 상태에 따라 여러 가지 다른 값을 갖게 되는데, 이러한 불확실성을 표현하는 가장 보편적인 방법은 투자 수익 또는 수익률의 확률분포를 나타내는 것이다. 예를 들어 〈표 8–1〉은 주식 X와 주식 Y에 1년간 투자하는 경우 얻을 수 있는 미래수익률의 확률분포를 나타낸 것이다.

〈표 8–1〉에서 보는 것과 같이 두 주식의 수익률은 미래상태에 따

미래상태	확률	수익률	
		주식 A	주식 B
상태 1	1/3	9%	−3%
상태 2	1/3	−6	6
상태 3	1/3	15	12

라 다양한 값을 갖는다. 이러한 변수를 확률변수라 한다. 투자위험에 관한 정보는 〈표 8-1〉과 같은 확률분포표를 통해 얻을 수 있으나, 미래상태의 수가 많은 경우 이와 같은 표를 이용하는 것은 매우 불편하다. 따라서 대개 확률분포에 관한 정보를 요약하는 통계치를 사용하게 되는데, 이 중 가장 많이 쓰이는 것이 기댓값과 분산(또는 표준편차)이다.

기댓값(또는 평균)

일반적으로 확률변수 X의 기댓값expectation은 E(X)로 표시하며 기댓값 E(X) 또는 평균 μ_X는 〈식 8.1〉과 같이 각 상태가 발생할 확률에다 각 상태가 발생할 경우에 실현되는 값을 곱한 결과를 모두 더해서 구한다.

$$E(X) = \mu_X \equiv p_1 \cdot x_1 + p_2 \cdot x_2 + \cdots + p_s \cdot x_s \tag{8.1}$$

〈식 8.1〉에서 E는 기댓값을 나타내는 연산자operator이며 p는 확률, x는 각 상태에서 실현되는 확률변수 X의 값을 나타낸다. 앞의 〈표

8-1〉에서 주식 X와 Y의 기대수익률 E(r$_A$)와 E(r$_B$)를 계산하면 다음
과 같다.

$$E(r_A) = (1/3)(9) + (1/3)(-6) + (1/3)(15) = 6\%$$

$$E(r_B) = (1/3)(-3) + (1/3)(6) + (1/3)(12) = 5\%$$

분산

확률변수 X의 분산_{variance}은 Var(X) 또는 σ_X^2로 표시하며 위험의 크기
를 측정하기 위하여 흔히 사용된다. 분산은 각 상황이 발생했을 때
실현되는 값과 기댓값의 차이를 제곱하여 이를 각 상태가 발생할 확
률로 곱해서 모두 더한 값이다.

$$Var(X) = \sigma_X^2 \equiv p_1 \cdot [x_1 - \mu_X]^2 + p_2 \cdot [x_2 - \mu_X]^2 + \cdots + p_s \cdot [x_s - \mu_X]^2 \qquad (8.2)$$

앞의 표에서 주식 X와 Y의 수익률 분산 σ_X^2과 σ_Y^2을 계산하면 다음
과 같다.

$$\sigma_X^2 = (1/3)(9-6)^2 + (1/3)(-6-6)^2 + (1/3)(15-6)^2 = 78\%^2$$

$$\sigma_Y^2 = (1/3)(-3-5)^2 + (1/3)(6-5)^2 + (1/3)(12-5)^2 = 38\%^2$$

분산의 단위는 확률변수 자체 단위의 제곱이다. 수익률의 단위가
%이므로 수익률 분산의 단위는 %²이 되며 이를 소수점으로 고치면
$1\%^2 = (1\%)(1\%) = 0.0001$이다.

표준편차

분산을 위험의 측정치로 사용하면 그 단위가 확률변수 자체의 단위와 일치하지 않아 불편을 겪을 때가 많다. 이럴 경우 분산의 양(+)의 제곱근을 구하여 확률변수의 단위와 같도록 표준화한 값을 사용하는데, 이를 표준편차라 한다.

$$\sigma_X = \sqrt{Var(X)} \qquad\qquad (8.3)$$

〈표 8-1〉의 주식 X와 Y의 수익률의 표준편차 σ_X, σ_Y는 다음과 같다.

$$\sigma_X = \sqrt{78} = 8.83\% \qquad\qquad \sigma_Y = \sqrt{38} = 6.16\%$$

수익률의 표준편차의 단위는 수익률과 같은 %이다. 주식 X의 표준편차가 더 크므로 X의 투자위험이 Y에 비해 더 큰 것으로 평가된다.

2 평균-분산 포트폴리오 선택이론

평균-분산 모형과 지배원리

위험하에서 투자자는 투자에서 기대되는 수익률과 위험을 평가하여 투자결정을 한다. 기대수익률은 기댓값(또는 평균)으로 측정하며, 위험은 표준편차(분산)로 측정한다. 이처럼 불확실한 상황에서 수익률의 평균과 표준편차(분산), 두 통계치에 기초하여 투자결정을 하는 모형을 평균–분산 모형mean-variance model이라고 한다.

평균–분산 모형에 의하면 사람들은 위험(표준편차)이 같다면 기대수익률이 높은 투자안을 선호하고, 기대수익률이 같다면 위험(표준편차)이 낮은 투자안을 선호한다. 이러한 선택원리를 지배원리라고 한다.

예를 들어 다음에 제시된 네 종류의 주식에 대해 지배원리를 적용하여 선택대상에서 제외되는 종목을 골라보자.

주식	기대수익률(%)	표준편차(%)
D	10	10
E	10	13
F	12	15
G	16	15

| 그림 8–1 • **지배원리와 투자안의 선택** |

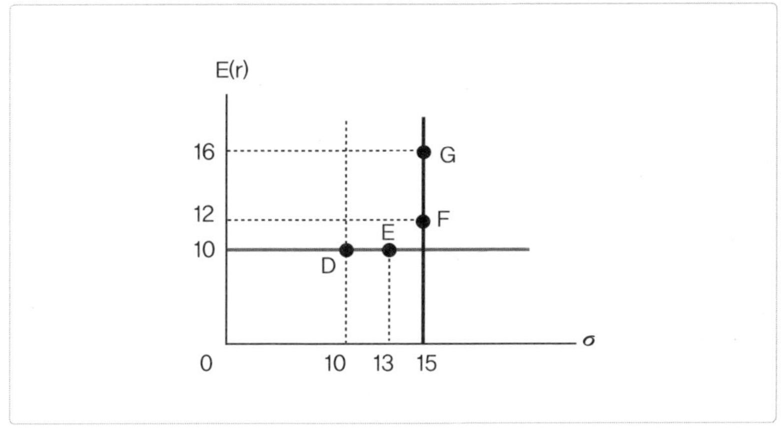

표에 제시된 네 주식을 기대수익률(E(r))−표준편차(σ) 평면에 나타내면 〈그림 8-1〉과 같다.

위 그림을 보면 주식 D는 주식 E를 지배한다. 기대수익률은 같으나 위험을 나타내는 표준편차가 더 작기 때문이다. 주식 G와 F 중에서는 G가 F를 지배한다. 위험은 같으나 기대수익률이 G가 더 크기 때문이다. 따라서 주식 E와 F는 선택대상에서 제외되고, 투자자는 주식 D와 G 중에서 선택하게 된다. D와 G 중에서 고르는 문제는 투자자의 위험회피 성향의 차이에 달려 있다. 위험회피 성향이 큰 투자자는 G보다는 D를 선택할 수 있다. 반면에 위험회피 성향이 약한 투자자는 높은 위험을 부담하더라도 기대수익률이 큰 G를 선택할 수 있다.

포트폴리오와 위험분산효과

포트폴리오는 여러 자산 또는 증권의 결합을 말한다. 투자자는 투자 자금을 여러 유형의 자산에 분산투자, 즉 포트폴리오를 구성함으로써 투자위험을 줄일 수 있다. 이를 위험분산효과 또는 포트폴리오 효과라고 부른다. 포트폴리오를 구성함으로써 위험을 줄일 수 있는 이유는 포트폴리오를 구성하는 개별 자산들의 미래수익률 변동이 서로를 상쇄하기 때문이다.

두 변수 간의 움직임이 얼마나 밀접하게 관련되어 있는가를 나타내는 지표로 상관계수가 있다. 상관계수는 두 변수가 완전히 같은 방향으로 움직이는 경우 +1의 값을 갖고 완전히 반대방향으로 움직이는 경우 −1의 값을 갖는다. 포트폴리오 효과는 포트폴리오를 구성하는 자산들 간의 상관계수가 +1보다 작은 값을 갖기 때문에 일어나는 현상이다. 상관관계가 낮을수록 포트폴리오 효과는 크게 발생한다.

〈그림 8-1〉에서 지배원리에 의해 선택된 주식 D와 G의 기대수익률은 각기 10%와 16%, 그리고 표준편차는 각기 10%와 15%였다. 두 종목에 분산투자하는 경우를 생각해보자. 주식 D에 w, 주식 G에 (1-w)의 비중으로 투자한 포트폴리오를 P라 하면 이 포트폴리오의 기대수익률과 분산은 다음과 같이 계산된다.[15]

$$E(r_P) = E(r_D) \times w + E(r_G) \times (1-w) \tag{8.4}$$

$$\sigma_P^2 = w_D^2 \sigma_D^2 + (1-w)^2 \sigma_G^2 + 2w_D(1-w) \cdot \rho_{DG} \cdot \sigma_D \cdot \sigma_G \tag{8.5}$$

〈식 8.5〉에서 ρ_{DG}는 주식 D와 주식 G의 수익률 간의 상관계수를 나타낸다.

〈표 8-2〉에 두 주식수익률의 상관계수가 +1, +0.5, 0.0, -0.5, -1인 경우에 두 주식에 각기 절반씩 투자하여 구성한 포트폴리오의 기대수익률과 표준편차가 어떻게 변화하는지를 나타냈다.

〈표 8-2〉에서 보는 것과 같이 상관계수가 +1에서 -1로 작아질수

| 표 8-2 · **상관계수의 변화와 포트폴리오의 위험** |

ρ_{DG}	+1	+0.5	0.0	-0.5	-1
$E[r_P]$	13	13	13	13	13
σ_P^2	0.01562	0.01189	0.0081	0.00438	0.00063
σ_P	0.125	0.109	0.090	0.0661	0.025

록 포트폴리오의 위험이 작아지는 것을 확인할 수 있다. 자산들 사이의 움직임이 반대방향일수록 상쇄효과가 크기 때문이다.

비체계적 위험과 체계적 위험

포트폴리오 효과는 포트폴리오를 구성하는 자산의 수가 많아질수록 크게 발생한다. 그러나 아무리 많은 수의 자산에 분산투자를 해도 위험이 완전히 제거되지는 않는다. 다시 말해 분산효과에는 한계가 있다. 이는 포트폴리오를 구성하면 개별자산의 위험 중 제거될 수 있는 부분이 있는가 하면 제거될 수 없는 부분도 있기 때문이다. 따라서 포트폴리오의 위험은 두 가지로 분해된다.

분산투자를 함으로써 제거할 수 있는 위험을 비체계적 위험 또는 고유위험 또는 분산가능위험이라 한다. 비체계적 위험은 포트폴리오를 구성하는 개별자산들의 수익률 변동이 서로 완전히 상관되어 있지 않기 때문에 나타난다. 즉 포트폴리오를 구성하는 경우 한 기업의 불리한 수익률 변동은 다른 기업의 유리한 수익률 변동에 의해 상쇄될 수 있다.

분산투자를 해도 줄일 수 없는 위험을 분산불가능위험 또는 체계적 위험이라 한다. 체계적 위험은 시장의 전반적인 상황과 관련이 있는 것으로 시장위험이라고도 한다. 인플레이션, 환율, 이자율의 변화 등 여러 기업들에게 공통적으로 영향을 주는 거시경제변수와 관련된 위험이 바로 체계적 위험이다. 이들로 인한 위험은 분산투자를 해도 제거할 수 없다.

그러면 포트폴리오의 위험 중 비체계적 위험과 체계적 위험의 비

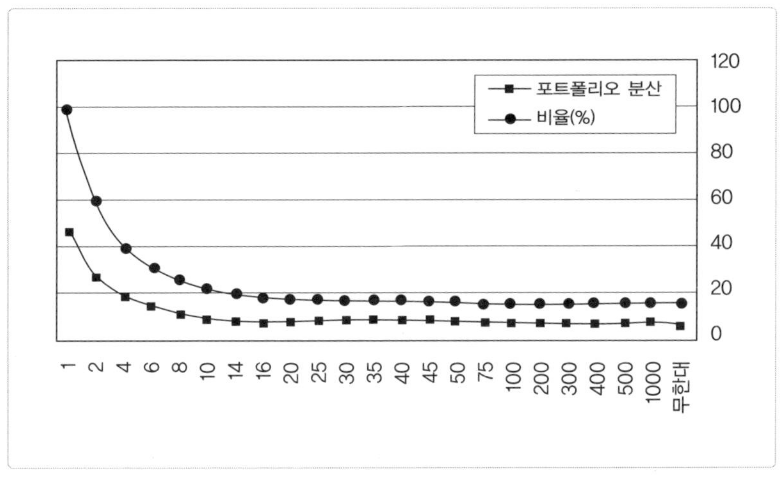

중은 어떠할까? 시장에 따라 그리고 상황에 따라 다르겠으나 일반적으로 포트폴리오 위험의 상당부분이 분산가능한 위험인 것으로 밝혀지고 있다.

〈그림 8-2〉는 엘튼Elton과 그루버Gruber가 뉴욕증권시장에서 거래되는 주식들에 같은 비율로 투자하여 포트폴리오를 구성했을 때 구성주식의 수에 따라 계산한 포트폴리오의 분산과, 하나의 종목에만 투자한 경우의 분산을 100으로 보았을 때 각 포트폴리오의 분산이 몇 퍼센트에 해당하는가를 나타낸 것이다.[16] 〈그림 8-2〉에서 분산투자를 전혀 하지 않은 경우(하나의 종목에만 투자한 경우)의 평균분산은 46.6이다. 그러나 10종목에 분산투자하는 경우 포트폴리오의 분산은 11로 1/4 수준으로 줄어든다. 30종목으로 포트폴리오를 구성한 경우 분산은 8.4로 약 1/6로 줄어든다. 그러나 아무리 많은 수의 종

목에 분산투자를 해도 포트폴리오의 분산은 7.1 이하로는 줄어들지 않는다. 달리 말해 가능한 모든 종목에 분산투자를 하는 경우 시장의 체계적 위험은 7.1 정도로 평가되며, 이는 분산투자를 전혀 하지 않은 경우에 부담해야 하는 위험의 약 15% 수준이다.

3 자본자산가격결정모형과 이용

이제 시장이 균형을 이룰 때 위험자산의 위험프리미엄 또는 기대수익률을 어떻게 결정할 수 있는지를 살펴보자. 자산의 위험에 따라 기대수익률이 어떻게 결정되는가를 설명해주는 여러 이론 중 대표적인 것이 자본자산가격결정모형 Capital Asset Pricing Model : CAPM 이다. 자산의 기대수익률이 어떻게 결정되는지를 안다는 것은 해당 자산의 균형가격이 어떻게 결정되는가를 아는 것과 같은 의미를 갖는다.

샤프 Sharpe 는 모든 개별자산과 모든 포트폴리오에 적용될 수 있는 균형상태에서의 위험과 기대수익률의 관계를 제시했다. 샤프가 제시한 모형을 자본자산가격결정모형이라 하며 다음과 같은 식으로 표현된다.

자본자산가격결정모형(CAPM) :

자산 i의 기대수익률＝무위험이자율＋[시장위험프리미엄]×자산 i의 베타

$$E[r_i] = r_f + \{E[r_m] - r_f\} \cdot \beta_i \tag{8.5}$$

〈식 8.5〉의 자본자산가격결정모형에 의하면 자산(또는 포트폴리오)의 기대수익률은 무위험이자율에 해당 자산의 위험프리미엄을 더한 것이며, 개별 자산의 위험프리미엄은 시장위험프리미엄($E[r_m]-r_f$)에 베타위험(β_i)을 곱하여 구해진다.

자본자산가격결정모형을 그림으로 나타낸 것을 증권시장선Securities Market Line : SML이라고 한다. SML의 기울기는 시장위험프리미엄이고 절편은 무위험이자율이 된다.

| 그림 8-3 · 증권시장선 |

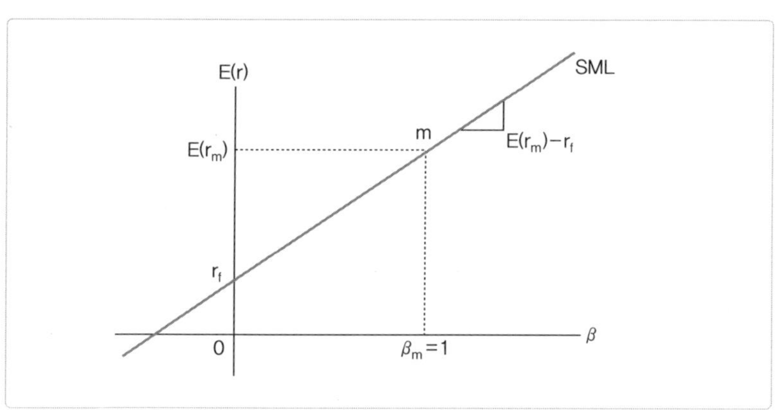

〈그림 8-3〉에서 보듯이 자본자산가격결정모형이 성립하는 경우 모든 자산의 기대수익률은 베타위험과 선형의 관계를 가지며 증권시장선 상에서 결정된다. 또 베타 1단위의 균형가격은 시장위험프리미엄이다.

[예제 1] 주식 A의 베타는 0.8이고, 시장위험프리미엄은 5%라고 한

다. 무위험이자율이 6%일 때, A주식의 기대수익률을 구하라.

[풀이]

$E[r_A] = r_f + \{E[r_m] - r_f\} \cdot \beta_A = 6 + 5 \times 0.8 = 10(\%)$

〈식 8.5〉의 자본자산가격결정모형을 구성하는 요소에 대해 하나하나 살펴보자.

무위험이자율

〈식 8.5〉에서 (명목)무위험이자율은 실질무위험이자율과 기대인플레이션율을 반영하여 결정된다. 실질무위험이자율은 경제 전반의 수익성을 나타내는 실질경제성장률에 의해 결정된다. 무위험이자율은 보통 채무불이행위험이 없는 국채의 수익률을 대용치로 이용한다. 장단기 국채 중 어느 것을 이용할 것인지는 분석하려는 투자안의 특성을 고려하여 결정하면 된다.

시장위험프리미엄

시장위험프리미엄은 이론적으로는 시장에서 거래되는 모든 위험자산을 시장가치 비율대로 구성한 완전 분산된 포트폴리오인 시장포트폴리오의 위험프리미엄을 말하지만, 현실적으로는 보통 주식시장의 평균위험프리미엄을 대용치로 이용한다. 주식시장의 평균위험프리미엄은 과거자료를 이용하여 구하거나 미래에 기대되는 위험프리미엄을 추정하여 이용한다. 보통의 경우 과거기간의 평균치를 자주 이용하는데, 미국시장의 지난 100여 년간의 주식시장의 평균위험프리미엄은 6~7% 정도이다. 한국시장의 경우 주식시장의 역사가 짧고 변동성이 커 안정적인 평균위험프리미엄을 얻기가 상대적으로 힘든 상황이나 5~8%를 추정치로 이용할 수 있다.

베타위험

베타위험은 해당 자산의 체계적 위험의 측정치이다. 시장포트폴리오는 완전히 분산되어서 더 이상의 분산 가능한 위험이 존재하지 않는 포트폴리오이기 때문에, 시장포트폴리오를 구성할 수 있는 상황이라면 분산 가능한 위험까지 포함하는 개별 자산의 총위험(σ^2)은 적절한 위험의 척도가 될 수 없다.

개별 자산의 위험 중 의미를 갖는 것은, 시장포트폴리오를 구성하였음에도 제거되지 않는 체계적 위험이며, 다음과 같이 정의되는 β로 측정한다.

$$\beta_i = \frac{\text{자산}_i \text{와 시장포트폴리오의 공분산}}{\text{시장포트폴리오의 분산}}$$

$$= \frac{\sigma_{im}}{\sigma_m^2} = \frac{\rho_{im}\sigma_i\sigma_m}{\sigma_m^2} = \frac{\rho_{im}\sigma_i}{\sigma_m} \tag{8.6}$$

〈식 8.6〉에서 보듯이 베타(β_i)는 자산 i와 시장포트폴리오 수익률의 공분산(Cov(r_i, r_m) 또는 σ_{im})을 시장포트폴리오 수익률의 분산(σ_m^2)으로 나누어 표준화한 값이다. 따라서 베타는 시장전체의 위험을 1로 보았을 때 개별자산 i가 갖는 체계적 위험의 크기이다.

[예제 2] 자산 1, 2에 대한 수익률의 표준편차가 각각 20%, 30%로 주어졌고 시장수익률의 표준편차는 15%이다. 자산 1, 2와 시장포트폴리오와의 상관계수가 각각 0.6, 0.8이라 할 때 각 자산의 β를 구하라.

[풀이]

각 자산의 베타를 〈식 8.6〉을 이용하여 구하면 다음과 같다.

$$\beta_1 = \frac{(0.6)(20)}{15} = 0.8 \quad \beta_2 = \frac{(0.8)(30)}{15} = 1.6$$

한편, 베타는 시장 전체 움직임에 대한 개별자산 i의 민감도를 의미하기도 한다. 예를 들어 주식 i의 베타가 1.5라면 이는 주식시장이 1% 상승할 때 주식 i는 평균적으로 1.5% 상승함을 의미한다. 시장 전체의 베타는 1이므로 주식 i의 베타가 1보다 크면 변동폭이 시장평균보다 크다는 것을 의미하며, 1보다 작으면 변동폭이 시장평균보다 작다는 것을 의미한다.

자본자산가격결정모형은 기업의 재무의사결정에서 광범위하게 이용된다. 대표적인 이용 분야를 살펴보면 다음과 같다.

• **자본예산** : 자본예산의 핵심과정은 현금흐름을 측정하고 미래투자안의 순현가를 계산하기 위해 적절한 할인율(자본비용)을 구하는 것이다. 이때 할인율을 결정하는 데 자본자산가격결정모형을 사용할 수 있다. 투자안의 β를 알면 증권시장선을 이용해서 투

자안의 기대수익률을 구할 수 있는데, 이것이 투자안의 할인율이다.

- 투자성과분석 : 과거의 투자성과를 분석할 때 과거 자료를 이용하여 추정된 증권시장선을 이용할 수 있다.
- 주식이나 특정자산의 가치평가에 있어서의 적정할인율 결정 : 가치평가과정에서 미래현금흐름을 할인할 때 이용하는 적절한 할인율은 바로 해당 주식 또는 자산에 투자할 때 부담해야 하는 위험을 고려한 기대수익률이며, 이는 증권시장선을 이용하여 계산할 수 있다.

4 베타의 추정 : 시장모형

〈식 8.6〉으로 정의되는 베타의 추정을 위해서는 시장포트폴리오를 구성할 수 있어야 한다. 이론적으로 시장포트폴리오는 시장에서 거래되는 모든 위험자산을 시장가치 비율대로 구성하고 있는 포트폴리오이다. 그러나 현실적으로는 이러한 포트폴리오를 찾기는 불가능하다. 따라서 이론적인 시장포트폴리오 대신에 실제 시장에서 확인 가능한 포트폴리오를 시장포트폴리오의 대용치로 이용하게 된다. 한국시장의 경우 KOSPI나 KOSPI200과 같은 주식포트폴리오가 주로 이용되는 시장포트폴리오의 대용치이다.

시장포트폴리오가 구해지고 나면, 베타를 구하기 위해 필요한 시장포트폴리오와 개별주식 수익률 간의 공분산과 시장포트폴리오 수익률의 분산은 미래수익률의 확률분포 또는 과거의 수익률 자료로부터 구할 수 있다. 미래수익률의 확률분포를 구하는 것은 현실적으로 매우 어려운 일이므로 실무적으로는 보통 과거의 수익률 자료를 이용하여 베타를 추정하는 방법을 사용한다.

한편 과거의 수익률 자료를 이용하는 경우 개별주식의 베타는 시장모형market model 또는 단일지수모형이라는 다음과 같은 회귀식을 통해 쉽게 추정할 수 있다.

$$r_i = \alpha_i + \beta_i r_m + \varepsilon_i \tag{8.7}$$

위 식에서 r_i는 주식 i의 수익률, r_m은 시장포트폴리오의 수익률, ε_i는 잔차항을 나타낸다. 〈식 8.7〉의 시장모형을 그림으로 나타내면 〈그림 8-4〉와 같다.

| 그림 8-4 • **시장모형과 베타** |

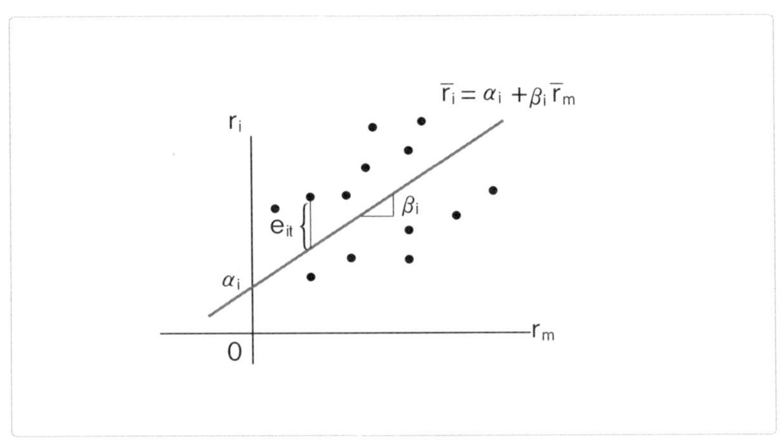

〈그림 8-4〉의 각 점들은 매기에 실현된 주식 i의 수익률을 해당 기의 시장포트폴리오의 수익률에 대응하여 나타낸 것이다. 이와 같이 그려진 산포도로부터 주식 i의 수익률 r_i와 시장포트폴리오의 수익률 r_m의 관계를 가장 잘 나타내주는 평균적인 관계식을 나타내는 다음의 식을 얻을 수 있다.

$$\overline{r}_i = \alpha_i + \beta_i \overline{r}_m \qquad\qquad (8.8)$$

위 식의 추정은 주식 i의 수익률을 시장포트폴리오의 수익률에 단순회귀분석하여 회귀식의 기울기와 절편치를 추정하는 것이며, 회귀식의 기울기 β_i를 구하면 그 계산식이 바로 앞서의 〈식 8.6〉에서 살펴본 베타를 구하는 식 $\beta_i = \dfrac{Cov(r_i,\ r_m)}{\sigma_m^2}$ 이 된다.[17]

5 자본자산가격결정모형을 이용한 자본비용 추정 사례[18]

영국통신감독청OFTEL은 2001년도에 영국의 이동통신사업자인 보더폰Vodafone, BT셀넷BT Cellnet, 원투원One2One, 오렌지Orange의 자기자본비용을 CAPM을 이용하여 추정했다. 영국통신감독청은 이동통신 4사의 자본비용이 유사할 것이라는 전제하에 보더폰을 기준으로 자기자본비용을 추정하였다. 그 과정을 살펴보자.

자기자본비용 추정에 이용된 CAPM의 구성요소

• 무위험이자율

영국통신감독청은 무위험이자율의 대용치로 5년 만기 국채의 수익
률을 이용했다. 당시 국채수익률은 5.2%이었다.

• 시장위험프리미엄

영국통신감독청은 다양한 연구 결과를 토대로, 과거 자료에 기초하
여 시장위험프리미엄의 산술평균을 구하고 이를 시장위험프리미엄
의 대용치로 이용했다. 추정된 결과는 3.5~8%의 범위였으며, 영국
통신감독청은 5%를 최적 시장위험프리미엄으로 결정했다.

• 베타위험

영국통신감독청은 런던주식시장에서 거래되고 있는 통신사업자의
평균 베타위험을 기초로 이동통신사업자의 베타위험을 추정했다.
추정된 베타위험은 각 사업자의 부채 사용 정도에 달랐는데, 부채비
율이 10%일 때 베타가 0.94~1.50, 부채비율이 30%일 때는 베타가
1.03~1.86였다.

영국 이동통신사업자의 자본비용 추정 결과

부채비율에 따라 이동통신사업자의 자기자본비용을 추정한 결과가
〈표 8-3〉에 제시되어 있다. 〈표 8-3〉에서 보는 것과 같아 부채비율
과 베타의 범위에 따라 이동통신사업자의 자기자본비용을 추정한

| 표 8-3 · 영국 이동통신사업자의 자기자본비용 추정 결과 |

구분	부채비율 10%		부채비율 30%	
	베타 0.94	베타 1.50	베타 1.03	베타 1.86
무위험이자율	5.2	5.2	5.2	5.2
시장위험프리미엄	5.0	5.0	5.0	5.0
베타위험	0.94	1.50	1.03	1.86
자기자본비용	9.90	11.45	10.92	14.52

결과는 9.9%에서 14.52%의 범위로 나타났다. 이들의 평균값은 12.2%이다.

9장

부채 사용과 주주의 위험, 그리고 신규사업 자본비용

- 부채 사용이 주주의 위험, 특히 베타에 미치는 영향에 대해 살펴본다.

- 새로운 사업의 자본비용을 구하는 방법과 이용에 대해 살펴본다.

- 자본비용 추정과정에서 어떤 점들을 주의해야 하는지 살펴본다.

| 핵심개념 체크 |

기업의 부채 사용은 주주에게 어떤 영향을 미칠까?

기업은 자기자본과 부채로 필요자본을 조달한다. 자기자본만 사용하는 경우에 비해 부채로 자본을 조달하는 경우 주주가 얻는 이익의 불확실성은 커지게 된다. 즉 고정비용의 성격을 갖는 이자비용의 레버리지leverage 작용으로 인해 매출액(또는 영업이익)이 변동할 때 순이익의 변동은 더욱 커지게 된다. 이런 효과를 재무레버리지효과라고 부른다.

구분	A기업			B기업		
	호황	보통	불황	호황	보통	불황
영업이익(억 원)	30	20	10	30	20	10
이자비용(억 원)	0	0	0	12	12	12
순이익(억 원)	30	20	10	18	8	2
총자본영업이익률	30%	20%	10%	30%	20%	10%
자기자본순이익률(ROE)	30%	20%	10%	90%	40%	−10%

예를 들어 표에 제시된 A, B기업의 재무자료를 살펴보자. 두 기업은 모두 100억 원의 자금을 동일한 사업에 투자했다. 두 기업의 차이는 자본을 조달한 방법이며, A기업은 모두 자기자본으로, B기업은 100억 원 중 80억 원을 15%의 이자를 지급하는 부채로 조달했다.

표에서 보는 것과 같이 자기자본기업인 A기업은 영업이익률과 자기자본순이익률이 같다. 그러나 부채사용기업인 B기업은 영업이익률에 비해 자기자본순이익률의 변동이 훨씬 크다.

이러한 현상은 영업활동의 상황과 관계없이 고정적으로 지급되어야 하는 이자비용의 레버리지효과로 인해 나타나는 결과이다. 따라서 부채를 많이 사용할수록 주주가 부담하는 위험은 커지고 주주의 요구수익률(자기자본비용)은 커지게 된다.

부채 사용은 주주의 위험을 증가시켜 주주의 자본비용을 증가시킨다. 부채 사용은 주주의 위험을 어떻게 증가시키며, 이를 반영한 기업(투자안)의 자본비용은 어떻게 구할 수 있을까? 그리고 새로운 사업에 투자하는 경우 신규사업의 가치평가에 적용될 자본비용은 어떻게 평가해야 할까?

1 가중평균자본비용과 베타

가중평균자본비용과 목표자본구조

기업의 자본은 크게 자기자본과 타인자본(부채)으로 구성된다. 달리 말해 기업은 자기자본과 타인자본의 포트폴리오이다. 자기자본의 비용을 자기자본비용, 타인자본의 비용을 타인자본비용(부채비용)이라 부른다. 따라서 기업의 자본비용은 부채비용과 자기자본비용을 각 자본이 총자본에서 차지하는 비중으로 가중한 평균값인 가중평균자본비용Weighted Average Cost of Capital : WACC으로 다음과 같이 측정된다.

$$
\text{자본비용(가중평균자본비용)} = \text{부채비용}(1 - \text{법인세율}) \times \frac{\text{부채}}{\text{총자본}} + \text{자기자본비용} \times \frac{\text{자기자본}}{\text{총자본}}
$$

$$(9.1)$$

　〈식 9.1〉에서 부채비용에서 법인세율을 빼주는 이유는 부채를 사용하는 경우 이자비용의 법인세 감세효과에 따라 그만큼 법인세를 줄일 수 있기 때문이다. 〈식 9.1〉에 의해 구해진 자본비용은 기업가치나 신규사업의 평가를 위한 할인율, 그리고 투자결정이나 성과평가 기준으로 이용된다.

　가중평균자본비용을 구하는 〈식 9.1〉에서 부채와 자기자본이 총자본에서 차지하는 비중은 기본적으로 시장가치(장부가치가 아니라)에 근거하여 계산되어야 한다. 왜냐하면 특정 자본의 자본비용이란 현재부터 미래의 기간에 해당 자본을 사용하는 대가로 지불하는 비용이기 때문이다.

　예를 들어 오늘 10% 이자율에 1억 원을 차입하여 1년간 사용한다면 이는 오늘부터 1년 동안 1억 원을 사용하는 대가로 1억 원에 대한 10%의 비용을 부담하는 것이다. 따라서 가중치는 부채와 자기자본의 현재 시점의 가치, 즉 시장가치로 평가되어야 한다.

　그러나 현재가치평가모형을 이용하는 경우 시장가치는 미래의 현금흐름을 자본비용으로 할인하여 구해야 한다. 즉 현재가치를 구하기 위해 할인율을 이용해야 하나, 할인율(자본비용)은 현재가치를 알아야만 구할 수 있는 논리의 순환이 발생한다. 따라서 많은 경우에 기업은 목표로 하는 부채와 자기자본의 비율, 즉 목표부채비율을 정하고 이를 기준으로 자본비용을 평가하게 된다. 물론 목표부채비율은 기업가치를 극대화하는(자본비용을 최소로 하는) 최적비율이며, 이 비율을 찾아내는 것은 경영자의 몫이다.

부채 사용과 주식의 베타위험

앞서 살펴본 것처럼 부채를 사용하는 경우 주주의 위험은 커진다. 이를 자본자산가격결정모형에서의 베타위험을 이용하여 다시 설명해보자. 총가치가 100억 원인 회사가 있다고 하고 다음과 같은 미래 상황을 가정해보자.

상태	확률	영업이익	시장수익률(r_m)
1	0.5	20억 원	20%
2	0.5	5억 원	5%

이 경우 시장수익률의 평균은 12.5%이며, 분산은 $0.005625(=0.5 \times (0.2-0.125)^2 + 0.5 \times (0.05-0.125)^2)$이다. 부채비용은 무위험이자율로 10%라고 가정한다. 자기자본으로만 자본을 조달한 경우와 자기자본과 부채를 50 : 50으로 구성한 경우 주식의 베타위험이 어떻게 달라지는지 살펴보자.

자기자본으로만 이루어진 경우

이 경우 영업이익이 곧 순이익이므로 자기자본이익률은 20% 또는 5%이다. 따라서 자기자본에 대한 기대수익률은 다음과 같다.

$$E[r_E] = (1/2) \times 0.2 + (1/2) \times 0.05 = 0.125 \text{ 또는 } 12.5\%$$

그리고 자기자본이익률은 시장수익률과 정확히 같은 확률분포를 따르게 되어 자기자본의 베타는 $\beta_E = 1$이다.

50%의 부채와 50%의 자기자본으로 이루어진 경우

이 경우 부채의 가치는 50억 원이며 자기자본가치 또한 50억 원이다. 매년의 이자지급액은 50억×10%=5억(원)이다. 따라서 각 상황에서의 순이익은 상태 1의 경우 15(=20−5)억 원이며, 상태 2의 경우 0(=5−5)이다.

상태 1에서 자기자본이익률 = 15/50 = 0.3 또는 30%

상태 2에서 자기자본이익률 = 0/50 = 0

따라서 자기자본이익률의 기댓값은 15%이다. 부채를 사용하는 경우 자기자본이익률의 기대치가 12.5%에서 15%로 올라가는 것을 볼 수 있다. 왜 그럴까? 기업은 타인자본을 10%의 이자율로 조달했으나 자산에서 평균 12.5%의 수익률을 얻게 되므로, 부채를 조달하여 투자한 금액에서 평균 2.5%를 남기게 되고 이 이익은 주주에게 귀속된다. 주주들은 자신들의 투자 몫에서 얻는 12.5%와 이 2.5%를 합친 15%의 이익을 얻게 된다. 이러한 추가적인 이익을 얻기 위해 치르는 대가는 무엇일까?

주식의 베타를 살펴보자. 주식수익률과 시장수익률의 공분산을 구해 주식의 베타를 평가하면 다음과 같다.

$$\text{Cov}(r_E, r_m) = (1/2)(0.3 - 0.15)(0.2 - 0.125) + (1/2) \times (0 - 0.15)(0.05 - 0.125)$$
$$= 0.01125$$

부채를 사용하는 경우의 주식의 베타 $\beta_E = \dfrac{\text{Cov}(r_E, r_m)}{\sigma_m^2} = \dfrac{0.01125}{0.005625} = 2$

위에서 보면 주식의 베타가 1에서 2로 증가하는 것을 볼 수 있다. 따라서 주식의 기대수익률이 증가하는 것은 베타위험의 증가에 대한 보상이라고 해석할 수 있다.

자산베타(β_A), 주식베타(β_E), 부채베타(β_D), 그리고 부채비율의 관계

기업을 자산 측면에서 생각하면 기업은 보유자산들의 포트폴리오라고 할 수 있다. 또 자본 측면에서 생각하면 기업은 자기자본과 타인자본(부채)의 포트폴리오라고 할 수 있다. 포트폴리오의 베타는 포트폴리오를 구성하는 각 항목들의 베타를 가중평균한 것이므로, 다음과 같은 관계식이 성립한다.

$$\text{자산(A)} = \text{부채(D)} + \text{자기자본(E)}$$

$$\text{자산베타}(\beta_A) = \frac{\text{부채(D)}}{\text{총자산(D+E)}} \times \text{부채베타}(\beta_D) + \frac{\text{자기자본(E)}}{\text{총자산(D+E)}}$$

$$\times \text{주식베타}(\beta_E) \tag{9.2}$$

〈식 9.2〉를 주식베타 β_E에 대해 정리하면 부채사용(레버리지)이 증가할 때 주식베타가 어떻게 변화하는지를 나타내는 다음 식을 얻을 수 있다.[19]

$$\beta_E = \beta_A + (\beta_A - \beta_D)\frac{D}{E} \tag{9.3}$$

〈식 9.3〉에서 다음과 같은 사실을 확인할 수 있다.

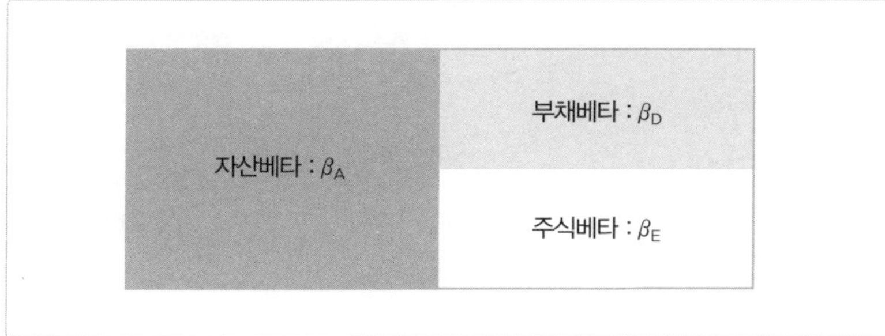

- 자산베타가 주어졌을 때 주식베타는 부채비율(D/E)에 따라 선형으로 증가한다.
- 자기자본기업(D=0)의 주식베타는 자산베타와 같다.
- 만일 $\beta_D=0$ 라고 하면 $\beta_E=\beta_A(1+\dfrac{D}{E})$ 로 평가된다. 예를 들어 부채와 자기자본을 같은 비율로 사용할 때(D/E=1일 때) 부채 사용기업의 주식베타는 $\beta_E=2\beta_A$ 로 부채를 사용하지 않을 경우의 2배가 된다.

2 신규사업의 자본비용 평가 : M 호텔 사례

상장기업의 경우 시장에서 거래되는 주식수익률 자료를 이용하여 베타위험을 손쉽게 측정할 수 있으므로 CAPM을 적용하는 데 큰 어려움이 없다. 그러나 비상장기업이나 새로운 사업의 경우 베타위험을 측정하는 데 필요한 주식수익률 자료를 얻기가 쉽지 않다(미래수익률 분포를 추정하는 것은 현실적으로 매우 어렵다). 이런 경우 평가대

| 표 9-1 • **M호텔과 각 사업부의 시장가치기준 목표부채비율과 부채비용** |

구분	자산구성비율	부채/총자본	부채비용(국채수익률)
M호텔	100%	60%	장기국채(10년) 8%
숙박업	60%	70%	장기국채(10년) 8%
연회업	30%	40%	단기국채(1년) 6%
레스토랑업	10%	40%	단기국채(1년) 6%

상 비상장기업이나 신규사업과 유사한 특성을 갖는 상장기업을 대용치로 이용하여 가치평가를 위한 자본비용을 구할 수 있다. M호텔의 사례를 들어 그 적용과정을 살펴보자.

숙박, 연회, 레스토랑 등 세 사업부문으로 구성되어 있는 M호텔은 현재 각 사업부의 투자사업의 평가를 위한 할인율을 구하기 위해 세 사업부의 자본비용을 추정하려 한다. M호텔은 회사 전체의 적정한 부채 수준을 총자본의 60% 정도로 평가하고 있으나, 각 사업부별 적정 부채 수준은 서로 다르게 평가하고 있다. M호텔은 자기자본비용의 평가를 위해 자본자산가격결정모형을 이용하고 있으며, 편의상 부채는 무위험부채를 가정한다.

〈표 9-1〉은 M호텔의 사업부별 자산구성비율, 전체기업과 각 사업부의 목표로 하는 부채/총자본 비율과 부채비용의 대용치인 국채의 수익률을 나타낸 것이다. 숙박업의 자산은 긴 내용연수를 갖기 때문에 M호텔은 숙박업의 자본비용 계산에서 장기국채를 이용한다. 반면, 연회업이나 레스토랑업에 사용되는 자산은 짧은 내용연수를 갖기 때문에 이들 사업부의 자본비용 계산을 위해서는 단기국채를 사용하고 있다.

평가시점 현재 M호텔의 주식베타는 1.12, 시장가치 기준 부채/총자본 비율은 40%, 법인세율은 25%이다. 주식시장의 평균위험프리미엄은 7%이다.

사업부별 대용기업과 재무자료

M호텔은 각 사업부의 자기자본비용과 (가중평균)자본비용 추정을 위해 각 사업부와 동일한 사업을 영위하고 있는 기업 중 주식이 상장되어 거래되고 있는 기업을 대용기업으로 선택했다. 〈표 9-2〉는 숙박업과 레스토랑업의 평가를 위해 선택된 대용기업들의 부채/총자본 비율과 각 기업의 주식베타에 대한 자료를 조사한 것이다.

| 표 9-2 • **사업부별 대용기업의 자본구조와 주식베타** |

숙박업			레스토랑업		
호텔기업	부채/총자본	주식베타	레스토랑기업	부채/총자본	주식베타
H호텔	15%	0.76	한울레스토랑	30%	1.45
I호텔	80%	1.35	프레시 푸드	10%	0.70
L호텔	70%	0.90	MD레스토랑	23%	0.95
R호텔	60%	1.25	BG레스토랑	21%	1.30

M호텔의 자본비용 평가

부채비용, 법인세율, 목표 부채/총자본 비율

〈표 9-1〉에 제시된 자료에 따르면 M호텔이 목표로 하는 부채/총자본 비율은 60%이다. 또 부채비용의 대용치인 10년 만기 국채의 수익

률은 8%, 법인세율은 25%이다. 따라서 세전부채비용은 8%로 평가
되며, 세후부채비용은 6%(=8%×(1-0.25))이다.

자기자본비용

M호텔의 주식베타는 1.12, 부채베타는 0이며 현재의 시장가치 기준
부채/총자본 비율은 40%이다. 이 자료와 〈식 9.2〉를 이용하여 자산
베타를 구하면 다음과 같다.

$$\beta_A = \frac{D}{D+E}\,\beta_D + \frac{E}{D+E}\,\beta_E = 0.40 \times 0 + 0.60 \times 1.12 = 0.67$$

목표로 하는 부채/총자본 비율은 60%이다. 따라서 목표자본구조
에 맞는 주식베타를 〈식 9.3〉을 이용하여 구하면 다음과 같다.

$$\beta_E = \beta_A + (\beta_A - \beta_D)\frac{D}{E} = 0.67 + (0.67 - 0)\frac{0.6}{0.4} = 1.67$$

자기자본비용은 자본자산가격결정모형을 이용하여 평가할 수 있
다. 무위험이자율이 8%, 시장위험프리미엄의 대용치인 주식시장의
평균위험프리미엄이 7%이므로 M호텔의 자기자본비용은 다음과 같
이 평가된다.

$$자기자본비용 = 무위험이자율 + 주식베타 \times 시장위험프리미엄$$
$$= 8\% + 1.67 \times 7\% = 19.69\%$$

가중평균자본비용

부채비용, 자기자본비용, 목표자본구조를 알고 있으므로 M호텔의 자본비용은 다음과 같이 평가된다.

$$\text{자본비용}=\text{부채비용}(1-\text{법인세율})\times\frac{\text{부채}}{\text{총자본}}+\text{자기자본비용}\times\frac{\text{자기자본}}{\text{총자본}}$$

$$=8\%(1-0.25)\times0.6+19.69\%\times0.4=11.48\%$$

사업부별 자본비용의 평가

숙박, 연회, 레스토랑 사업부의 자본비용을 독립적으로 평가해보자.

사업부별 자산베타

〈표 9-1〉에 의하면 세 사업부의 목표자본구조는 서로 다르다. 또 〈표 9-2〉에 M호텔이 운영하는 숙박 사업부의 대용기업으로 이용할 수 있는 호텔기업들의 주식베타와 자본구조, 그리고 레스토랑 사업부의 대용치로 이용할 수 있는 레스토랑기업들의 주식베타와 자본구조가 제시되어 있다. 이들 자료를 이용하여 우선 M호텔이 운영하는 숙박과 레스토랑 사업부의 자산베타를 구하면 〈표 9-3〉 및 〈표 9-4〉와 같다. 자산베타는 〈식 9.2〉에서 부채베타($\beta_D=0$)와 주식베타, 그리고 자본구조를 알고 있으므로 β_A를 역으로 구하면 된다.

숙박과 레스토랑 사업부의 자산베타 :

$$\beta_A=\frac{D}{D+E}\beta_D+\frac{E}{D+E}\beta_E=\frac{E}{D+E}\beta_E$$

| 표 9-3 · **숙박 사업부의 자산베타** |

호텔	부채/총자본	자기자본/총자본	주식베타	자산베타
H호텔	15%	85%	0.76	0.65
I호텔	80%	20%	1.35	0.27
L호텔	70%	30%	0.90	0.27
R호텔	60%	40%	1.25	0.50
산술평균				0.42

| 표 9-4 · **레스토랑 사업부의 자산베타** |

호텔	부채/총자본	자기자본/총자본	주식베타	자산베타
한울레스토랑	30%	70%	1.45	1.01
프레시 푸드	10%	90%	0.70	0.63
MD레스토랑	23%	77%	0.95	0.73
BG레스토랑	21%	79%	1.30	1.07
산술평균				0.86

각 대용기업의 자산베타를 구한 후 이를 산술평균한 값을 사업부의 자산베타로 이용한다. 연회 사업부에 대한 대용기업 자료는 주어져 있지 않다. 그러나 M호텔은 숙박, 연회, 레스토랑 세 사업부로 구성된 포트폴리오이다. 따라서 〈표 9-1〉에 주어진 세 사업부의 자산구성비율과 앞서 평가한 M호텔 전체의 자산베타, 그리고 숙박과 레스토랑 사업부의 자산베타를 이용하면 연회 사업부의 자산베타를 구할 수 있다. 즉 M호텔의 자산베타 0.67은 다음과 같은 포트폴리오의 베타라고 할 수 있다.

$$\beta_{A,\,M호텔} = \beta_{A,\,숙박} \times 0.60 + \beta_{A,\,연회} \times 0.30 + \beta_{A,\,레스토랑} \times 0.10$$

$$0.67 = 0.42 \times 0.60 + \beta_{A,\,연회} \times 0.30 + 0.86 \times 0.10$$

위 식에서 연회 사업부의 자산베타는 $\beta_{A,\,연회}=1.11$로 평가된다.

목표자본구조와 레버리지가 조정된 주식베타

세 사업부의 자산베타가 구해지고 나면 부채베타가 0인 경우의 〈식 9.3〉을 이용하여 각 사업의 목표자본구조(〈표 9-1〉 참조)에 맞는 주식베타를 다시 평가할 수 있다.

$$\beta_E=\beta_A+(\beta_A-\beta_D)\frac{D}{E}=\beta_A(1+\frac{D}{E})$$

| 표 9-5 • **목표자본구조에 맞는 주식베타** |

사업부	목표 D/(D+E)	목표 D/E	자산베타	조정된 주식베타
숙박	70%	7/3	0.42	0.42×(1+7/3)=1.40
연회	40%	4/6	1.11	1.11×(1+4/6)=1.85
레스토랑	40%	4/6	0.86	0.86×(1+4/6)=1.43

사업부별 자본비용

이제 각 사업부의 자기자본비용과 가중평균자본비용은 다음과 같이 평가된다.

| 표 9-6 • **사업부별 자기자본비용과 가중평균자본비용** |

사업부	무위험 이자율(%)	세후 부채비용(%)	자기자본비용 (%) : CAPM	목표자본구조 [=D/(D+E)]	가중평균 자본비용
숙박	8	6.0	17.80	70%	9.54
연회	6	4.5	18.95	40%	13.17
레스토랑	6	4.5	16.01	40%	11.41

주 : CAPM : 자기자본비용 = 무위험이자율 + 조정된 주식베타×7%

3 CAPM을 이용한 자본비용 평가의 문제점

과거자료의 이용에 따른 문제

자본자산가격결정모형을 이용하기 위해서는 미래기간에 적용될 무위험이자율, 시장위험프리미엄, 베타를 구해야만 한다. 그러나 시장포트폴리오나 특정 기업(또는 투자안)의 미래 수익률 분포를 추정하는 데에는 많은 어려움이 있다.

이런 연유로 보통 과거자료에 기초한 자본자산가격결정모형 식을 이용하게 되나, 이는 과거의 평균치가 미래에도 지속되는 것을 가정하는 것이다.

과거자료의 측정치 계산

과거자료를 이용하는 경우 자본자산가격결정모형 적용에 필요한 자료는 특정 표본기간의 평균치를 이용하게 된다. 이때 평균값은 계산방법(산술평균 또는 기하평균)에 따라, 그리고 선택된 표본기간에 따라 달라진다.

무위험자산의 대용치

무위험자산의 대용치로 어떤 것을 이용할 것인가의 문제 또한 존재한다. 짧은 만기의 국채를 이용할 것인지, 아니면 장기국채를 이용할 것인지에 따라 무위험이자율의 크기가 달라지고 이에 따라 시장위험프리미엄과 자본비용의 추정치가 달라질 수 있다.

시장포트폴리오의 대용치

자본자산가격결정모형을 이용하기 위해 주가지수와 같은 포트폴리오를 시장포트폴리오의 대용치로 사용한다. 이때 사용된 대용치에 따라 베타와 시장위험프리미엄의 추정치가 달라지고 자본자산가격결정모형의 추정결과가 달라질 수 있다.

10장

부채 사용이
기업가치에 미치는 영향

| 학습목표 |

- MM의 자본구조이론과 이자비용의 법인세감세 효과에 대해 살펴본다.
- 부채 사용이 파산위험에 미치는 효과와 자본구조의 상충이론에 대해 살펴본다.
- 정보비대칭과 자본조달순서이론에 대해 살펴본다.
- 대리비용이 자본구조에 미치는 영향에 대해 살펴본다.

| 핵심개념 체크 |

김금자 씨는 명동에 있는 중국대사관 앞에 피자가게를 내려고 한다. 피자가게를 내는 데 필요한 투자비용은 10억 원으로 예상된다. 자금조달과 관련하여 김금자 씨는 두 가지 대안을 고려하고 있다. 하나는 그동안 저축한 예금을 모두 찾아 전액 자기자본으로 조달하는 것이며, 다른 하나는 예금을 5억 원만 찾고 나머지 5억 원은 은행에서 차입하는 방안이다. 은행은 김금자 씨에게 연 10%의 금리로 5억 원을 대출해주겠다고 한다. 김금자 씨는 두 대안 중 어느 대안으로 자금을 조달하는 것이 피자가게의 매출을 더욱 크게 할 것인가를 고민하고 있다.

과연 자금조달 대안에 따라 피자가게의 매출이 달라질까?

김금자 씨의 고민은 불필요한 것이다. 피자가게의 매출은 투자비용의 조달방법과는 관계없이 김금자 씨가 만드는 피자의 맛과 가게의 위치, 고객의 수요 등 영업활동과 관련된 요소에 의해 결정된다. 투자비용이 자기자본으로 조달되었는가 아니면 부채로 조달되었는가는 피자의 품질과 고객의 수요에 영향을 미치지 못한다. 그러나 부채로 자본을 조달하는 경우 김금자 씨의 원리금 상환 능력에 문제가 생겨 피자가게의 계속 운영이 어려워진다면 이는 다른 문제를 야기할 수 있다. 자세한 내용은 뒤에서 살펴보자.

10장에서는 부채 사용이 기업가치에 어떤 영향을 미치는지를 살펴본다. 부채 사용은 기업가치에 양(+)의 효과를 가져다줄 수도 있고 반대로 음(−)의 효과를 줄 수도 있다. 부채 사용에 따라 발생하는 각각의 효과는 무엇일까? 경영자는 기업가치를 극대화시키는 최적의 부채 수준을 어떻게 결정할 수 있을까? 어떤 특성을 가진 기업이 부채를 많이 사용하며, 또 어떤 기업이 자기자본으로 필요자본을 조달할까?

1 MM의 자본구조이론

부채 사용이 기업가치에 미치는 영향에 대한 기준이 되는 이론으로 모딜리아니와 밀러Modigliani and Miller : MM가 발표한 자본구조무관련이론 Capital Structure Irrelevance Theory이 있다. 이에 대해 살펴보자.

기업이 조달하는 장기자본의 원천별 구성비율(보통의 경우 자기자본과 장기부채의 구성비율)을 자본구조라고 한다. 다른 조건은 모두 같고 자본구조만 다른 두 기업의 가치는 차이가 날까? 자본구조가 기업가치에 영향을 미친다면 최적자본구조는 어떤 것일까?

MM은 이러한 물음에 대해 완전자본시장의 가정하에서 기업의 자본구조는 기업의 가치와 무관하다는 자본구조의 무관련이론을 발표했다. 완전자본시장이란 법인세 등의 세금이 없고, 거래비용이 없으며, 모든 정보가 투자자에게 동시에 그리고 정확히 전달되는 시장이며, 또한 자본시장에 참여하는 투자자가 많아 소수의 집단이 시장가격에 영향을 줄 수 없으며, 자본조달에 제약이 없는 시장을 말한다.

자본구조 이외에 모든 것이 동일한 두 기업 U와 L이 있다고 가정해보자. U는 부채가 없는 기업이고 L은 부채를 사용하는 기업이다. 두 기업의 재무상태표와 자산가치(V), 부채가치(D), 그리고 자기자본가치(E)의 관계는 다음과 같다.

| 그림 10-1 · **자기자본기업과 부채사용기업의 재무상태표** |

자기자본기업(U)		부채사용기업(U)	
기업가치 V_U	자기자본가치 E_U	기업가치 V_L	자기자본가치 D_L
			자기자본가치 E_L

기업 U의 기업가치(V_U)와 기업 L의 기업가치(V_L)는 어떻게 비교될까? 다음의 두 가지 투자전략을 고려해보자.

- 전략 1 : 기업 L의 주식 10%를 매입한다.
- 전략 2 : 기업 L의 부채 D_L의 10%를 L기업의 차입이자율로 개인적으로 차입하고, 기업 U의 주식 10%를 매입한다.

두 기업은 자본구조의 차이 외에 다른 모든 조건이 같은 기업이다. 따라서 두 기업이 영업활동에서 실현하는 영업이익은 같다. 전

180

략 1의 투자비용과 기말의 투자수익은 다음과 같다.

투자비용	투자수익
$0.1 \times E_L (=0.1 \times (V_L - D_L))$	$0.1 \times$ (영업이익$-$이자비용)

전략 2의 투자비용과 기말의 투자수익은 다음과 같다.

구분	투자비용	투자수익
차입	$-0.1 \times D_L$	$-0.1 \times$ 이자비용
주식매입	$0.1 \times V_U$	$0.1 \times$ 영업이익
합계	$0.1 \times (V_U - D_L)$	$0.1 \times$ (영업이익$-$이자비용)

기말에 두 전략은 동일한 수익(순이익의 10%)을 가져다준다. 완전자본시장에서 동일한 수익을 가져다주는 두 전략의 투자비용은 같아야 한다. 그렇지 않다면 차익거래arbitrage가 발생하기 때문이다. 따라서 차익거래 기회가 존재하지 않으려면 전략 1과 전략 2의 투자비용은 같아야 한다. 즉 다음의 관계가 성립한다.

$$0.1 \times (V_L - D_L) = 0.1 \times (V_U - D_L), \text{ 따라서 } V_L = V_U \tag{10.1}$$

즉 자기자본기업의 가치와 부채사용기업의 가치는 동일하다. 이는 기업 L이 부채를 사용함으로써 주주에게 어떤 이득이나 손실을 끼칠 수 없음을 말해주는 것이다. 달리 말해, 기업이 차입을 하지 않았어도 투자자가 개인적으로 차입하여 자기자본기업(기업 U)의 주식을

매입함으로써 U기업이 차입하는 것과 같은 효과를 거둘 수 있다는 의미이다.[20]

부채 사용이 기업가치에 영향을 미치지 않는다는 MM이론은 완전자본시장에서 최적자본구조에 대한 논의가 무의미함을 말해준다. 그러나 MM의 이론이 현실적으로 타당성을 갖는다고 보기는 어렵다. 현실적으로 기업들은 부채 사용 수준을 마음대로 선택하지는 않는다. MM의 이론은 현실적으로 타당하다기보다는 자본구조이론의 출발점을 제시했다는 데 중요한 의미를 가진다.

2 부채 사용이 기업가치에 영향을 미치는 현실적인 요인들

현실에서는 MM이 가정한 완전자본시장과는 다르게 여러 가지 불완전한 요소들이 존재한다. 이러한 요인들은 각 요인의 특성에 따라 부채 사용이 기업가치에 양(+)의 영향을 미치게 하기도 하고 반대로 음(−)의 영향을 미치게 하기도 한다. 대표적인 요인들을 간략하게 살펴보자.

이자비용의 법인세 감세효과

현실시장에 존재하는 가장 대표적인 불완전요소로 법인세를 들 수 있다. MM은 법인세가 존재하는 경우 부채 사용이 기업가치를 증가시킴을 보였다. 법인세가 존재하는 경우 부채사용기업은 자기자본기업에 비해 이자비용의 법인세 감세효과만큼 매년 법인세를 덜 내게 된다.

부채사용기업이 D만큼의 부채를 k_D의 비용으로 영구히 사용하는 경우를 생각해보자. 법인세율을 T라고 하면 이 기업은 매년 $k_D \times D$만큼의 이자비용을 지불하게 되고, 그 결과 $k_D \times D \times T$만큼의 법인세를 절약하게 된다.

이러한 추가적인 현금흐름은 부채 사용에 따라 발생하는 것이므로 부채비용을 할인율로 하여 총현재가치를 평가하면 다음과 같다.

$$\text{이자비용의 법인세 감세효과의 현재가치} = \frac{T \cdot D \cdot k_D}{k_D} = T \cdot D \qquad (10.2)$$

〈식 10.2〉로 평가되는 법인세감세효과의 현재가치는 기업가치를 증가시킨다. 따라서 부채사용기업과 자기자본사용기업의 가치는 다음과 같은 관계가 성립한다.

$$V_L = V_U + T \cdot D \qquad (10.3)$$

기업가치에 미치는 양(+)의 효과 : 자기자본의 대리비용 감소

주식발행을 통해 자본을 조달하는 경우 주주와 경영자 간의 대리문제agency problems로 인해 자기자본의 대리비용이 발생한다. 대표적인 예로 경영자가 회사 재산을 경영자 자신의 사적 효익을 위해 낭비하는 특권적 소비perquisites consumption와 경영자의 태업에 따라 발생하는 기업가치의 감소를 들 수 있다.[21] 부채로 자본을 조달하는 경우 주주와 경영자 간의 대리문제를 줄일 수 있다.

또 부채차입(또는 채권발행)을 위해서는 은행과 같은 채권자가 기업내용에 대한 평가를 하게 되므로 자연스레 경영자의 행위에 대한 외부감시가 이루어진다. 이는 주주가 경영자의 행위를 감시하는 데 들어가는 비용monitoring cost(감시비용)을 줄이는 효과를 갖는다.

더불어 잉여현금흐름free cash flow이 많은 기업의 경우 경영자의 특권적 소비에 의한 기업재산의 낭비가 발생할 가능성이 높다. 그러나 부채를 조달하는 경우 원리금 지급에 따라 잉여현금흐름을 줄일 수 있게 되고 결과적으로 특권적 소비를 방지하는 효과를 얻을 수 있다.

기업가치에 미치는 음(–)의 효과 : 기대파산비용과 부채의 대리비용

부채 사용의 증가는 원리금 상환 압박을 가져오고 이에 따라 기업의 파산위험을 증가시킨다. 파산이 발생하는 경우 직·간접적으로 여러 유형의 파산비용이 발생한다. 알트만Altman 등의 연구결과에 의하면 기업의 파산비용은 기업가치의 10% 이상을 차지하는 것으로 분석된다.[22] 따라서 부채의 사용은 기업의 기대파산비용을 증가시켜 기업가치를 감소시키게 된다.

부채의 사용은 채권자와 주주 간에 대리문제를 발생시켜 이에 따라 부채의 대리비용이 발생한다. 대표적인 예로 위험자산투자유인risk incentive과 과소투자유인underinvestment incentive이 있다.[23] 이러한 대리비용의 발생은 기업가치를 줄이게 된다.

개인소득세와 부채 사용 효과

개인소득세가 존재하는 경우 부채 사용에 따른 이자비용의 법인세 감세효과는 개인소득세율의 크기에 따라 영향을 받는다. 주주가 부담하는 개인소득세율을 tps로 채권자가 부담하는 개인소득세율을 tpb로 나타내면 1원의 부채를 사용함에 따라 얻는 세금효과는 다음과 같이 계산된다.

$$\text{부채 사용의 세금효과} : G = \left[1 - \frac{(1-T)(1-tps)}{(1-tpb)} \right] \tag{10.4}$$

예를 들어 기업의 법인세율이 25%, 주주의 개인소득세율이 34%, 채권자의 개인소득세율이 20%인 경우 부채 1원 사용에 따른 세금효과는 다음과 같이 0.38원이다.

$$G = \left[1 - \frac{(1-T)(1-tps)}{(1-tpb)} \right] = \left[1 - \frac{(1-0.25)(1-0.34)}{(1-0.2)} \right] = 0.38$$

그러나 이러한 효과의 크기는 주주와 채권자의 개인소득세율과 법인세율의 크기에 따라 가변적이며 특정한 경우 음(−)의 효과가 나타날 수도 있다. 일반적으로 주주가 부담하는 세율이 작을수록 그리고 채권자가 부담하는 세율이 커질수록 부채 사용의 세금효과는 작아지게 된다.

3 상충이론과 자본조달순서이론
: ㈜백약과 한라에너지 사례

〈표 10-1〉과 〈표 10-2〉는 2010년 말 현재의 ㈜백약과 ㈜한라에너지의 자본구조와 증권거래소에서 거래되는 주요산업의 평균자본구조에 관한 자료이다.

㈜백약은 세계 유수의 다국적 제약회사로, 신약개발을 위한 R&D 비중이 매우 높은 회사이며, 결과적으로 특허권 등 무형자산과 인적자본의 비중이 매우 높은 특성을 갖고 있다. ㈜한라에너지는 전력, 가스 등 에너지를 서비스하는 대표적인 설비업체로 통신, 해외자원개발, 부동산개발사업 등에도 참여하고 있으며, 전력과 가스 설비 등 유형자산의 비중이 높은 특성을 갖고 있다.

앞에서 분석된 여러 요인들에 기초할 때 두 기업의 최적자본구조(또는 목표부채비율)는 어떻게 결정될 수 있을까? 또 ㈜백약과 ㈜한라에너지의 자본구조가 크게 다른 이유를 어떻게 설명할 수 있을까?

| 표 10-1 • ㈜백약과 ㈜한라에너지의 자본구조 |

(단위 : 억 원)

구분	㈜백약	㈜한라에너지
이자지급부채	9,461	14,198
현금 · 예금&단기유가증권	8,615	290
순부채	846	13,908
자기자본(장부가치)	18,293	12,689
부채비율(순부채/자기자본)	5%	110%

| 표 10-2 • **주요산업의 자본구조** |

(부채비율＝순부채/자기자본)

구분	장부가치 기준 부채비율	시장가치 기준 부채비율
컴퓨터소프트웨어	−25%	−7%
의약품	−5%	−1%
호텔	64%	68%
석유산업	49%	23%
상하수도	101%	52%
전기서비스	125%	71%

최적자본구조의 설명이론 : 상충이론과 자본조달순서이론

앞서 살펴본 것과 같이 부채 사용은 기업가치를 증가시키는 양(+)의 효과뿐만 아니라 기업가치를 감소시키는 음(−)의 효과 또한 발생시킨다. 따라서 기업의 자본구조 결정은 이러한 양의 효과와 음의 효과의 상충trade- off관계 속에서 결정된다. 기업가치를 극대화시키는 최적자본구조(또는 목표부채비율)는 부채를 한 단위 추가적으로 사용할 때 발생하는 양(+)의 효과의 증가분과 음(−)의 효과의 증가분이 같아지는 점에서 결정된다고 할 수 있다. 이러한 이론을 자본구조의 상충이론trade-off theory of capital structure 이라고 부른다.

> 부채사용기업의 가치＝자기자본기업의 가치 　　　　　　　　(10.5)
>
> 　　　　　　＋ 부채 사용에 따른 기업가치 증가분
>
> 　　　　　　− 부채 사용에 따른 기업가치 감소분

상충이론에 따라 기업의 장기적인 목표부채비율이 결정된다고 볼 수 있으나, 기업의 (단기적인) 자본조달은 이 목표부채비율에서 벗어날 수 있다. 이러한 이탈을 잘 설명하는 이론으로 자본조달순서이론 pecking order theory이 있다.

이 이론에서는 현실시장에 존재하는 정보비대칭을 기업의 자본구조를 설명하는 중요요인으로 파악한다. 정보비대칭이란 경영자와 주주, 채권자 등 이해관계자 간에 갖고 있는 기업내용에 대한 정보의 수준과 양이 서로 다른 상황을 말한다. 정보비대칭하에서 가장 우월한 정보를 갖고 있는 이해관계자는 경영자이며, 경영자가 선택하는 재무전략은 경영자가 갖고 있는 기업에 대한 정보를 외부시장에 전달하는 중요한 신호의 기능을 하게 된다.

자본조달순서이론에서는 주식발행을 통해 새로운 자본을 조달하는 것은 기업의 현재가치가 고평가되었다는 정보를 시장에 전달하는 것으로 파악한다. 따라서 경영자는 신주를 발행하여 새로운 자본을 조달하는 것을 가능한 피하게 된다. 또 경영자가 수익성 있는 신규투자안을 갖고 있을 때 기존 주주의 부의 극대화라는 목표를 고려하면 부채차입에 비해 내부유보자금을 투자재원으로 활용하는 것이 바람직하다(이 경우 신규투자안의 순현가가 모두 기존주주에게 귀속될 수 있다).

따라서 정보비대칭하에서의 자본조달은 내부유보이익 → 부채차입 → 신주발행의 순으로 결정된다는 것이 자본조달순서이론의 주장이다.

㈜백약과 ㈜한라에너지의 자본구조의 차이

〈표 10-1〉에서 보듯이 ㈜백약과 ㈜한라에너지는 매우 다른 자본구조를 갖고 있다. ㈜백약은 규모가 매우 크고 수익성이 높은 신규투자안을 많이 소유하고 있는 기업임에도 불구하고 매우 낮은 부채비율을 유지하고 있으며, 반대로 ㈜한라에너지는 상대적으로 매우 높은 부채비율을 유지하고 있다. 이러한 차이는 어떻게 설명될 수 있을까?

정보비대칭과 자본조달순서이론

앞서 살펴본 자본조달순서이론이 두 회사의 자본구조의 차이를 잘 설명해줄 수 있다. ㈜백약의 경우 신약개발 등 미래의 불확실성이 매우 높은 신규투자를 지속적으로 추진해야 하는 사업구조를 갖고 있다. 이는 ㈜한라에너지에 비해 ㈜백약의 경영자와 주주, 채권자 간에 정보비대칭이 상대적으로 높은 수준임을 의미한다. ㈜백약의 경영진은 이러한 상황에서 불확실성이 크나 높은 수익성이 기대되는 신규투자안에 지속적으로 투자하기 위한 자금의 조달 방법으로 기업의 이익을 내부유보하고 이를 재투자재원으로 활용하는 전략을 취하고 있다고 평가할 수 있다.

자산구성(사업내용)의 차이

두 기업의 자산구성의 차이(사업내용의 차이)도 자본구조의 차이를 설명할 수 있다. ㈜백약은 ㈜한라에너지에 비해 R&D의 비중이 높고 지적재산권 등의 무형자산과 인적 자본에 대한 투자비중이 상대적으로 높다. 이런 특성의 기업은 외부시장의 평판이나 소비자의 신뢰도에 따라 기업가치가 크게 영향을 받는다.

따라서 부채를 과도하게 사용하여 기업이 재무적 곤경에 처하게 되는 경우 시장의 평판과 소비자 신뢰가 하락하고 이는 곧 기업에 큰 손실로 나타난다. 반면에 유형자산의 비중이 큰 ㈜한라에너지의 경우 기업의 보유자산이 채권자에게 충분한 담보가치를 제공하고 있으므로 재무적 곤경에 처하더라도 이에 따른 손실이 상대적으로 작다고 할 수 있다. 즉 ㈜한라에너지의 경우 부채 사용에 따른 기업가치의 증가효과가 크다 할 수 있다.

경영자의 보수성과 안주주의

현실시장에서 매출과 순이익의 흐름이 매우 안정적이며 풍부한 현금과 유동성을 확보하고 있어, 부채를 사용하는 경우 기업가치를 높일 수 있는데도 불구하고 여전히 부채를 사용하지 않는 기업들을 볼 수 있다. 이런 태도를 설명하는 설득력 있는 근거로 경영자의 보수성과 위험회피를 들 수 있다.

최고경영자가 매우 보수적이고 위험회피적인 태도를 견지하고 있는 기업의 경우 부채 사용이 이루어지지 않는다. 또 경영자가 부채차입을 위해 필요한 기업과 경영자에 대한 외부시장의 평가를 회피하고 현재의 상태에 안주하려는 경향이 강한 경우 부채를 사용하지 않을 수 있다.

기타 기업문화와 주주 구성의 차이 등

기업문화 역시 자본구조를 결정하는 데 중요한 역할을 할 수 있다. 오랫동안 부채를 사용하지 않는 기업문화가 조직 전체에 걸쳐 강력하게 형성되어 있는 경우 경영자의 자본구조 정책은 제한을 받을 수밖에 없다. 또 주주와 채권자의 개인소득세율의 구성이 부채 사용에 따른 세금 효과를 크게 얻지 못하는 형태로 구성되어 있다면 경영자 입장에서 굳이 부채를 사용할 유인을 갖지 못할 것이다.

11장

자본구조 변경과 기업가치 재평가

- 부채 사용에 따른 법인세 감세효과에 대해 살펴본다.
- 부채 사용이 채무불이행위험과 신용등급에 미치는 영향에 대해 살펴본다.
- 자본구조 변경이 기업가치와 주주가치에 미치는 효과를 계산해본다.

| 핵심개념 체크 |

10장에서 자본구조의 상충이론에 대해 살펴보았다. 부채 사용에 따른 이자비용의 법인세 감세효과와 기대파산비용에 미치는 효과를 중심으로 부채 사용이 기업가치에 미치는 영향을 생각해보자.

기업은 법인세를 납부한다. 부채 사용에 따라 기업이 채권자에게 지급하는 이자비용은 법인세 과세대상 소득을 줄여주고 이에 따라 부채사용기업은 자기자본만 사용하는 기업에 비해 매년 [이자비용×법인세율]만큼의 법인세를 절약하게 된다. 기업이 일정액의 부채를 일정한 이자율에 영구히 사용하는 경우 법인세 절약액의 총현재가치는 [부채사용액×법인세율]로 계산된다. 따라서 부채사용기업은 자기자본기업에 비해 [부채사용액×법인세율]만큼 기업가치(또는 주주가치)가 증가한다.

한편, 과도한 부채 사용은 기업의 파산위험을 높이고 이에 따라 기대파산비용을 증가시킨다. 즉 자기자본기업에 비해 부채사용기업은 채무의 원리금을 약속대로 상환하지 못할 위험에 노출된다. 일정 수준 이상의 부채 사용은 이러한 채무불이행위험 또는 파산위험을 크게 높이게 된다. 기업이 파산하는 경우 파산기업의 처리에 직·간접 비용이 발생한다. 따라서 부채사용기업은 자기자본기업에 비해 기대파산비용(=파산비용×파산확률)의 현가만큼 기업가치가 작아지게 된다.

부채를 차입하여 자기자본을 상환하면 기업가치는 어떻게 변화될까? 반대로 유상증자를 통하여 부채를 상환하는 결정은 주주에게 이득이 될까? 자본구조 변경은 기업가치와 주주가치에 어떤 영향을 미칠까? 그리고 기업의 신용등급에 미치는 효과는 어떠할까? 다음에서는 뎃앤드에쿼티의 사례를 통해 자본구조 변경이 기업과 주주에 미치는 영향을 분석해본다.

1 뎃앤드에쿼티의 부채정책

뎃앤드에쿼티는 발광다이오드LED를 주력제품으로 하는 북미지역의 기업이다. 이 기업은 경쟁기업들에 비해 매우 보수적인 부채사용정책을 견지해왔으나, 최근 차입을 통한 자기자본의 상환(자사주 매입)을 계획하고 있다.

이 회사가 과거기간 동안 실현해온 좋은 성과는 단기적으로 볼 때 향후에도 유지될 것으로 보인다. 그러나 최근 경쟁기업들이 가격인하정책을 통해 계속 시장을 잠식해오고 있으며, 이들 경쟁기업에 대한 대응전략이 썩 효율적이지 못하다는 비판을 받고 있다. 또 산업환경은 환경과 지적재산권 등의 분야에서 지속적으로 규제가 강화되고 있어 뎃앤드에쿼티가 과거와 같은 성과를 미래에는 계속 유지할 수 없을 것이라는 불안감을 증폭시키고 있다. 신용평가회사인 S&P

는 산업전망을 단기적으로는 안정적으로 평가하고 있으나 장기전망은 불확실성이 크다는 평가를 하고 있다.

2010년 말 현재 뎃앤드에퀴티의 현금보유액은 충분치 못하다. 따라서 이사회는 자사주 매입을 위한 재원 20억 달러를 차입을 통해 조달하기로 결정했다. 그러나 뎃앤드에퀴티가 자사주 매입을 위해 장기부채를 발행하는 경우 이는 기업의 자본구조를 크게 변화시키고 주주에게 귀속되는 이익의 불확실성을 증가시킬 것이다. 부채 발행 이후 뎃앤드에퀴티의 신용등급은 변경될 수 있으며 이 경우 기업의 자본비용과 기업가치에 큰 영향을 미칠 것이다. 2010년 말 현재 뎃앤드에퀴티가 발행하는 기업어음CP의 신용등급은 최상위등급인 A1으로 평가되고 있다.

2 뎃앤드에퀴티의 경영특성과 산업환경 및 재무자료

뎃앤드에퀴티의 강점과 기업 특성

〈표 11-1〉은 뎃앤드에퀴티의 2010년의 주요 경영성과와 주요 재무변수의 과거기간의 평균성장률, 자산·부채와 관련된 정보를 나타낸 것이다. 최근 들어 성장률이 떨어지기는 했으나 뎃앤드에퀴티의 매출, 이익, 영업현금흐름, 주당 배당금 등은 여전히 견조한 성장세를 유지하고 있다.

뎃앤드에퀴티의 과거 성과에 기초하여 이 회사의 강점과 특성을 간략히 정리하면 다음과 같다.

| 표 11-1 • 뎃앤드에퀴티의 2010년 경영성과 및 자산·부채와 주요재무변수의 평균성장률 |

수익·비용 정보				자산·부채 정보	
구분	금액 (백만 달러)	5년 성장률(%)	10년 성장률(%)	구분	금액 (백만 달러)
매출액	2,846.2	5	10	현금&예금	66.4
영업이익	1,506.0	6	11	총자산	1,826.6
순이자비용	−4.0	–	–	부채	0
세전이익	1,510.4	–	–	자기자본	1,826.6
법인세	575.2	–	–	발행주식수	185.5백만 주
순이익	935.2	6	11	주식가치	12,940.5
영업현금흐름	859.0	6	12	주가	69.76달러
주당순이익	5.04달러	9	13	배당금	561.1
주당배당금	3.02달러	12	16	자사주 매입	303.2

강력한 시장지배력과 브랜드 로열티

분석시점 현재 뎃앤드에퀴티는 주력제품시장에서 80%의 시장점유율을 갖는 최대생산자이다. 또 상위 10개의 브랜드 중 뎃앤드에퀴티의 제품이 7개를 차지할 정도로 강력한 브랜드 로열티를 보이고 있다.

매우 양호한 영업현금흐름

〈표 11-1〉에서 보듯이 뎃앤드에퀴티는 지난 10년간 연평균 성장률이 12%에 달하는 매우 양호한 영업현금흐름을 실현하고 있으며, 이러한 현금흐름은 당분간 지속될 것으로 예상된다. 또 이 기업의 현재 순부채는 0이다.

안정적이고 지속적인 배당

이 회사는 과거 기간에 평균 60% 정도의 배당성향을 유지해왔다. 또 현금배당 외에도 지속적인 자사주 매입을 통해 주주에게 경영성과를 환원해왔다.

비탄력적인 제품수요와 가격정책

뎃앤드에퀴티가 생산하는 제품의 수요는 기본적으로 가격변화에 대해 비탄력적이다. 이에 따라 뎃앤드에퀴티는 지속적인 제품가격 인상을 통해 지난 10여 년간 연평균 11%의 영업이익의 성장을 기록해왔다.

산업환경과 규제동향

최근 들어 경쟁기업들이 뎃앤드에퀴티의 시장을 잠식하고 있다. 뎃앤드에퀴티의 취약점과 산업환경을 간략히 정리하면 다음과 같다.

- **경쟁기업의 출현과 시장잠식** : 최근 들어 중소 경쟁기업들이 일부 상품 분야에서 가격인하 정책을 통해 시장을 빠르게 잠식하고 있다.
- **다양하지 못한 제품구성** : 뎃앤드에퀴티의 매출은 LED 시장에 집중되어 있다. 새로운 사업의 비중이 매우 일천하여 LED 시장에 위기가 닥치는 경우 회사는 큰 어려움에 처할 수 있다.
- **내수 위주의 매출구성** : 뎃앤드에퀴티의 매출은 대부분 미국 내 시장에 집중되어 있다.

| 표 11-2 · 뎃앤드에퀴티와 경쟁기업들의 주요 재무비율 |

구분	DEBT& EQUITY	LED Pioneer	Moral Electric	USA LED	Standar d Corp.	S&S Electric	산업 중간값
매출액영업이익률	53.0	18.6	12.0	7.2	4.4	6.5	9.6
매출액순이익률	33.0	10.3	3.5	2.4	1.8	3.0	2.7
ROE	57.5	49.3	8.4	12.5	22.5	25.6	22.5
ROI	51.2	13.2	2.4	2.7	3.4	6.5	3.1
부채/총자본 : MV	–	10.1	49.8	68.2	67.4	38.7	49.8
이자보상비율	–	12.7배	3.7배	3.3배	5.4배	4.4배	4.1배
영업현금흐름/부채	–	42%	7%	10%	3%	3%	6%
신용등급	?	A	BBB-	BB+	BB-	A-	–

- 규제와 소송 등의 위험 : 전체적으로 환경과 지적재산권 분야에서 지속적으로 규제가 강화되고 소송 또한 증가하고 있어 큰 위협이 되고 있다.

〈표 11-2〉는 분석 시점 현재 뎃앤드에퀴티와 경쟁기업들의 주요 재무비율에 대한 정보를 나타내고 있다. 〈표 11-2〉에서 보는 것처럼 뎃앤드에퀴티는 경쟁기업들에 비해 매우 높은 수익성과 낮은 부채비율을 보여준다.

이 회사는 지난 기간 동안 단 한 해도 손실을 기록한 적이 없으며, 평균 38%의 법인세율을 부담하고 있다. 이에 기초할 때 뎃앤드에퀴티의 채무상환능력은 다른 경쟁기업들에 비해 매우 양호한 것으로 평가된다. 비록 경쟁과 법적 위험이 증가하고 있으나 뎃앤드에퀴티의 좋은 재무적 성과는 당분간 지속될 것으로 예측되고 있다.

산업평균 신용등급 자료

〈표 11-3〉은 신용평가회사인 S&P의 과거 3년 동안의 평가에서 AAA~BBB등급을 받은 기업들의 주요 재무비율에 대한 평균치와 현재 시장에서 확인되는 각 등급 채권의 수익률을 나타낸 것이다.

| 표 11-3 · **신용등급별 기업들의 주요 재무비율의 평균치** |

(단위 : %)

재무비율	AAA	AA	A	BBB
이자보상비율(배)	12.9	9.2	7.2	4.1
ROI	30.6	25.1	19.6	15.4
부채/총자본 : MV	31.8	37.0	39.2	46.4
영업현금흐름/부채	40.5	21.6	17.4	6.3
회사채수익률 : 만기 10년 만기 20년	5.60 6.47	5.84 6.76	6.12 7.05	6.84 7.82

3 뎃앤드에퀴티의 자본구조 변경과 신용등급

뎃앤드에퀴티는 2011년 1월 1일을 기점으로 20억 달러를 차입하여 자사주 매입을 실시했다. 이사회가 이러한 결정을 내리게 된 데는 여러 이유가 있다. 우선 뎃앤드에퀴티는 과거 기간에 지속적인 현금배당과 자사주 매입을 통해 주주에게 경영성과를 환원해왔다. 20억 달러에 해당하는 자사주 매입 계획은 이런 정책의 연장선이다. 2010년 말 현재 이 회사는 부채를 사용하고 있지 않다. 또 영업현금흐름은 안정적이며 높은 성장률을 보이고 있다. 따라서 이사회는 부채를 차입하더라도 상환에 큰 문제가 없다고 판단하고 있다.

그리고 부채차입은 뎃앤드에퀴티에 이자비용의 법인세 감세효과를 가져다줄 수 있다. 이 회사는 지난 기간 동안 단 한 해도 손실을 기록한 적이 없으며, 회사가 부담하는 법인세율은 평균 38%이다. 따라서 부채 사용에 따른 이자비용의 법인세 감세효과를 충분히 향유할 수 있을 것으로 이사회는 판단하고 있다.

이러한 자본구조 변경이 채무상환 능력에 미치는 효과를 계산해보자. 이를 위해 다음과 같은 사항을 가정하여 분석한다.

- 법인세율은 38%를 가정한다.
- 부채는 영구 부채를 가정하고 차입 후 즉시 자사주 매입을 실시한다.
- 부채의 이자율은 뎃앤드에퀴티의 재무자료와 〈표 11-3〉에 제시되어 있는 자료를 이용하여 신용등급을 평가한 후 적절한 크기를 결정한다.
- 부채차입 이후 뎃앤드에퀴티의 채무상환능력을 평가하기 위해 가상 손익계산서를 작성하고 이자보상비율을 이용한다.

경쟁기업과의 비교

〈표 11-2〉의 분석자료를 보면 가장 좋은 신용등급을 받고 있는 기업은 LED파이어니어Pioneer로 신용등급은 A이다. 뎃앤드에퀴티의 재무정보는 LED파이어니어에 비해 분석된 모든 자료에서 매우 우월하

다. 따라서 뎃앤드에퀴티가 채권을 발행하는 경우 신용등급은 최소
A등급 이상을 받을 것으로 예상할 수 있다.

이자보상비율과 부채차입 이후의 채무상환능력 평가

〈표 11-3〉에 제시된 다양한 회사채의 이자율에 20억 달러의 부채를
차입하는 것을 가정하고 2011년도의 가상 손익계산서를 구해보자.
주된 목적은 부채차입 이후의 주요재무비율을 구하고 이를 기준으
로 부채차입 시 뎃앤드에퀴티의 채무상환 능력을 평가하여 신용등
급을 추정하기 위한 것이다. 가상 손익계산서의 작성은 〈표 11-1〉의
자료에 기초하여 다음과 같은 조건하에서 이루어진다.

- 매출액 : 과거 5년간의 연평균성장률로 성장
- 영업이익 : 2010년을 기준하여 매출액의 53% 가정
- 법인세율 : 38% 가정
- 영업현금흐름 : 2010년 기준 6% 성장 가정
- 이자율 : 〈표 11-3〉의 20년 만기 회사채 수익률을 기준으로
  (AAA, AA, A, BBB) 신규차입액 20억 달러에 대해 계산한다.
- 총자본의 시장가치는 부채차입효과가 반영되기 전의 기업가치
  12,940.5(백만 달러)를 기준으로 계산한다.

〈표 11-4〉에서 분석된 자료와 〈표 11-3〉에 제시된 S&P의 신용등
급별 평균 재무비율을 비교하여 뎃앤드에퀴티가 부채를 차입하는
경우의 신용등급을 평가해보자.

| 표 11-4 · 부채차입 후의 가상 손익계산서 |

(단위 : 백만 달러)

구분	2010년 실제	2011년 가상			
		이자율 6.47%	이자율 6.76%	이자율 7.05%	이자율 7.82%
매출액	2,846.2	2,988.5	2,988.5	2,988.5	2,988.5
영업이익	1,506.0	1,583.9	1,583.9	1,583.9	1,583.9
이자비용	−4.0	129.4	135.2	141.0	156.4
세전이익	1,510.4	1,454.5	1,448.7	1,442.9	1,427.5
법인세	575.2	552.7	550.5	548.3	542.4
순이익	935.2	901.8	898.2	894.6	885.1
순부채	0.0	2,000.0	2,000.0	2,000.0	2,000.0
영업현금흐름	859.0	910.5	910.5	910.5	910.5
영업이익/이자비용	–	12.2배	11.7배	11.2배	10.1배
영업현금흐름/부채	–	45.5%	45.5%	45.5%	45.5%
ROI	51.2%	49.4%	49.2%	48.9%	48.4%
부채/총자본 : MV	–	15.2%	15.2%	15.2%	15.2%

| 표 11-5 · 부채차입 후의 뎃앤드에퀴티의 신용등급 평가 |

구분	뎃앤드에퀴티 : 이자율 7.82% 차입 기준	S&P 신용평가 : 산업 중간값	부채차입 후의 신용등급 평가
이자보상비율	10.1배	AAA : 12.9, AA : 9.2배	AAA~AA
영업현금흐름/부채	45.5%	AAA : 40.5%	AAA
ROI	48.4%	AAA : 30.6%	AAA
부채/총자본 : MV	15.2%	AAA : 31.8%	AAA

〈표 11-4〉와 〈표 11-5〉의 분석은 뎃앤드에퀴티가 BBB등급 회사
채의 이자율인 7.82%로 20억 달러를 차입하더라도 부채상환 능력

은, S&P의 과거 3년간의 신용평가에서 AA등급 또는 AAA등급으로
평가된 수치와 비슷하거나 양호한 상태를 유지함을 나타낸다. 따라
서 뎃앤드에퀴티는 부채차입 후에도 여전히 최상위 신용등급을 유
지할 것이라고 평가할 수 있다.

4 뎃앤드에퀴티의 자본구조 변경이 기업가치와 주가에 미치는 효과

이제 뎃앤드에퀴티가 20억 달러의 부채를 영구히 사용하는 것을 전
제로 기업가치와 주식가격에 미치는 영향을 분석해보자. 〈표 11-4〉
에서 분석한 것과 같이 부채차입 이후에도 뎃앤드에퀴티는 여전히
최상위 신용등급을 유지할 것이라고 판단된다. 따라서 부채차입에
따른 파산위험의 증가는 무시할 수 있다.

　기업의 법인세율이 38%이므로 부채 사용에 따른 이자비용의 법인
세감세 효과의 현가는 20억 0.38=7.6억 달러이다. 이는 기업가치와
주주가치를 증가시킨다. 자본구조 변경에 따른 주요결과를 나타내
면 〈표 11-6〉과 같다.

　〈표 11-6〉의 분석에서 보듯이 뎃앤드에퀴티의 주주들은 부채 사
용에 따른 이자비용의 법인세 감세효과에 의해 7.6억 달러의 가치증
가를 얻는다. 이에 따라 주가는 69.76달러에서 73.86달러로 상승하
며, 기업가치는 차입 전 12,940.5(백만 달러)에서 13,700.59(백만 달러)
로 증가한다.

(단위 : 백만 달러)

구분	현재(자기자본기업)	부채차입 후
법인세감세효과	0	760
기업가치	12,940.5	13,700.5
순부채	0	2,000
자사주 매입주식수	–	27.08
발행주식수	185.5	158.42
주가	69.76 달러	73.86 달러
주식의 시장가치	12,940.5	11,700.9
순부채/총자본 : MV	0.00	14.6%

5 자본구조 변경이 미래배당에 미치는 영향

뎃앤드에퀴티의 자본구조 변경이 기업의 미래배당에 어떤 영향을
줄 것인지 살펴보자. 자본구조 변경 후 뎃앤드에퀴티의 배당에 관한

| 표 11–7 • **자본구조 변경 후의 주당순이익과 주당배당금의 변화** |

(단위 : 백만 달러)

구분	2010년 현재	2011년 추정 부채 20억 달러/이자율 : 7.82%
순이익	935.2	885.1
발행주식수	185.5	158.42
주당순이익	5.04달러	5.58달러
총배당액	561.1	531.1
주당배당액	3.02달러	3.35달러

사항을 분석한 결과는 〈표 11-7〉과 같다. 배당성향은 과거의 평균 배당성향인 60%가 유지되는 경우를 가정한다.

〈표 11-7〉에서 보듯이 부채차입을 통한 자사주 매입 후 발행주식 수의 감소로 주당순이익과 주당배당금은 전에 비해 증가하게 된다.

12장

자사주 매입과 현금배당

- MM의 배당무관련이론에 대해 살펴본다.
- 자사주 매입과 현금배당의 효과에 대해 살펴본다.
- 세금이 배당정책에 미치는 영향에 대해 살펴본다.
- 신호효과, 대리비용, 새로운 투자기회, 시장제도 등이 배당정책에 미치는 영향을 살펴본다.

많은 기업들은 순이익이 크게 변동하더라도 이와 관계없이 주당배당금을 안정적으로 유지하려고 노력한다. 왜 기업은 배당을 안정적으로 지급하려 할까?

경영자들은 배당결정에서 다음과 같은 사항을 중요시한다.
- 장기목표배당성향을 설정하여 이익의 일정비율을 배당으로 지급한다.
- 배당금의 절대액보다는 배당금의 변화액을 더 중요시한다.
- 배당금을 갑자기 늘리거나 줄이려 하지 않고 그 변화를 완만하게 하려고 한다.

위의 내용은 기업이 매출액이나 이익 수준의 변동과는 관계없이 배당수준을 안정적으로 유지하려 한다는 것을 잘 나타낸다. 이러한 안정배당정책은 주주의 위험을 줄여준다. 즉 미래배당의 불확실성을 줄여줌으로써 주주의 자본비용을 낮추고 주주가치를 높일 수 있다. 또 안정배당정책은 배당의 신호효과 또는 정보효과로 설명할 수도 있다. 경영자와 주주 간에 정보비대칭이 존재하는 불완전한 현실시장에서는, 배당금의 지급 그 자체가 중요한 것이 아니라 배당정책의 변화가 내포하고 있는 정보 때문에 주식의 가격이 변동할 수 있다. 기업의 이익이 일시적으로 줄거나 증가한 경우 이에 비례하여 배당수준을 변화시키면 기업의 미래상황에 대한 잘못된 정보를 시장에 전달하는 효과를 가져올 수 있다.

기업마다 순이익 중 배당금으로 지급하는 비율, 즉 배당성향이 다르다. 어떤 기업은 순이익의 대부분을 배당으로 지급하나 또 다른 기업은 배당 대신 이익을 내부에 유보하기도 한다. 주주는 어떤 기업을 선호할까?

배당정책은 현금배당과 자사주 매입을 포함하여 경영성과를 주주에게 돌려주는 모든 방법을 말한다. 현금배당과 자사주 매입을 중심으로 배당정책이 주주에게 미치는 영향을 살펴보자.

1 MM의 배당무관련이론

배당정책은 기업이 벌어들인 순이익을 주주에게 지급할 배당(현금배당 또는 자사주 매입)과 회사에 남겨둘 유보이익으로 나누는 결정을 말한다. 유보이익은 미래 기업의 투자를 위한 자금의 원천으로서, 그리고 배당은 주주가 제공한 자본을 사용한 대가로서 그 중요성을 갖는다. 기업의 성장을 위해서는 이익을 유보하여 재투자하는 것이 바람직하지만 주주의 입장에서는 투자의 대가를 받는 것도 중요하므로 유보이익과 배당을 잘 조화시켜 기업가치를 극대화하는 배당방법과 배당수준을 결정하는 것이 배당정책의 목표이다.

모딜리아니와 밀러(이하 MM)는 완전자본시장에서 기업의 배당정책은 기업가치(또는 주주의 부)에 영향을 미치지 않는다는 배당무관련이론Irrelevance of Dividend Policy을 주장했다. MM의 주장을 간단하게 살펴
보자.

배당정책, 투자, 자본구조의 관계

배당정책은 자본구조 및 투자 결정과 혼합되어 이루어진다. 기업은
경영활동에서 벌어들인 순현금유입과 부채 또는 주식 발행을 통해
새로이 조달한 자본을 배당과 (실물)투자에 사용하게 되므로 다음 식
이 성립한다.

$$\text{현금배당(자사주 매입)} + \text{투자} = \text{순현금유입} + \text{새로운 자본} \qquad (12.1)$$

〈식 12.1〉은 배당정책이 기업의 투자와 자본구조 결정에 밀접하게
연관되어 있음을 잘 보여준다. 따라서 배당의 영향을 파악하기 위해
서는 배당정책을 투자 및 자본구조 결정과 분리시켜야 한다. 투자와
자본구조가 결정된 상태라고 가정하자. 기업의 투자와 부채 수준이
주어진 경우, 기업이 배당을 높이려면 필요한 자금을 신주를 발행하
여 조달해야 한다. 따라서 배당정책은 내부자금(경영활동에서 벌어들
인 순현금유입)을 배당으로 지급하는 대신 신주를 발행하여 투자자금
을 조달하거나 내부자금을 배당 대신 투자에 사용하고 신주를 발행
하지 않는 의사결정문제로 해석할 수 있다.

완전자본시장과 배당무관련이론

MM은 완전자본시장에서 배당정책은 기업가치와 관계가 없다는 배

당무관련이론을 주장했다. MM이 가정한 완전자본시장은 자금을 외부에서 얼마든지 조달할 수 있으며, 세금과 거래비용이 없고, 시장의 정보가 누구에게나 완전하게 전달된다는 내용을 포함하고 있다. 다음의 두 단계를 통해 MM 이론의 기본적인 논리를 살펴보자.

현금배당은 자사주 매입과 동일한 효과를 가진다

어느 기업이 주주에게 주식가치의 10%를 배당으로 지급하려 한다고 가정하자. 완전자본시장에서는 주주에게 현금으로 배당을 지급하거나, 주주로부터 10%의 주식을 매입하는 자사주 매입이나 다른 점이 없다. 주주들은 두 경우 동일한 현금을 받게 되고 기업의 미래현금흐름에 대해 동일한 지분을 소유한다. 따라서 완전자본시장에서 현금배당과 자사주 매입은 주주의 부에 같은 효과를 가져다준다.

[예제 1] 현금배당과 자사주 매입의 동등성

A씨가 총시장가치가 10,000달러이며 발행주식수가 100주인 어떤 기업의 주식 10주를 소유하고 있다고 하자. 이 기업은 총시장가치의 10%를 현금배당으로 지급하거나 자사주 매입을 하려고 한다. 배당 전과 후의 A씨의 부를 분석해보자.

[풀이]

① 배당 전 A씨의 부

배당 전에 A씨는 주당가치가 100달러인 주식 10주를 보유하고 있다. 따라서 A씨의 부는 1,000달러이다.

② 배당 후 A씨의 부

현금배당을 하는 경우 기업은 총 1,000달러를 배당으로 지급한다. 따라서 주당배당은 10달러이며, 10주를 소유한 A씨가 받는 배당금은 100달러이다. 배당 후 기업가치는 9,000달러, 발행주식수는 100주, 주당가치는 90달러이다.

그리고 자사주 매입을 하는 경우 기업은 시장에서 주당 100달러에 10주를 매입한다. 지분비율대로 매입이 이루어지는 경우 A씨는 보유주식의 10%인 1주를 100달러에 매각한다. 자사주 매입 후에 기업가치는 9,000달러, 발행주식수는 90주이며 주당가치는 100달러이다.

현금배당과 자사주 매입후의 A씨의 부를 비교하면 다음과 같다.

| 표 12-1 • **현금배당과 자사주 매입의 효과** |

구분	현금배당	자사주 매입
현금수령액	$10×10주 = $100	$100×1주 = $100
보유주식 가치	$90×10주 = $900	$100×9주 = $900
A씨의 부	$1,000	$1,000

〈표 12-1〉에서 보는 것처럼 배당전과 배당 후의 A씨의 부는 여전히 1,000달러로 동일하다. 부의 구성이 바뀌었을 뿐 총액에는 변함이 없다. 또 현금배당과 자사주 매입이 주주 부에 미치는 영향은 동일하다. 다만, 보유주식수와 주가에 차이가 있을 뿐이다.

배당을 위한 신주발행은 기존주주의 부에 영향을 미치지 못한다

[예제 1]의 기업이 자사주 매입 자금을 조달하기 위하여 구주식 가치의 10%만큼 신주를 발행했다면, 주주의 부에는 아무런 변화가 발생하지 않는다. 이 자금으로 주주에게 현금을 배당했다면, 역시 아무런 변화도 일어나지 않는다. 자사주를 매입하는 과정에서 주주 구성이 바뀌겠지만, 이것은 주주들이 시장가격으로 다른 사람에게 주식을 파는 것과 같으므로 주주의 부에는 아무런 영향이 없다.

[예제 2] 배당의 무관련성

백두기업의 현재 재무상태표(시장가치 기준)는 〈표 12-2〉와 같으며, 이 기업이 직면하는 두 가지 선택사항이 다음과 같다고 하자.

| 표 12-2 • **백두기업의 재무상태표** |

현금 유형자산 투자안 (비용 $2,000)	$2,000 $8,000 순현가	자기자본	$10,000+순현가
합계	$10,000+순현가	합계	$10,000+순현가

① 투자비용으로 2,000달러의 현금을 사용하고 배당을 지급하지 않는다.

② 2,000달러를 배당으로 지급한다. 투자를 위해 신주를 발행하여 2,000달러를 조달한다.

배당지급 후에 백두기업의 재무상태표가 어떻게 구성될 것인지 또

주주의 부는 어떻게 될 것인지 살펴보자.

[풀이]

2,000달러의 현금을 투자비용으로 지출하고 배당을 하지 않는 경우 주주의 부는 '$10,000+순현가'이다. 배당을 하는 경우를 생각해보자. 배당지급으로 인해 이 기업의 투자 결정과 부채조달 결정이 영향을 받지 않으므로 기업의 총가치는 변하지 않고 '$10,000+순현가'가 될 것이다. 새로운 주주가 공정한 가격을 지불한다면 신주의 가치는 2,000달러가 될 것이다(즉 투자결정은 이미 내려졌다).

그렇다면 구주의 가치는 얼마일까? '구주의 가치+신주의 가치 = 기업의 가치'이므로 '구주의 가치=$10,000+순현가-$2,000= $8,000+순현가'이다. 구주주의 부는 현금배당 2,000달러에 구주의 가치 '$8000+순현가'를 합해 여전히 '$10,000+순현가'이다. 구주주는 현금배당을 받았고 2,000달러의 자본손실이 발생하였으므로 ①과 비교하면 부의 측면에서 아무런 차이가 없다. 따라서 배당정책은 주주의 부와 무관하다.

결국 기업이 어떤 배당정책을 선택하든지 주주의 부(기업가치)는 변화가 없으며 주주들 또한 시장에서 주식의 매입과 매각이 자유로운 한 기업의 배당정책과 관계없이 원하는 소비행태를 달성할 수 있다. 이러한 결과는 기업이 벌어들일 미래현금흐름이 기업이 선택하는 현재의 배당정책에 영향을 받지 않으므로 나타나는 당연한 결과이다.

세금과 거래비용이 없는 상황에서 주주의 입장에서는 배당으로 현금을 지급받거나 이익을 유보하여 주식가격을 상승시켜 자본이득을 얻거나 마찬가지이다. 기업은 영업이익보다 많은 금액을 배당으로 지급하더라도 외부자금 조달이 가능하므로 배당정책은 기업의 투자 결정에 변화를 주지 않는다. 따라서 외부자금 조달이 가능하고 세금과 거래비용이 없다면 기업가치는 배당과 무관하다. 이것이 MM의 주장이다.

2 배당정책의 효과 : ㈜SMC 사례

㈜SMC는 반도체를 설계하고 생산하는 기업이다. 이 회사는 부채를 사용하지 않고 있으며, 기존 사업에 대한 투자 외에 M&A나 신규투자 계획은 갖고 있지 않다.

㈜SMC는 처음 현금배당을 지급한 이후 이익의 변동과 관계없이 안정적으로 현금배당을 지급해왔으며 일정한 증가폭을 유지하고 있다. ㈜SMC가 배당을 증가시킨다는 공시는 시장에서 긍정적인 효과로 작용해 주가를 상승시킨 것으로 나타났다. 2010회계연도에 ㈜SMC의 매출과 순이익은 전년에 비해 큰 폭으로 하락하였으나, 경영진은 힘든 시기에도 양(+)의 현금흐름을 실현하고 이익을 낼 수 있는 기업의 능력을 입증해 보이기 위해 현금배당을 주당 0.04달러 증가시키기로 결정했다.

한편, 최근 몇 년간 ㈜SMC는 임직원의 주식매입선택권 행사에 대비하고, 과다한 현금보유에 따른 비판(현재 시장이자율은 3% 수준으로 현금보유에서 얻는 운용수익이 매우 낮은 상황이다)을 피하기 위해 자사주 매입에 많은 자금을 배분해왔다. 현금배당과 자사주 매입에도 불구하고 2011년 초 현재 ㈜SMC의 보유현금은 155억 달러를 넘어섰으며, 일부 주주는 이러한 여유현금을 특별배당금의 형태로 지급하라고 요구하고 있다. 그러나 ㈜SMC의 CFO는 배당금 증가를 위해서는 기업의 신규투자 기회와 수익성, 임직원의 주식매입선택권, 세금, 신호효과, 배당과 관련된 제도의 변화 등 여러 문제가 반영되어 결정되어야 한다고 생각하고 있다.

| 표 12-3 • (주)SMC의 배당 관련 재무자료 |

(단위 : 백만 달러)

회계연도	2005	2006	2007	2008	2009	2010
매출액	3,793	4,848	5,067	7,059	9,726	5,123
순이익	1,344	1,809	1,943	2,879	4,275	1,976
현금&단기유가증권	4,434	6,379	7,867	11,756	15,490	15,520
투자액	219	244	391	803	1,279	179
영업현금흐름(OCF)	1,291	2,426	2,413	3,614	4,317	2,393
발행주식수	3,038	3,073	3,075	3,152	3,189	3,162
주당순이익	$0.44	$0.59	$0.63	$0.91	$1.34	$0.63
주가	$12.94	$15.08	$33.63	$63.94	$44.22	$31.43
주식가치	39,312	46,341	103,412	201,539	141,018	99,382
자사주 매입	116	565	1,087	0	698	2,216
현금배당	150	183	221	280	412	540
주당현금배당금	$0.05	$0.06	$0.07	$0.09	$0.13	$0.17
주당자사주 매입액	$0.04	$0.18	$0.35	$0.00	$0.22	$0.70
매출액순이익률	35.4%	37.3%	38.3%	40.8%	44.0%	38.6%
투자액/매출액	5.8%	5.0%	7.7%	11.4%	13.2%	3.5%
투자액/OCF	16.9%	10.1%	16.2%	22.2%	29.6%	7.5%

〈표 12-3〉은 ㈜SMC의 배당과 관련된 지난 6년간의 재무자료를 정리한 것이다.

현금배당을 위한 자금조달과 현금보유비용

㈜SMC의 배당정책은 앞서 설명한 안정배당정책으로 설명될 수 있다. ㈜SMC는 현금배당을 안정적으로 지급함으로써 미래배당의 불확실성을 줄이고 있으며, CFO는 기업의 배당 결정이 경영진이 기업내용에 대한 정보를 주주에게 전달하는 신호역할을 한다는 것을 인지하고 있다. 또 최근에 자사주 매입이 증가하고 있는데 이는 기업의 매출 감소가 일시적인 현상이며 장기적으로는 좋은 성과를 보일 것이라는 신호를 시장에 전달하는 것으로 평가할 수 있다.

현금배당에 필요한 자금의 조달

2011년도에 ㈜SMC가 현금배당을 주당 0.04달러 증가시킨다면 배당에 필요한 자금은 약 664(=3,162×(0.17+0.04))(백만 달러)이다. 〈표 12-3〉의 자료에 의하면 ㈜SMC의 매출액순이익률은 약 40% 정도로 매우 안정적이다. 또 영업현금흐름은 매출액의 약 50% 정도로 현금창출능력 또한 매우 우수하며, 자본투자에 필요한 금액은 영업현금흐름의 20% 이내로 부담이 크지 않다. 더불어 이 회사가 현재 보유하고 있는 현금은 약 155억 달러로 배당에 필요한 자금액의 약 23배에 달한다.

그리고 이 회사는 부채를 거의 사용하지 않고 있어 보유현금을 배당에 사용한다 하더라도 지급능력에 아무런 영향을 받지 않는다. 따

라서 ㈜SMC가 현금배당 수준을 늘린다고 해도 필요자금은 내부자
금으로 조달할 수 있다.

현금보유비용

㈜SMC의 경영자는 현재 보유 중인 여유현금의 활용방안에 대해 고
민할 필요가 있다. 현재 보유현금 155억 달러는 2010년 매출액의 약
3배, 주식의 시장가치의 약 16%에 달하는 금액이다. 새로운 투자계
획이 없고, 3% 정도인 현재의 시장이자율 수준을 고려할 때 과도한
현금 보유는 주주입장에서 볼 때 기회비용을 발생시킬 수 있다. 현금
보유에 따른 기회비용에는 세금과 관련된 문제와 대리비용 문제가
있다.

먼저 세금과 관련한 문제부터 살펴보자. ㈜SMC가 보유현금을 주
주에게 배당으로 지급하는 경우 주주는 이중과세를 부담한다고 생
각할 수 있다. 즉 법인세 납부 후 이익을 주주에게 배당으로 지급하
면 주주는 배당소득에 대해 다시 개인소득세를 납부해야 한다. 따라
서 배당 지급 후 다시 필요자금을 외부에서 조달하는 것보다는 여유
현금을 내부에 유보해두는 것이 유리하다는 주장을 할 수 있다. 그러
나 이런 주장은 법인세율과 개인소득세율의 크기에 따라 달리 해석
되어야 한다.

법인세율을 tc, 주주가 배당(또는 자본이득)에 대해 부담하는 세율을
td, 주주가 채권투자에서 얻는 소득에 대해 부담하는 세율을 tb라고
하자. ㈜SMC는 여유현금을 다음과 같은 두 가지 방안으로 이용할
수 있다.

첫 번째 대안은 여유현금을 국채(이자율 r)에 투자하고 후에 그 이자소득을 주주에게 배당으로 돌려주는 것이다. 1달러를 기준으로 할 때 주주가 이 대안으로부터 얻는 실질소득은 다음과 같다.

첫 번째 대안의 세후소득 = $[1 + r(1 - tc)](1 - td)$

두 번째 대안은 지금 즉시 주주에게 배당을 지급하고 주주가 배당소득을 국채에 투자하는 것이다. 이 경우 주주가 얻는 세후소득은 다음과 같다.

두 번째 대안의 세후소득 = $[1 + r(1 - tb)](1 - td)$

주주의 부를 극대화하는 의사결정은 두 대안에서 얻는 세후소득 중 큰 쪽을 택하는 것이다. 양쪽을 비교해보면 법인세율 tc가 채권투자소득에 대한 개인소득세율 tb보다 큰 한 두 번째 대안이 유리함을 알 수 있다. 즉 tc 〉 tb인 한 여유현금을 주주에게 배당으로 돌려주는 것이 주주에게 유리하다.

대리비용 문제는 현금을 기업내부에 유보할 때 경영자가 여유현금을 자신의 이익을 위해 사용하게 됨으로써 나타나는 비용을 들 수 있다. 여유현금이 많을수록 경영자는 수익성 없는 사업에의 투자나 불필요한 M&A 등을 추구할 유인을 갖게 된다. 이 경우, 배당을 증가시키는 것은 기업 내 여유현금을 줄임으로써 경영자에 의한 대비비용 발생을 방지하는 효과를 얻을 수 있다. 또 배당을 늘리는 경우 신규투자에 필요한 자본은 외부자금으로 조달할 가능성이 많아지는데, 이는 채권자인 금융기관이 경영자를 감시하는 결과를 가져와 결국 주주가 부담할 경영자에 대한 감시비용을 줄이는 효과를 가진다.

현금배당과 자사주 매입의 효과 분석

㈜SMC는 보유현금을 기업내부에 유보하거나 특별현금배당으로 주주에게 지급하거나 아니면 자사주 매입에 사용할 수 있다. 각 경우에 주가, 이익, 주당순이익에 미치는 영향을 평가해보자. 이자율은 3%라고 가정한다.

세 경우에 ㈜SMC의 주가와 주당순이익이 어떤 영향을 받는지를 MM의 가정하에 살펴보자. 편의상 2010회계연도의 자료에 기초하여 분석한다. 2010회계연도에 ㈜SMC의 순익은 1,980백만 달러이며 주가는 31.43달러, 발행주식수는 3,162백만 주, 보유현금은 155.2억 달러이다.

155.2억 달러를 현금배당하는 경우 주당 4.91(=15,520/3,162)달러의 배당금이 지불된다. 그리고 자사주 매입을 하는 경우 493.8(=15,520/31.43)백만 주를 매입할 수 있다. 또 여유현금을 현금배당하거나 자사주 매입하는 경우 2011회계연도의 순이익은 여유현금을 국채에 투자했을 때 얻을 수 있는 이자소득만큼 줄게 된다. 국채이자율이 3%이므로 줄어드는 순이익의 크기는 465.6(=15,520×0.03)백만 달러이다.

〈표 12-4〉에서 보는 것처럼 현금배당을 하면 주당배당액만큼 주가가 하락한다. 그러나 주주는 배당소득을 얻었으므로 전체 부는 배

배당정책	주가	순이익(백만)	발행주식수 (백만 주)	주당순이익
내부유보	$31.43	$1,980	3,162	$0.63
자사주 매입	$31.43	$1,514	2,668	$0.57
현금배당	$26.52	$1,514	3,162	$0.48

당 전과 동일하다. 또 자사주 매입을 하면 발행주식수는 감소하고 주가는 자사주 매입 전과 동일하게 유지된다. 그러나 주주는 주식매각을 통해 매각대금만큼의 소득을 얻었으므로 전체 부는 여전히 변화가 없다. 한편 주당순이익은 세 경우에 각기 다르게 평가된다. 이는 순이익과 발행주식수가 달라지기 때문이다. 그러나 주당순이익의 크기와 관계없이 주주의 부는 같다.

3 배당정책에 영향을 미치는 현실적인 요인들

2절의 분석에서는 MM이론의 가정을 전제했다. 그러나 현실시장은 여러 측면에서 MM이론의 가정이 성립하지 않는다. 이에 대해 살펴보자.

배당소득세율과 자본이득세율의 차이

현실시장에서 주주가 얻는 소득의 두 원천인 배당소득과 자본이득에 대한 세율이 다를 수 있다. 자사주 매입(또는 내부유보)의 경우 주주는 주가상승에 따른 자본이득을 소득으로 얻는다. 배당소득세율이 자본이득세율보다 높은 경우 자사주 매입이나 내부유보가 현금배당보다 주주에게 유리하다고 할 수 있다. 한국시장의 경우 상장기업의 자본이득에 대해서는 과세되지 않는다. 따라서 자사주 매입이 현금배당에 비해 유리하다고 할 수 있다.

그러나 세율이 같다 하더라도 자본이득에 대한 과세는 취득원가를 초과하는 금액에 대해서만 이루어지므로 여전히 자사주 매입은 현금배당에 비해 유리하다. 즉 현재 주가가 10달러인 주식에 대해 10%의 현금배당을 하거나 자사주 매입을 하는 경우를 생각해보자. 세율은 배당소득과 자본이득에 대해 동일하게 15%이며, 주식의 취득원가는 9달러라고 가정하자. 10주의 주식을 보유한 주주가 부담하는 세금은 다음과 같다.

현금배당의 경우 : 1달러×10×0.15＝1.5달러
자사주 매입의 경우 : 0.15×(10달러−9달러)×1＝0.15달러

즉 자사주 매입의 경우 매각하지 않은 9주에 대한 자본이득 9달러에 대한 과세는 뒤로 미루어졌다. 따라서 현재가치 측면에서 볼 때 자사주 매입이 현금배당에 비해 주주가 부담하는 세금의 크기가 작다.

신호효과

현실시장은 MM이 가정한 것과 같이 모든 투자자가 동일한 정보를 소유하지 못한다. 이 경우 현금배당을 늘리는 것은 경영자가 기업의

미래성과에 대해 강한 자신감을 갖고 있다는 강력한 신호가 될 수 있다. 또 이는 배당소득세 같은 세금부담과 배당에 따른 신규투자 기회의 상실 등 배당에 따른 비용을 기업이 뛰어넘을 수 있다는 신호이기도 하다.

자사주 매입 또한 현금배당과 비슷한 신호효과를 갖지만, 장기적인 영향을 미치는 현금배당이 일시적인 효과를 갖는 자사주 매입에 비해 보다 강력한 신호효과를 갖는다고 할 수 있다. 따라서 경영자는 여유현금을 배당함으로써 주가에 긍정적인 영향을 미칠 수 있다고 판단할 수 있다.

대리비용

완전자본시장에서는 경영자와 외부 주주 간에 이해갈등이 없다. 그러나 현실에서 경영자는 주주의 이익보다는 자신의 이익을 먼저 추구할 유인을 가진다. 현금배당과 자사주 매입은 모두 이러한 대리비용을 해결할 수 있는 수단이 될 수 있다. 즉 현금배당은 경영자가 자신의 이익을 위해 낭비할 수 있는 기업 내 여유현금을 줄임으로써 대리비용의 발생을 방지할 수 있다.

주식매입선택권 등 주가에 연계된 보상제도

임직원의 보수가 ESO Executive Stock Options와 같은 주식매입선택권에 의해 크게 좌우되는 경우 이러한 문제는 배당정책에 큰 영향을 미칠 수 있다. 경영진들이 그들 보수의 상당 부분을 주식매입선택권으로 가져간다면, 경영진들은 배당을 지불할 동기를 갖지 않는다. 왜냐하면 주식매입선택권은 주가가 오를수록 가치가 커지지만, 배당금 지불은 주가를 낮추기 때문이다.

　앞서의 사례에서 ㈜SMC가 여유현금 155.2억 달러를 현금배당하는 경우 주가는 주당 4.91달러 정도 하락한다. 이 경우 ESO의 가치 역시 주당 4.91달러 정도 하락할 것이며, ESO를 대량으로 보유하고 있는 경영진의 부는 이에 따라 감소하게 된다. 또 실무적으로 많은 기업들은 직원들이 그들의 선택권을 사용했을 때 생겨난 주식가치의 하락을 보완하기 위해 자사주 매입에 현금을 사용하는 경향이 있다.

수익성과 투자기회

기업의 수명주기가 성숙기에 접어들어 성장성은 떨어지나 지속적으로 이익을 내는 기업들은 높은 배당성향을 보이는 것이 일반적이다. 예를 들면 성장률이 낮고 수익성이 높은 전기, 가스, 수도 등의 분야에 종사하는 기업들은 성장률이 높은 제약회사나 생명공학, 정보기술 회사에 비해 이익의 많은 부분을 배당으로 지급한다.

이익의 지속 가능성과 배당정책의 융통성

안정배당정책을 실시하는 기업들의 경우 현금배당을 증가시키는 것은 기업에 장기적인 제약으로 작용한다. 반면, 현금배당과 달리 자사주 매입은 융통성이 크고, 경영자의 재량에 의해 조정될 수 있다. 그리고 현급배당이 공표되었다 해서 언제나 시행되어야 하는 것도 아니다. 따라서 일시적으로 이익이 증가한 경우 현금배당보다는 자사주 매입이 선호된다.

시장상황과 제도변화

지금까지 살펴본 요인들 외에 시장 제도와 상황이 어떠하냐에 따라 배당정책은 영향을 받을 수 있다. 대표적으로 자사주 매입에 대한 규제, 기업의 자금수요, 자본시장의 상황 등이 중요한 영향을 미칠 수 있다. 대표적인 예로 1980년대 중반 이전까지만 해도 미국시장에서 자사주 매입을 실시하는 기업에 비해 현금배당을 실시하는 기업의 비중이 압도적이었다. 그러나 이후 자사주 매입을 실시하는 기업의 비중이 크게 증가하고 현금배당을 실시하는 기업의 비중은 빠르게 감소했다.

이러한 현상이 나타난 중요한 이유는 그동안 강력하게 규제되어왔던 자사주 매입이 1982년에 해제된 데 있다.[24] 한국시장에서도 2000년 이후 자사주 매입에 대한 많은 규제가 해소되어 이후 자사주 매입이 크게 증가하고 있다.

4 ㈜SMC는 어떤 배당정책을 선택해야 할까

㈜SMC는 현재 부채를 사용하지 않고 있다. 따라서 보유현금을 현금배당이나 자사주 매입에 사용하더라도 지급능력에 문제가 없다. 또 현재 국채의 이자율이 3%로 그리 높지 않은 점을 고려할 때 현금보유는 세금효과나 대리비용 발생 등 기회비용을 충당하지 못하는 것으로 분석된다.

현금배당이나 자사주 매입은 외부투자자에 대한 신호효과나 대리비용의 방지 등 여러 측면에서 현금의 내부유보에 비해 우월한 대안으로 평가된다. 그러나 현재의 배당소득세율이 자본이득세율보다 크게 높다는 점과, 자사주 매입이 세금을 이연시키는 효과를 갖는다는 점, 그리고 현금배당을 증가시키는 정책이 기업에 장기적인 부담을 준다는 점을 고려할 때 ㈜SMC 입장에서는 자사주 매입이 현금배당보다 융통성 있는 보다 나은 대안이라고 할 수 있다.

13장

M&A와 기업가치

| 학습목표 |

• M&A의 동기에 대해 살펴본다.

• 적대적 M&A의 방어 방법에 대해 살펴본다.

• M&A에 따른 주주 위험의 변화와 가치 변화에 대해 살펴본다.

• M&A에서 교환비율을 결정하는 방법에 대해 살펴본다.

| 핵심개념 체크 |

기업의 성장전략으로 전문화와 다각화 전략이 자주 비교된다. 두 전략이 추구하는 효과는 무엇이며 주주가치에 어떤 영향을 미칠지 생각해보자.

기업을 경영하는 데에는 다른 회사와의 경쟁에서 이길 수 있는 힘과 전략이 필요하다. 지속적인 성장을 위해 기업은 강점을 지닌 분야에 전문화하거나, 다른 영역으로 다각화하기도 한다. 기업은 전문화를 통해 규모의 경제효과를 얻을 수 있다. 강점을 가진 사업에 집중하여 생산규모를 늘림으로써, 평균생산비용을 줄일 수 있으며 또 생산기술의 진보에 의한 비용절감효과를 얻을 수 있다. 한편, 기업은 다각화를 통해 범위의 경제효과를 얻을 수 있다. 여러 제품을 생산함으로써 유휴자원을 활용할 수 있으며 생산설비의 활용도를 높일 수도 있다. 또 생산되는 제품들 간의 상호보완효과도 기대할 수 있다.

전문화와 다각화, 어느 전략이 보다 나은 전략인가에 대해서는 의견이 팽팽하다. 일부 연구는 다각화가 생산성 저하를 가져와 기업가치에 부정적인 영향을 미친다는 결과를 보고한다.[25] 반대로 다른 연구는 다각화가 생산성 저하를 가져오지 않는다고 주장한다.[26] 한편, 기업이 사업을 다각화하는 것은 기업 내부자와 소액주주 사이에 대리문제를 악화시켜 기업가치에 부정적인 영향을 준다는 주장도 있다. 기업이 다각화를 하는 경우 기업내부자와 외부인의 유인을 부합시킬 수 있도록 경영시스템을 설계하는 것이 매우 어렵다는 것이다. 특히 내부경영자는 다각화가 기업의 시장가치를 낮추더라도 그 손실을 초과하는 사적 이익을 얻을 수 있는 경우 다각화를 추진할 수도 있다.[27]

투자결정의 특수한 형태로 최근에 큰 관심을 불러 일으키는 M&A가 있다. M&A mergers and acquisitions(기업 합병과 매수)는 기업 자체를 대상으로 한 투자결정이라 할 수 있다. 경영자는 적대적 M&A를 방어하기 위해 어떤 전략을 사용할 수 있을까? M&A는 인수기업과 대상기업의 주주들에게 모두 득이 될 수 있을까? 이 장에서는 M&A의 동기가 무엇인지, M&A를 통하여 주주가치가 증가할 수 있는지, 또 M&A 조건은 어떻게 결정될 수 있는지를 살펴본다.

1 M&A의 기본개념과 경영권 시장[28]

M&A의 기본개념

기업합병이란 둘 이상의 회사가 청산절차를 거치지 않고 하나 이상의 회사가 소멸됨과 동시에 소멸되는 회사의 권리 · 의무가 존속회사에 모두 이전되는 회사 간의 계약을 말한다. 합병이 이루어지기 위해서는 주주들의 결의가 필요하다. 법률적으로 볼 때 기업합병은 흡수합병과 신설합병의 두 가지로 나눌 수 있다.

흡수합병은 몇 개의 기업이 결합할 때 그중의 한 기업이 법률적으로 존속하며 인수되는 기업은 모두 소멸되는 경우를 말하며, 신설합병은 결합하려고 하는 기업이 모두 소멸되고 새로운 하나의 기업이 설립되어 새로 만들어지는 기업에 모든 기업의 권리 · 의무를 이전시키는 방법이다. 합병은 이해당사자 간의 협상과 법률적 절차를 거쳐 이루어진다는 점에서 다음에 설명하는 매수와 차이가 있다. 그러나 대체로 합병이란 용어를 넓은 의미로 합병과 매수를 모두 포함하는 말로 사용하고 있다.

반면 매수 또는 취득은 한 기업이 다른 기업의 지배권을 획득하기 위해 주식이나 자산을 매수하는 행위를 말한다. 단순한 재산의 부분적 매수와 차이가 나는 점은 그 목표가 다른 기업의 경영권을 획득하는 데 있다는 점이며, 합병과 다른 점은 매수 후에도 매수되는 기업이 개별기업으로 계속 존재한다는 점이다. 매수는 크게 자산매수와 주식매수로 구분된다.

자산매수는 두 기업 간에 체결된 계약에 따라 한 기업이 다른 기업의 영업의 전부 또는 일부분을 인수하는 것을 말한다. 자산매수는 자산의 법적 소유권이 매수한 기업으로 이전되므로 매수 대상기업의 경영권을 흡수하는 효과를 가져온다. 자산매수는 경영진과의 합의를 통해서 이루어지므로 다음에 설명할 주식매수의 경우에서 나타나는 문제점들이 발생하지 않는다. 주식매수는 한 기업이 다른 기업 주식의 전부 또는 일부를 주주들로부터 인수하는 것으로, M&A의 방법 가운데 가장 큰 관심의 대상이 되는 부분이다.

주식매수는 새로 발행되는 주식을 인수하는 경우도 있으나, M&A에서 관심의 대상이 되는 것은 이미 발행된 주식을 매수하는 경우이다. 자본시장에서 가장 빈번하게 일어나는 주식매수의 방법은 주식공개매수(Tender Offer 또는 Takeover Bid : TOB)이다. 주식공개매수는 M&A대상이 되는 회사의 경영진과 합의하여 이루어지는 경우도

있으나, 많은 경우 대상회사 경영진의 의사와 관계없이 직접 주주들을 상대로 하여 시장에서 주식을 매입하는 방법으로 이루어진다. 이를 적대적 공개매수라고 한다.

지금까지 살펴본 M&A의 유형을 그림으로 나타내면 〈그림 13-1〉과 같다.

경영권 시장과 경영권 확보방법

M&A에서 필연적으로 나타나게 되는 문제는 기업지배권, 즉 경영권 문제이다. 소유경영자가 기업을 지배하는 경우 M&A에 따른 경영권 문제는 발생하지 않는다. 그러나 소유와 경영이 분리된 기업의 비중이 점점 높아지는 현대의 기업환경에서는 M&A에 의한 경영권의 확

보 및 방어 문제가 매우 중요한 이슈가 되고 있다. 경영권을 기업의 자산운용을 결정할 수 있는 권한이라고 본다면 이는 결국 경영자에게 귀속된다. 따라서 M&A시장은 여러 경영진이 서로 기업의 경영권을 확보하기 위해 경쟁하는 경영권시장, 즉 경영자들이 주주들로부터 기업의 지배권을 위임받기 위해 서로 경쟁하는 일종의 경영자 노동시장이라고 할 수 있다.

경영권을 확보하기 위해 이용되는 대표적 방법은 주식공개매수, 위임장투쟁, 차입매수이다.

주식공개매수

대상기업의 주식을 주주들로부터 공개적으로 취득하는 행위인 주식공개매수는 기업의 경영권을 확보하는 방법으로 가장 많이 이용된다. 일반적으로 대상기업 경영진의 기업지배권이 강하고 수익성이 높은 성장기업이라면 이를 인수하고자 하는 기업은 주식공개매수의 과정을 거친다 하더라도 기존 경영자와의 협상을 통해 우호적인 방식을 사용하게 된다.

그러나 경영진의 기업지배권이 취약하고 수익성이 떨어지는 대상기업의 경우, 인수기업은 경영진을 통하지 않고 직접 대상기업의 주주들과의 가격협상을 통해 주식을 확보하는 방식을 취한다.

인수기업은 대상기업의 주식에 대해 일정한 매수가격을 제시하고 이 조건에 주식을 팔려고 하는 주주가 있으면 어느 주주에게서나 그 회사의 주식을 사들이게 된다. 주주들은 자신들에게 흡족할 정도의 매수가격이 제시되면 자신의 소유주식을 팔 것이다. 매수가격은 매

수 대상기업의 주주들이 주식을 팔도록 유인하기 위해서 시장가격
보다 상당히 높게 책정되는 것이 보통이다.

위임장투쟁

주식의 의결권(투표권)을 얻기 위해 반드시 주식을 매수할 필요는 없
다. 주주들은 보유주식 1주당 1개의 투표권을 갖는다. 그러나 대부
분의 주주들은 투표권을 행사하지 않거나 자신의 투표권을 다른 사
람에게 위임한다. 이 투표권을 위임하는 형태가 위임장이다. 현 경영
진에게 불만을 가진 주주들은 다른 외부인의 위임장 권유에 귀를 기
울일 수 있다. 그들이 제시하는 경영진이나 미래 경영계획이 자신의
이익에 더 크게 기여할 수 있다는 판단이 서면, 주주들은 위임장을
이 외부인에게 넘겨줄 수 있다.

　만약 이 외부인들이 많은 위임장을 확보하여 투표권을 현 경영진보
다 많이 차지한다면, 경영권은 이들에게로 넘어간다. 따라서 위임장
투쟁은 위임장을 얼마나 많이 확보하느냐 하는 투쟁으로 볼 수 있다.

차입매수

차입매수_{Leveraged Buyout : LBO}란 인수기업이 대상기업의 자산이나 미래
수익을 담보로 외부에서 자금을 조달하고, 이렇게 조달된 자금을 이
용하여 대상기업의 주식을 매입하여 경영권을 확보하는 방법이다.
자금 여력이 충분하지 않은 인수기업은 대상기업의 자산이나 미래
수익을 담보로 하여 금융회사에서 차입을 하거나, 채권을 발행하여
대상기업을 매입하는 데 사용할 자금을 조달한다.

차입매수방식에 의한 M&A는 기업의 소유권이 이전되는 동시에 인수기업의 부채가 증가하여 자본구조가 일시에 변하게 되는 특징이 있다. 한편 LBO는 인수대상이 된 기업의 현 경영진에 의해 이루어질 수도 있는데 이를 경영자매수_{Management Buyout : MBO}라 한다.

적대적 M&A의 방어 전략

최근 들어 자본시장의 발달과 함께 M&A에 대한 규제가 완화되면서 자본시장을 통한 공개적인 주식매수와 적대적인 M&A가 증가하고 있다. 이 경우에 M&A의 대상이 되는 기업의 대주주나 경영진의 입장에서는 M&A가 자신들에게 유리한 결과만을 가져다주지는 못할 것이기 때문에 이에 대한 적극적인 방어수단을 강구하게 된다. M&A에 반대하는 경영진이나 대주주가 사용할 수 있는 다양한 방어전략으로 다음과 같은 것들이 있다.

초다수의결규정 등 정관의 개정

M&A를 방어하는 방법의 하나는 회사정관에 주주총회에서 합병을 승인하는 데 필요한 의결권을 일반적인 과반수 다수결보다 훨씬 많은 초다수의결로 정하는 것이다. 이러한 경우에 인수를 시도하는 투자자나 기업은 초다수의결을 확보하기 위해서 보다 높은 매수가격을 제시해야 하며 시간도 많이 걸리게 되므로 M&A의 성공 가능성이 떨어지게 된다.

정관을 이용한 또 다른 방법으로 이사들의 임기 만료 시기를 서로 다른 시점으로 분산시키는 방법이 있다. 이 경우에 인수자는 기업을 인수한 직후에 곧바로 경영진을 대폭 교체하고 자신이 원하는 경영자를 임명할 수 없게 되어 기업 경영에 어려움이 따르게 되므로 이러한 규정이 있다는 것을 알면 M&A를 포기하게 될 가능성이 높아진다.

재매입 불가침계약

인수 대상 기업의 경영자들이 기업인수를 시도하는 기업 또는 투자자와 불가침계약을 맺는 방법도 있다. 재매입 불가침계약은 자기 회사를 인수하려는 목적으로 시장에서 주식을 매입하여 일정한 지분을 확보하고 있는 투자자 또는 기업에 높은 가격으로 그들이 확보하고 있는 주식을 재매입해주는 조건으로 M&A를 포기하도록 하는 것이다. 재매입을 하지 않는 경우에는 기업인수를 시도한 투자자가 더 이상 지분을 증가시키지 않는 대신에 그에게 일정한 경영참여를 인정하는 계약을 맺기도 한다.

한편, 인수를 시도하는 투자자(이들을 보통 기업사냥꾼이라 부른다)가 대상기업의 경영진에게 자신이 확보한 주식을 높은 가격으로 되살 것을 제안하는 편지를 녹색편지 green mail 라고 부른다.

사기업화와 차입매수

외부인에 의한 M&A의 위협이 있을 경우에 기존의 경영진이 기업을 사기업화하여 이러한 시도를 좌절시키는 방법도 외국에서는 자주 사용된다. 사기업화란 거래소에 상장되어 있는 공개된 기업을 소수의 투자자가 발행주식의 전부를 인수하여 상장을 폐지시키고 사기

업으로 전환하는 것을 말한다. 사기업화는 기존의 경영진에 의해서
이루어지는 경우가 일반적이다. 사기업화를 하기 위해서는 발행주
식 전부를 일반주주들로부터 현금으로 매입해야 하기 때문에 대규
모 자본이 필요하며, 이 경우에 부채를 차입하여 주식을 매입하는 차
입매수가 주로 이용된다.

황금낙하산

황금낙하산은 기업이 외부인에게 인수되어 경영진이 교체될 경우에
거액의 퇴직보상금을 기존 경영진에게 지급하도록 하는 내용을 고
용계약에 규정하는 방법이다. 이 경우 M&A가 이루어지더라도 거액
의 보상금 지급으로 인해 기업가치가 크게 하락하므로 M&A의 매력
이 떨어지게 된다. 기업이 인수될 경우에 회사가치가 하락하여 일반
주주는 손해를 보지만 경영진만은 큰 보상금을 받고 회사를 빠져나
가는 것을 비유한 말이다.

왕관의 보석 매각

외부인이 기업을 인수하려고 시도하는 경우에 회사자산 중 가장 중
요한 부분을 처분하여 인수기도를 와해시키는 것이다. 이 경우에 인
수 대상기업은 스스로 제3의 회사를 설립하여 이 회사에 주요재산을
매각하고 사용계약을 맺는 방법을 사용하기도 한다.

독소(poison pill) 조항

잠재적 인수자에게 그 기업을 인수할 경우 매우 불리한 결과를 가져

오게끔 하는 회사의 내규나 규정을 독소조항이라고 한다. 예를 들어 기존 주주들에게 대규모의 전환증권을 발행하거나, M&A 후에 새 기업 주식의 상당량을 할인된 가격으로 살 수 있는 신주인수권을 부여하는 규정을 정하여 외부인이 기업을 인수할 경우에 피해를 입히는 방법이 있다.

황금주와 차등의결권주

황금주는 단 1주만으로도 주주총회의 결의사항에 거부권을 행사할 수 있는 권리를 갖는 주식을 말한다. 과거 유럽의 여러 국가에서 국영기업을 민영화하는 과정에서 정부가 민간기업을 통제하기 위한 수단으로 이용되었다. 차등의결권주는 1주당 1의결권을 갖는 원칙에서 벗어나 1주당 여러 개의 의결권을 갖는 주식을 말한다. 황금주나 차등의결권주를 갖는 경우 적대적 M&A 시도를 손쉽게 무산시킬 수 있다.

백기사(white knight)

한 기업이 적대적인 M&A의 대상이 되었을 때, 이 기업의 현 경영진은 자신들에게 우호적인 제3자에게 우호적인 M&A를 제의할 수 있다. 이러한 우호적인 협상을 통하여 경영진은 적대적인 M&A 시도를 방어할 수 있으며 자신들의 경영권을 계속 유지할 수도 있다. 적대적인 인수자로부터 현재의 경영진을 구한다는 의미에서 우호적인 제3자를 백기사라 부른다.

2 M&A의 평가와 동기, 그리고 부의 이전효과

M&A 평가의 기본원칙

M&A도 기업의 투자결정문제이므로 자본예산 문제의 특수한 경우로 생각할 수 있고, 순현가를 사용하여 M&A를 평가하는 것이 바람직하다. 즉 대상기업의 인수가 0보다 큰 순현가를 가져다준다면 M&A가 일어나게 된다.

[예제 1] 100% 자기자본으로 구성되어 있는 A, B 두 회사의 기업가치가 각각 500억 원, 100억 원이라고 하자. A회사가 B회사를 합병한 후의 회사를 AB라고 하고, 합병 후 회사인 AB회사의 기업가치는 700억 원이 된다고 하자. 만일 대상 기업인 B회사에서 150억 원의 인수가격을 요구한다면 A회사는 B회사를 합병할 것인가?

[풀이]

A회사 입장에서 합병의 순현가는 다음과 같이 계산할 수 있다.

$$
\begin{aligned}
\text{합병의 순현가} &= \text{합병 후의 기업가치} - \text{합병 전의 기업가치} \\
&= (\text{AB회사의 가치} - \text{인수비용}) - \text{A회사의 가치} \\
&= (700 - 150) - 500 = 50(\text{억 원}) \tag{13.1}
\end{aligned}
$$

합병의 순현가가 0보다 크므로 A회사는 B회사를 합병하고자 할 것이다.

[예제 1]의 문제를 자본예산의 증분현금흐름의 논리에 맞추어 생각해보자. 순현가는 투자로 인한 증분현금흐름의 현재가치로부터 투자비용을 뺀 것이다. 합병의 경우 증분현금흐름의 현재가치에 해당되는 개념은 시너지효과synergy effect라고 하는데, 이는 합병 이후의 기업가치가 합병 이전의 두 회사의 가치를 합한 것보다 클 경우 양자의 차이를 말한다. [예제 1]의 경우 시너지효과는 다음과 같다.

$$\text{시너지효과} = \text{AB회사의 가치} - (\text{A회사의 가치} + \text{B회사의 가치})$$
$$= 700 - (500 + 100) = 100(억\ 원) \tag{13.2}$$

한편 합병할 때 대상회사인 B회사가 요구하는 인수가격과 실제 B회사의 가치와의 차이가 있는데, 이를 M&A프리미엄이라 한다.

$$\text{M\&A프리미엄} = \text{B회사의 인수가격} - \text{B회사의 가치}$$
$$= 150 - 100 = 50(억\ 원) \tag{13.3}$$

이를 정리하면 이제까지 살펴본 합병의 순현가는 다음과 같이 시너지효과와 M&A프리미엄의 차이로 계산할 수 있다.

$$\text{합병의 순현가} = \text{시너지효과} - \text{M\&A프리미엄}$$
$$= 100 - 50 = 50(억\ 원) \tag{13.4}$$

앞에서 설명한 예는 M&A 평가의 기본골격을 보여준다. 그러나 실제 M&A의 평가는 이보다 훨씬 복잡할 수 있다. 한 기업의 가치를 평가하거나 합병 후의 기업가치를 결정하기 위해서는 방대한 자료를 수집해야 하며, M&A과정에서의 복잡한 법적 절차, 세금효과, 회계처리문제 등 높은 전문성이 요구된다. 또 기업의 지배권이나 대리문제와 같은 계량적 측정이 어려운 점이 많기 때문에 순현가를 정확히 계산한다는 것은 결코 쉬운 일이 아니다. 이러한 구체적인 문제들을 살펴보는 것은 이 책의 수준을 넘어서므로 여기서는 생략하고, 시너지효과를 비롯한 M&A의 동기를 설명하는 이론들에 대해 간략히 살펴본다.

M&A의 동기

M&A의 동기를 설명하는 이론으로는 시너지효과, 저평가가설, 경영자주의이론, 대리이론이 있다.

시너지효과

기업의 가치는 미래현금흐름을 할인한 현재가치이므로 각 현금흐름에 대한 할인율이 같다고 단순화하면 〈식 13.2〉의 시너지효과는 합병 후 기업의 현금흐름과 합병 전 A, B기업의 현금흐름의 합과의 차이, 즉 합병에 의한 증분현금흐름의 현재가치로 나타낼 수 있다. 증분현금흐름은 수익의 증가, 비용의 절약, 세금절약, 자원의 상호보완, 무능력한 경영진의 교체, 자본비용(할인율)의 감소 등 여러 요소의 결합으로 이루어진다. 수익, 비용, 세금 등의 항목은 기업의 영업활동과정에서 나타나는 것이기 때문에 이를 영업시너지라고 하며, 할인율에도 시너지효과가 나타날 수 있는데 이를 재무시너지라고 한다.

저평가가설

저평가가설은 자본시장의 불완전성을 염두에 둔 전통적인 M&A의 설명이론이다. 시설의 확장을 모색하고 있는 한 기업이 새로운 회사를 설립하는 방안과 기존의 기업을 합병하는 방안을 두고 있다고 하자. 저평가가설에 따르면, 만일 대상기업의 주가수준이 적정한 가치에 비해 낮을 경우에는 합병에 의해 기존기업을 인수하는 것이 새로운 설비투자를 통해 회사를 설립하는 것보다 유리하다. 즉 저평가되어 있는 대상기업을 합병하는 것이 비용이 적게 들고, 합병 후에는 재평가과정을 거침에 따라 재평가된 가치만큼의 가치증가를 가져와 그만큼 순현가가 커질 수 있다는 것이다.

경영자주의이론

경영자가 자신의 사적 이익을 추구하기 위해서 M&A가 이루어진다는 주장이 경영자주의이론이다. 경영자들은 자신의 경영능력을 과시하고 지위를 확고히 하기 위해 기업규모를 확대시키는 결정을 할 수 있다. 따라서 경영자들은 자신이 내린 의사결정이 반드시 기업가치를 증가시키는 결정이 아니더라도 자신의 효용을 증진시킬 수만 있다면 그와 같은 결정을 내릴 수도 있다는 것이다.

대리이론

소유와 경영의 분리는 경영자의 특권적 소비나 경영자활동에 대한 주주의 감시비용 등 대리비용을 발생시킨다. 특히 많은 여유자금을 가지고 있으면서 적절한 투자대상을 찾지 못할 때는 대리비용이 증가한다. 이러한 대리비용을 크게 발생시키는 기업은 M&A의 목표물이 되는 것이 보통이다. 경영의 효율화를 통해 대리비용을 줄일 수 있기 때문이다.

이때 M&A는 경영자의 지위를 위협하는 수단이 된다. 즉 대리비용을 발생시키는 비효율적인 경영으로 말미암아 기업가치가 하락하면 그만큼 인수 대상기업이 될 확률이 커지고, 이는 경영자의 지위를 위협하는 수단이 된다. 따라서 M&A시장은 경영진의 활동을 효율화함으로써 주주가 지불하게 될 대리비용을 그만큼 낮추어주는 역할을 한다.

M&A의 비용 : 위험분산효과와 부의 이전

M&A가 주주의 부를 언제나 증가시키는 것은 아니다. M&A에서 큰 시너지가 예상되는 경우 대상 기업의 주주들은 시장에서의 평가치에 비해 훨씬 더 높은 가격에 주식을 팔려고 할 것이며, 이 경우 M&A기업은 추가적인 비용을 부담해야 한다. 또 부채를 사용하고 있는 기업의 경우 M&A는 주주와 채권자 간의 위험부담의 변화를 가져와 부의 이전문제를 발생시킬 수도 있다.

미래현금흐름의 확률분포가 다른 두 기업이 합병을 하면 분산효과에 의해 미래현금흐름의 위험은 그만큼 줄어든다. 이는 다른 조건이

| 표 13-1 • **M&A에 따른 부의 이전효과** | (단위 : 억 원)

상황(확률)	상태별 가치			시장가치 (기댓값)
	호황(0.5)	보통(0.3)	불황(0.2)	
① 100% 자기자본인 경우				
A기업	80	50	25	60
B기업	50	40	15	40
합병할 경우	130	90	40	100
② A기업 : 타인자본 40억 사용				
B기업 : 100% 자기자본 사용				
A기업	80	50	25	60
타인자본지분	40	40	25	37
자기자본지분	40	10	0	23
B기업	50	40	15	40
합병할 경우(A+B)	130	90	40	100
타인자본지분	40	40	40	40
자기자본지분	90	50	0	60

동일하다면 합병 후의 기업이 합병 이전의 기업보다 위험이 작아진다는 것이다. 이러한 효과는 주주로부터 채권자에게로 부를 이전시키는 결과를 가져오며, 주주는 채권자에게로 이전된 부만큼의 보이지 않는 비용을 부담하는 셈이 된다. 즉 기존의 채권자들은 위험이 높은 기업들에 높은 이자율로 돈을 빌려주었으나, 합병 후 기업은 위험이 매우 낮아졌음에도 불구하고 종전과 같은 이자율을 받고 있기 때문이다.

부의 이전효과를 다음과 같은 예를 통해 살펴보자.

〈표 13-1〉의 ①은 100% 자기자본으로 이루어진 A, B 두 기업이 호황, 보통, 불황일 각각의 가치와 시장가치를 정리한 것이다. 이 때 A, B 두 기업의 합병이 있다고 하자. 분석의 편의상 시너지효과는 없

다고 하면, 합병기업의 시장가치는 개별 기업 A, B의 시장가치를 합한 것과 일치한다. 이 경우 A, B기업의 주주들은 100% 자기자본이므로 합병 전과 합병 후에 부의 변화가 발생하지 않는다.

이번에는 합병 이전의 A기업이 40억 원의 타인자본을 사용하고 있고 B기업은 전액 자기자본만을 사용하는 경우에 어떤 효과가 나타나는지 살펴보자. 〈표 13-1〉의 ②에 각 상황별로 나타나는 가치를 정리해놓았다. 호황이나 보통의 경우에는 A기업은 40억 원의 부채를 상환할 수 있으나, 불황일 경우에는 기업가치가 25억 원이므로 부채의 일부밖에 상환할 수 없어 파산상황에 놓이게 된다. 이처럼 파산위험이 존재하므로 A기업 타인자본의 시장가치는 37억 원(40×0.5+40×0.3+25×0.2)이 된다.

그런데 A기업과 B기업이 합병을 하게 되면 불황일 경우에도 기업가치는 40억 원이므로 부채상환이 가능해져서 채권자의 입장에서 본다면 더 이상의 파산위험은 존재하지 않게 된다. 이 경우 타인자본의 시장가치는 파산위험이 없으므로 40억 원이 되어 채권자는 합병을 통해 3억(40억-37억) 원만큼의 이익을 얻는다.

반면, A기업의 주주는 합병을 할 경우 전체 자기자본의 시장가치 60억 원 가운데 B기업의 주주의 몫 40억 원을 차감한 20억 원만큼의 시장가치만을 확보하게 되므로, 합병을 하지 않을 경우의 시장가치 23억 원과 비교해볼 때 3억 원만큼의 손실을 입는 셈이 된다. 결국 합병으로 인해 발생한 A기업의 파산위험의 감소에 따른 부가 A기업의 주주로부터 채권자에게로 이전된 것이다.[29]

3 M&A가 주가와 이익에 미치는 영향과 합병조건 결정

M&A는 기업의 미래이익과 기업가치에 영향을 주며, 이에 따라 합병조건은 영향을 받는다. 합병조건이 어떻게 결정될 수 있는지를 주식발행을 통해 대상 기업을 인수하는 경우를 가정해 살펴보자.

〈표 13-2〉와 같은 A, B 두 기업을 가정하자. A기업이 B기업을 주식발행을 통하여 인수한다 하자. 현재 A, B기업의 가치는 각기 6억 원과 3억 원이다. A기업이 B기업을 인수하면 시너지의 발생으로 3억 원의 가치증가가 예상된다. 이 경우 주식교환비율은 어떻게 결정될 수 있을까?

| 표 13-2 • **A기업과 B기업의 정보** |

구분	A기업	B기업
순이익	50,000,000원	20,000,000원
총발행주식수	10,000주	5,000주
주당순이익	5,000원	4,000원
주가수익비율	12배	15배
주가	60,000원	60,000원

주식의 시장가격을 기준으로 교환비율을 결정하는 경우

두 기업의 주가는 현재 동일하게 60,000원이다. 따라서 시장가격에 기초하여 교환비율을 결정하는 경우 B기업 주식 1주를 위해 A기업 주식 1주를 발행하게 된다. 그러므로 새로이 발행되는 A기업의 신주는 5,000주이며, 합병 후 A기업의 발행주식수는 15,000주가 된다. 합병 후 기업의 가치는 기존 A, B기업의 가치와 시너지를 합친 12억 원이므로, 합병 후 주당가격은 80,000(=12억/15,000주)원이다. 기존 A기업 주주들은 합병 후 기업에서 2/3의 지분을 갖게 되므로 8억 원의 주주가치를 갖는다. 반면, 기존 B기업 주주들은 1/3의 지분을 가지며 4억 원의 가치를 갖는다. 즉 합병의 시너지 3억 원은 기존 A기업 주주들에게 2억 원, 기존 B기업 주주들에게 1억 원씩 배분된 것이다.

그렇다면 기존 A기업 주주들은 B기업 인수를 위해 B기업 주식 1주당 신주를 몇 주까지 발행할 수 있을까? A기업 주주들이 제시할 수 있는 최대치는 합병의 순현가가 0이 되는 경우이므로, 합병 후 기업에서 기존 A기업 주주들이 차지하는 가치가 합병 전의 A기업 가치와 같은 6억 원이 되는 점까지이다. 따라서 B기업 주주들에게 제공할 수 있는 합병 후 기업에서의 최대지분율은 50%이다. 즉 다음의 식이 성립한다.

$$0.5 = \frac{\text{신주발행수}}{\text{기존 A기업의 발행주식수} + \text{신주발행수}} \tag{13.5}$$

〈식 13.5〉에서 신주발행수를 구하면 10,000주이다. 따라서 A기업 주주들이 B기업 인수를 위해 제시할 수 있는 최대교환비율은 B기업 주식 1주당 A기업 주식 2주이다.

주당순이익에 미치는 영향

앞서와 같이 주식교환비율은 시장가격에 기초하여 1 : 1의 비율로 합병한다고 하자. 합병 이후에 기업의 이익에 변화가 없다고 가정하면, 주당순이익에 미치는 영향은 〈표 13-3〉과 같다.

| 표 13-3 • **A기업과 B기업의 합병 후 주당순이익** |

합병 후 주식수		주당순이익	
		합병 전	합병 후
A기업의 주주	10,000	5,000	4,670*
B기업의 주주	5,000	4,000	4,670*
	15,000		

* (20,000,000+50,000,000) / (5,000+10,000)

A기업 주주는 주당순이익이 330원 하락한 데 비해 B기업 주주는 670원 상승했다. 이러한 경우 B기업의 주주는 손해를 보는 것인가?

앞의 예에서 A기업의 PER이 12이며 B기업의 PER은 15였다. 대체로 이익성장률이 높은 기업은 PER이 높으며, 낮은 기업은 PER이 낮다. A기업의 성장률은 5%이며, B기업의 성장률은 10%라고 하자. 두 기업의 주식 교환비율이 시장가격기준으로 1 : 1이라면, A기업 주주는 주당이익이 5,000원에서 4,670원으로 하락한다. 그러나 이러한 현상은 단기적이다. B기업의 이익성장률이 A기업보다 높으므로 합병 후 기업의 이익성장률이 종전보다 증가하기 때문이다. 합병 후 미래 이익의 성장은 얼마나 재투자하느냐에 달려 있으며, 재투자될 수 있는 금액의 일반적인 척도는 기업이 실현할 순이익이다.

따라서 합병 후 두 기업의 성장률을 단순히 두 기업의 성장률을 총

이익의 비율로 가중평균한 값이라고 가정하면, 앞으로 예상되는 성
장률은 6.43%[=(2/7)10+(5/7)5]가 된다. 새로운 성장률을 고려하면
다음에서 보는 것과 같이 5년 후부터는 A기업의 주당순이익이 합병
하지 않았을 때보다 커진다.

$$5,000 \times (1+0.05)^t = 4,670 \times (1+0.0643)^t \tag{13.6}$$

위 식에서 t를 구하면 약 5년이다.

14장

파생상품과 위험관리전략

- 선도, 선물, 옵션, 스왑 등 다양한 위험관리수단의 특성과 수익형태를 비교해본다.

- 헤지, 분산투자, 보험, 칼라 등 위험관리기법에 대해 살펴본다.

- 헤지 활동의 장단점에 대해 살펴본다.

- 어떤 기업이 위험관리가 필요한지 살펴본다.

| 핵심개념 체크 |

많은 경영자는 위험관리를 기업이 경영활동에서 부담하는 위험을 없애는 활동으로 이해한다. 위험을 부담하지 않는 것이 최선의 위험관리일까?

기업은 경영활동에서 여러 종류의 위험을 부담한다. 환위험, 이자율위험, 석유, 구리와 같은 원자재 가격의 변동 위험 등이 기업의 미래현금흐름을 변동시키고 경영성과를 불확실하게 만든다. 경영자는 적절한 수단과 기법을 이용하여 이러한 위험을 정확하게 파악하고 기업의 목적에 맞도록 관리해야 한다. 그러나 위험을 없애는 것만이 최선일까? 재무이론의 기본원리인 '위험−수익의 상충관계'에 따르면 위험을 부담하지 않으면 그에 따른 위험프리미엄도 얻지 못한다. 즉 위험을 부담하지 않는 경우 투자의 기대수익률은 무위험이자율과 같다.

반면 위험을 부담하는 경우 투자의 기대수익률은 [무위험이자율＋위험프리미엄]으로 높아진다. 따라서 위험관리란 무작정 위험을 없애는 활동이라기보다는 기업이 목표로 하는 위험수준을 정하고 그에 맞추어 기업활동을 구성하는 것이다.

연간 매출액이 7,000억 원에 이르고 매출의 98%를 해외 수출에서 얻는 태산엘시디가 2008년 9월 환위험을 헤지하기 위해 이용한 키코KIKO(통화옵션의 일종)의 손실을 견디지 못하고 파산신청을 했다. 환위험이란 무엇일까? 기업이 관리해야 할 위험에는 어떠한 것들이 있을까? 기업은 위험관리를 위해 어떤 수단과 기법을 이용할 수 있을까? 위험관리활동은 기업가치를 언제나 증가시키는 것일까?

14장에서는 위험관리가 기업가치에 미치는 효과에 대해 살펴본다. 선도forward, 선물futures, 옵션option, 스왑swap 등 다양한 위험관리수단과, 헤지hedge를 비롯한 다양한 위험관리기법과 이후 위험관리활동이 어떤 경우에 기업가치를 증가시킬 수 있는지 살펴본다.[30]

1 파생상품

기업은 다양한 수단을 위험관리에 이용한다. 그중 현대기업의 활동에서 대표적으로 이용되는 위험관리수단은 파생상품이다. 파생상품이란 기초자산이라고 불리는 다른 자산의 미래가격에 따라 그 수익payoff이 결정되는 상품을 말한다. 선도, 선물, 옵션, 스왑은 대표적인 파생상품이다. 다음에서는 이들 파생상품의 특성과 수익형태에 대해 간략하게 살펴본다.

선도

선도 또는 선도계약은 두 거래당사자가 미래의 특정시점에 특정자산을 미리 정한 가격에 거래하기로 현시점에서 맺는 계약을 말한다. 거래당사자의 한쪽은 매입자이며 다른 한쪽은 매도자이다. 거래 대상인 특정자산을 기초자산, 미래의 거래시점을 만기일(또는 인도일), 미리 정한 가격을 선도가격(또는 인도가격)이라고 부른다. 기업이 자주 이용하는 선도계약으로 외환에 대한 선도계약인 선물환계약과 금리에 대한 선도계약인 금리선도계약이 있다. 두 거래당사자는 거래의 조건, 예를 들어 만기일, 선도가격, 기초자산의 특성과 인수·인도방법 등을 합의하에 미리 정한다.

선도거래의 수익형태가 어떠한지 예를 들어 살펴보자. A정유회사가 B원유생산업자로부터 6개월 후에 원유 1만 배럴을 배럴당 80달러에 매입하기로 하는 선도계약을 맺었다고 가정하자. 이 경우 정유회사와 원유생산업자는 6개월 후에 유가가 오르든 떨어지든 관계없이 계약시점에 약정한 대로 거래를 이행해야 한다.

매입자인 정유회사는 6개월 후에 유가가 미리 정한 거래가격인 80달러보다 오르는 경우 이득을 얻고, 떨어지는 경우 손실을 입는다. 반대로 매도자인 원유생산업자는 6개월 후에 유가가 80달러 아래로 떨어지는 경우 이득을 얻으며, 상승하는 경우 손실을 입는다. 정유회사와 원유생산업자의 6개월 후의 수익형태를 그림으로 나타내면 〈그림 14-1〉과 같다.

〈그림 14-1〉에서 보는 것처럼 선도 매입자인 정유회사는 미래 유가가 상승하는 경우 이득을 얻으며, 반대로 선도 매도자인 원유생산업자

| 그림 14-1 • **정유회사와 원유생산업자의 6개월 후의 수익형태** |

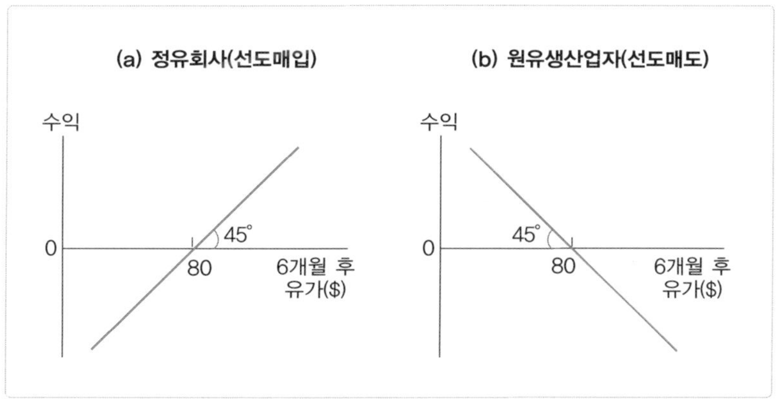

는 미래 유가가 떨어지는 경우 이득을 얻는다. 선도계약은 원칙적으로 거래당사자 간에만 그 효력을 갖는 사적 계약이기 때문에 거래당사자가 손실을 보게 될 경우 계약을 이행하지 않을 유인이 존재한다.

이와 같이 선도 거래에서 거래상대방이 계약을 이행하지 않을 가능성을 계약불이행위험 또는 거래상대방위험이라 부른다. 계약불이행위험은 매입자와 매도자 모두에게 발생한다.

선물

선물 또는 선물계약은 거래내용과 조건을 표준화하여 시장성을 높인 선도계약이다. 대규모 거래가 이루어질 수 있는 선도계약에 대해 상품내용과 거래조건을 표준화하여 조직화된 거래소시장에서 거래를 할 수 있는데 이러한 선도계약을 선물계약, 단순히 줄여서 선물이라고 부른다. 즉 선도는 두 거래당사자 사이의 사적인 계약이나 선물은 주식이나 채권처럼 거래소에 상장되어 공개적으로 거래되는 상품이다. 선물 거래에서는 계약의 이행을 보증하는 여러 제도적인 장치가 마련되어 있어 선도에서와는 달리 계약불이행위험이 존재하지 않는다.

스왑

스왑은 두 거래당사자가 미리 약정한 방식에 따라 미래의 일정기간 동안 현금흐름을 서로 교환하기로 하는 계약이다. 앞서 살펴본 선도가 미래의 특정시점(만기일)에서만 현금흐름의 교환(선도가격과 기초자산의 만기일의 가격)이 발생하는 데 비해 스왑은 여러 기간에 걸쳐 현금흐름의 교환이 발생한다. 따라서 스왑은 만기가 서로 다른 여러 선도계약이 결합된 포트폴리오로 해석할 수 있다. 스왑은 선도와 마찬가지로 장외시장에서 거래되며 두 거래당사자의 특성을 반영하여 거래조건이 결정되는 사적 계약이다. 따라서 선도에서와 마찬가지로 두 거래당사자 모두에게 계약불이행위험이 존재한다.

옵션

옵션은 미리 정한 가격으로 정해진 기간 안에 기초자산을 사거나 팔 수 있는 권리가 부여된 증권이다. 살 수 있는 권리가 부여된 옵션을 콜옵션call option이라 하고, 팔 수 있는 권리가 부여된 옵션을 풋옵션put option이라 하며, 미리 정한 가격을 행사가격이라고 한다. 옵션은 특정 자산을 미리 정한 조건대로 거래할 수 있는 권리이다. 선도나 선물의 경우 계약이 성립되면 미래시점에 계약내용대로 이행해야 하는 의무가 발생하지만, 옵션은 권리이므로 옵션소유자는 계약이행의 의

무를 부담하지 않는다.

예를 들어 앞으로 6개월 후에 삼성전자 주식을 80만 원에 살 수 있는 콜옵션이 있다고 가정하자. 이 콜옵션은 거래해야 할 의무가 아니라 거래할 수 있는 권리이기 때문에 옵션매입자는 언제든지 그 권리를 포기할 수 있다. 6개월 후에 삼성전자의 주식가격이 100만 원으로 상승한다면 옵션매입자는 이 옵션을 행사하여 20만 원의 이익을 얻을 것이다. 그러나 만일 주가가 60만 원으로 하락한다면 옵션매입자는 옵션을 행사하는 것이 오히려 손해이므로 옵션을 포기한다.

한편, 같은 조건의 풋옵션매입자는 6개월 후에 주가가 행사가격 아래로 떨어질 때 옵션행사를 통하여 이익을 얻는다. 주가가 행사가격 이상으로 상승한 경우에는 풋옵션매입자는 옵션을 행사하는 것보다는 시장가격에 주식을 파는 것이 유리하므로 옵션 행사를 포기한다. 옵션매도자는 옵션매입자와 정확히 반대의 위치에 서게 된다. 〈그림 14-2〉에 삼성전자 주식에 대한 콜옵션과 풋옵션의 만기일의 수익형태를 나타냈다.

〈그림 14-2〉에서 보는 것처럼 옵션매입자는 미래의 주가를 보고 옵션의 행사 여부를 결정한다. 콜옵션의 경우 미래주가가 60만 원인 경우는 옵션 행사가 불리하므로 권리를 포기하며, 미래주가가 100만 원인 경우는 옵션 행사를 통해 이득을 얻을 수 있으므로 권리를 행사한다. 이처럼 매입자에게 있어 옵션은 권리이지 의무가 아니므로 계약시점에서 옵션매도자에게 이러한 권리의 대가로 일정한 비용을 지불해야 한다. 이를 옵션프리미엄 또는 옵션가격이라 한다. 옵션매도자는 옵션매입자에게 권리를 넘겨주는 대가로 프리미엄을 받는다.

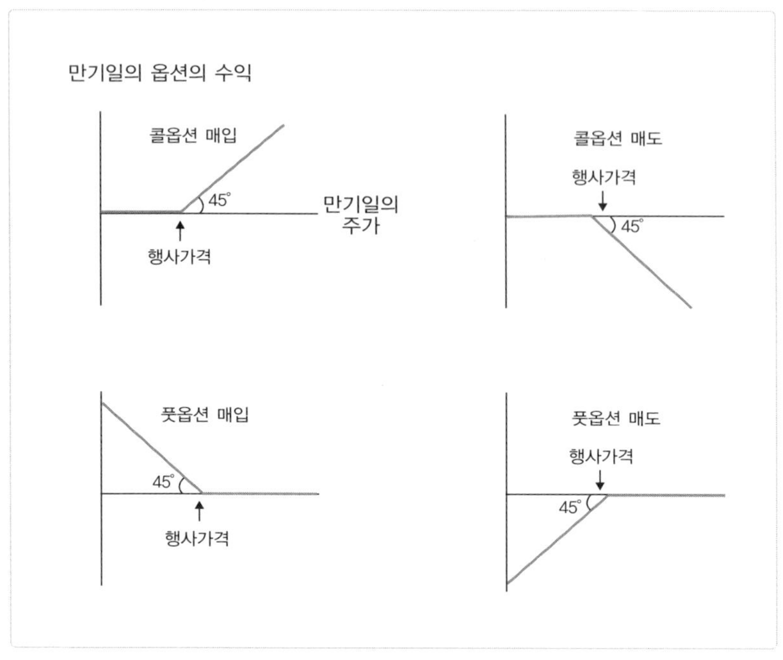

2 대표적인 위험관리 기법

위험관리란 기업 또는 투자자가 목표로 하는 위험수준에 맞추어 현물시장에서 취하고 있는 포지션의 위험을 줄이거나 높이는 활동이다.[31] 선도, 선물, 옵션, 스왑 등의 파생상품은 투자자의 이러한 욕구를 충족시킬 수 있는 매우 효과적인 수단이다. 예를 들어 보유 중인 포트폴리오의 위험수준이 너무 낮다고 판단하는 투자자는 선물을 매입함으로써 위험을 높일 수 있다. 또 포트폴리오의 위험수준이 너무 높다고 판단하는 투자자는 선물을 매도함으로써 위험을 낮출 수 있다.

대표적인 위험관리기법인 분산투자, 헤지, 보험, 칼라, 투기에 대해 살펴보고 그 특성을 비교해보자.

분산투자

투자자금을 한 종류의 자산에 집중하여 투자하지 않고 여러 자산에 골고루 투자하여 위험을 줄이거나 없애려는 전략을 분산투자diversification라고 하고, 또 이렇게 함으로써 위험이 줄어드는 현상을 위험분산효과 또는 포트폴리오 효과라고 했다(8장 참조). 여러 자산에 분산투자할 때 위험이 줄어드는 것은 자산들의 가격변동이 서로가 서로를 상쇄하기 때문이다.

자산들의 가격변동이 완전한 양(+)의 상관관계(즉 +1의 상관계수)를 갖지 않는 한 이러한 상쇄작용은 항상 일어나며, 상관관계가 낮을수록, 즉 −1에 가까울수록 더욱 강하게 나타난다. 따라서 분산효과를 극대화하려면 상관관계가 낮은 자산들을 결합하는 것이 중요하다.

분산효과는 또한 포트폴리오를 구성하는 종목수가 커질수록 크게 나타난다. 종목수가 커질수록 상쇄작용의 횟수가 증가하여 포트폴리오 전체의 변동성을 줄여주기 때문이다. 그러나 종목의 수를 늘린다고 해서 위험을 완전히 제거할 수 있는 것은 아니다. 구성종목의 수를 늘려서 얻게 되는 분산효과에는 한계가 있다. 분산투자를 통해 줄일 수 있는 위험을 비체계적 위험이라고 하였고, 분산효과의 한계로 인하여 더 이상 줄일 수 없는 위험을 체계적 위험이라고 했다.

헤지

헤지 또는 헤징hedging은 분산투자와 마찬가지로 가격변동으로부터 발생하는 위험을 줄이거나 없애려는 투자전략이다. 이런 거래를 하는 투자자를 헤저hedger라고 부른다. 헤지에서 가격위험에 노출된 포지션, 즉 헤지 전의 포지션을 헤지대상이라고 하고 또 헤지대상의 위험을 없애기 위한 수단을 헤지수단이라고 한다. 헤지대상과 헤지수단을 합해 헤지포지션을 구성하게 된다. 헤지의 목적은 가격변동에도 불구하고 헤지포지션의 가치를 일정수준에서 유지하거나 또는 그 변동성을 최소화하는 것이다.

분산투자에서는 가격변동의 상관관계가 낮은 자산들에 동일 포지션을 취하여 위험의 상쇄효과를 얻으려고 하는 반면, 헤지는 가격의 상관관계가 높은 자산들에 포지션을 달리하여 위험상쇄효과를 얻으려고 한다. 즉 헤지대상과 헤지수단의 포지션은 반대가 되어야 하며, 가격변동의 상관계수가 +1에 가까울수록 헤지는 효과적이다. 따라서 헤지수단을 선택할 때 가장 중요한 고려사항은 헤지대상과의 가격움직임의 상관관계가 어떠한지를 파악하는 일이다. 현물의 가격위험을 없애기 위해 흔히 선물계약을 헤지수단으로 이용하는데, 이는 바로 현물가격과 선물가격이 같은 방향으로 밀접하게 움직이기 때문이다.

헤지수단으로 선물을 이용하여 헤지포지션을 구성하는 방법을 살펴보자. 앞으로 물건을 매입하려는 사람은 물건의 미래가격이 올라가면 손실을 보고, 현재 물건을 소유하고 있는 사람은 물건의 미래가격이 내려가면 손실을 입게 된다. 이때 선물을 매입하거나 매도해서

| 표 14-1 · 매입헤지와 매도헤지의 포지션 |

헤지의 종류	현 물	선 물
매입헤지	공매포지션(short)[32]	매입포지션(long)
매도헤지	매입포지션(long)	매도포지션(short)

이러한 가격변동의 위험을 제거할 수 있다. 헤지의 방법은 현물포지션과 반대방향의 선물포지션을 취하는 것이며, 매입헤지long hedge와 매도헤지short hedge로 나뉜다. 〈표 14-1〉은 매입헤지와 매도헤지에서 현물과 선물의 포지션을 나타낸다.

[예제 1] 헤지포지션의 구성과 수익

금을 생산하는 ㈜금왕이라는 회사가 있다. 다음 기의 금 온스당 가격은 250달러 또는 450달러가 될 가능성이 각기 40%와 60%이다. 이 회사는 100만 온스의 금을 생산하며 1년의 영업활동 후에 청산한다. ㈜금왕은 자기자본만으로 구성된 기업이며 세금이나 기타의 비용은 없다고 가정한다. 현재 시장에서 금에 대한 선물을 이용할 수 있으며 1년 만기 선물의 선물가격은 온스당 350달러라고 한다. ㈜금왕이 1년 후 금 판매가격의 변동위험을 헤지하려고 한다. 어떤 거래가 필요할까?

[풀이]

㈜금왕은 기말에 100만 온스의 금을 보유한다. 따라서 미래판매가격의 변동위험을 없애기 위해서는 금선물을 현물포지션과는 반대로 매도해야 한다. 즉 1년 후에 금 100만 온스를 온스당 350달러에 팔

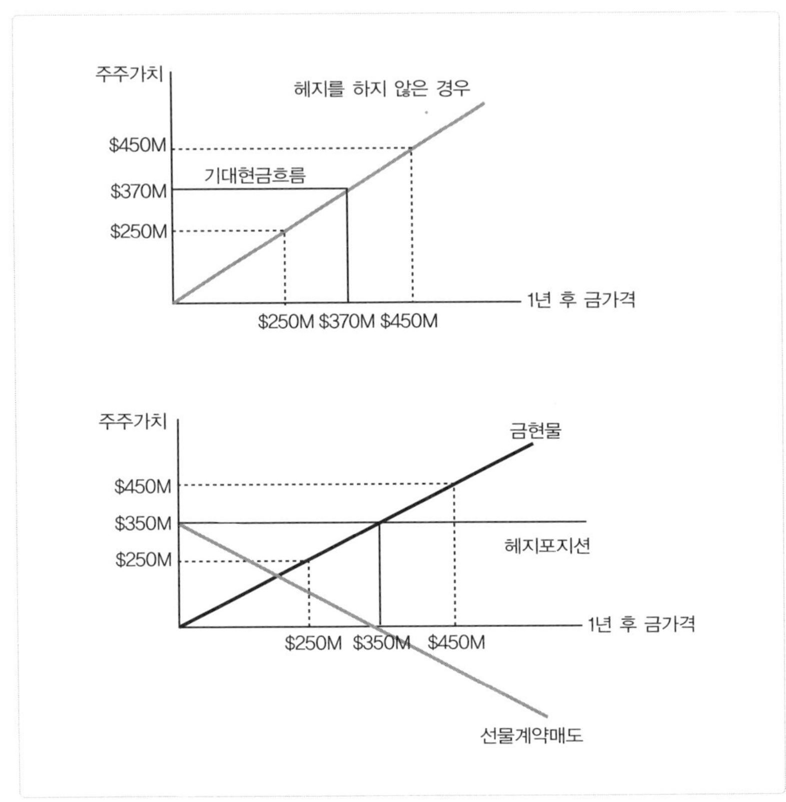

| 그림 14-3 · ㈜금왕의 헤지 전과 헤지 후의 수익형태 |

기로 계약을 체결한다. 헤지를 하지 않은 경우와 헤지를 한 경우의 기말의 수익형태를 그림으로 나타내면 〈그림 14-3〉과 같다.

〈그림 14-3〉에서 보는 것과 같이 헤지를 하기 전의 기업가치(주주가치)는 250M달러 또는 450M달러이며, 기댓값은 370M달러(=250M×0.4+450M×0.6)이다. 반면, 선물을 매도하여 헤지포지션을 구성한 경우에는 미래의 금가격이 하락하여 현물보유에서 손실이 발생하는 경우 선물매도에서 얻는 수익이 이를 상쇄한다. 반대로 금가격이 상

승하여 현물보유에서 이익이 발생하는 경우에는 선물매도에서 손실이 발생하여 이를 상쇄한다. 따라서 어느 경우에든 ㈜금왕이 얻을 수 있는 수익은 선물가격에 매도한 경우에 얻는 350M달러이므로 일정하다.

보험

보험은 전통적인 위험관리기법으로서 헤지와 마찬가지로 위험을 줄이고자 하는 전략이다. 보험에서 가격위험에 노출된 포지션, 즉 보험 전의 포지션을 보험대상이라고 하고 또 보험대상의 위험을 줄이기 위한 수단을 보험수단이라고 한다. 보험대상과 보험수단을 합하여 보험포지션을 구성하게 된다.

보험의 목적은 가격변동으로 인해 포지션의 가치가 하락할 때 입게 되는 손실을 일정수준에서 막아주면서downside protection, 가격변동으로 인해 포지션의 가치가 상승할 때 얻을 수 있는 이익의 기회upside potential도 추구하자는 것이다. 헤지가 모든 위험을 없애고자 하는 전략이라면, 보험은 하방위험downside risk을 없애고자 하는 전략이라고 할 수 있다.

금융거래에서 전통적인 보험상품 대신 보험수단으로 흔히 이용되는 것이 옵션이다. 콜옵션은 가격이 상승할 때 발생하는 손실을 보전하는 동시에 가격이 하락하면 이익을 볼 수 있게 한다. 풋옵션은 가격이 하락할 때 발생하는 손실을 보전하는 동시에 가격이 상승하면 이익을 볼 수 있게 한다.

예를 통해 살펴보자. 어떤 사람이 10억 원짜리 주택을 소유하고 있다고 하자. 그런데 화재가 발생하여 이 주택이 모두 타버리면 주택 소유주는 10억 원의 손실을 입게 된다. 그렇지만 주택 소유주가 화재보험에 가입했다면 보험회사가 보험금을 지불할 것이므로 손실을 막을 수 있다.

한편, 어떤 투자자가 주당 100만 원에 거래되는 삼성전자주식을 1,000주 가지고 있다 하자. 만일 삼성전자가 도산하면 주가는 0이 되어 투자자는 10억 원의 손실을 입게 된다. 그렇지만 이 투자자가 삼성전자주식을 주당 100만 원에 팔 수 있는 풋옵션을 매입했다면, 삼성전자가 도산하더라도 풋옵션을 행사하여 손실을 막을 수 있다.

위 두 예에서 보면 풋옵션은 화재보험증서와 똑같은 역할을 하여 자산의 가치하락에 따른 손실을 막아준다. 따라서 풋옵션매입자는 화재보험 가입자에, 풋옵션매도자는 화재보험을 파는 보험회사에 비유될 수 있다. 보험회사가 보험료를 받고 보험가입자의 위험을 떠맡듯이, 옵션매도자는 옵션프리미엄을 받고 옵션매입자의 위험을 떠맡는다. 이러한 의미에서 옵션거래는 위험을 이전하는 거래라고 할 수 있다.

[예제 2] 매도헤지와 풋옵션

풋옵션의 보험기능을 선물을 이용한 매도헤지의 경우와 비교해보자. 앞의 예에서 삼성전자 주식 1주를 보유하고 있는 투자자가 삼성전자 주식에 대한 선물 1계약을 105만 원에 매도했다고 하자. 이 경우 투자자는 미래 주가가 오르고 내리는 것에 관계없이 105만 원을 확보할 수 있어 주가위험을 완전히 없앨 수 있다.

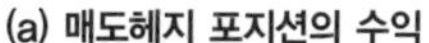

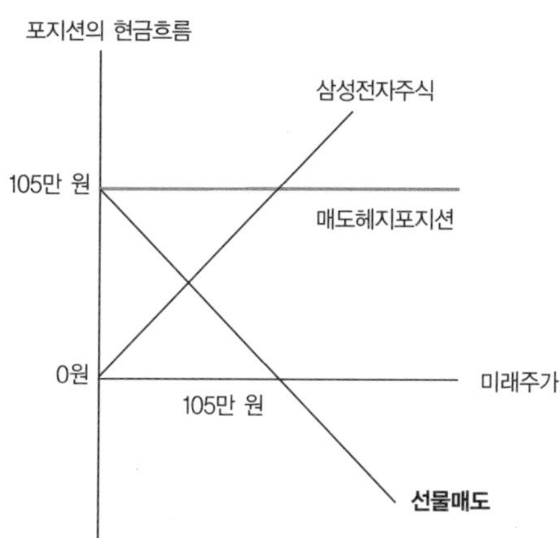

(a) 매도헤지 포지션의 수익
포지션의 현금흐름
삼성전자주식
105만 원
매도헤지포지션
0원
미래주가
105만 원
선물매도

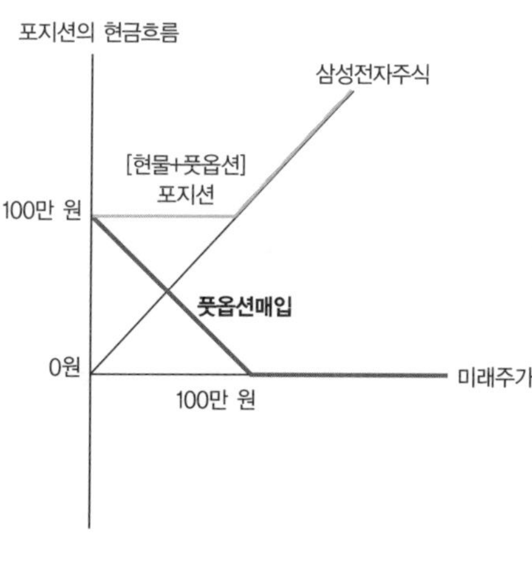

(b) 보험 포지션의 수익
포지션의 현금흐름
삼성전자주식
[현물+풋옵션]
포지션
100만 원
풋옵션매입
0원
미래주가
100만 원

반면 풋옵션을 1계약 매입하면, 미래에 주식가격이 100만 원 아래로 떨어지더라도 옵션행사를 통해 100만 원의 수익을 확보할 수 있다. 주가가 100만 원 위로 올라가면 풋옵션을 행사할 이유가 없으며 주식가격 상승에 따른 이익을 얻을 수 있다. 즉 풋옵션을 이용하면 주가하락에 따른 손실을 막아주면서 주가상승에 따른 이익을 향유할 수 있다. 이를 그림으로 나타내면 〈그림 14-4〉와 같다.

[예제 3] 매입헤지와 콜옵션

풋옵션이 자산가격의 하락에 따른 손실을 막아주는 기능을 한다면, 콜옵션은 자산의 가격상승으로부터 입는 손실을 막아준다. 예를 들어 현재의 원/달러 환율이 1,000원인 상황에서 중동으로부터 원유를 수입한 ㈜현대가 수입대금을 2개월 후에 달러로 결제하기로 했다고 하자. 2개월 후에 원/달러 환율이 상승하면 달러를 매입하는 비용이 커져서 손실을 입게 된다. 이 경우 ㈜현대가 달러당 행사가격이 1,000원인 달러화에 대한 콜옵션을 매입해둔다면 환율상승시 콜옵션의 행사를 통해 달러의 매입비용이 증가하는 것을 막을 수 있다.

이러한 콜옵션의 보험기능을, 선물을 이용한 매입헤지의 경우와 비교해보자. 이번에는 ㈜현대가 수입대금 1달러에 대하여 달러선물 1계약을 1,020원에 매입했다고 하자. 이 경우 환율의 변동에 관계없이 투자자는 달러당 1,020원에 매입비용을 고정시킬 수 있다. 반면 콜옵션을 매입하는 경우 환율이 1,000원 위로 오르더라도 콜옵션을 행사하여 1달러를 1,000원에 매입할 수 있다. 환율이 1,000원 아

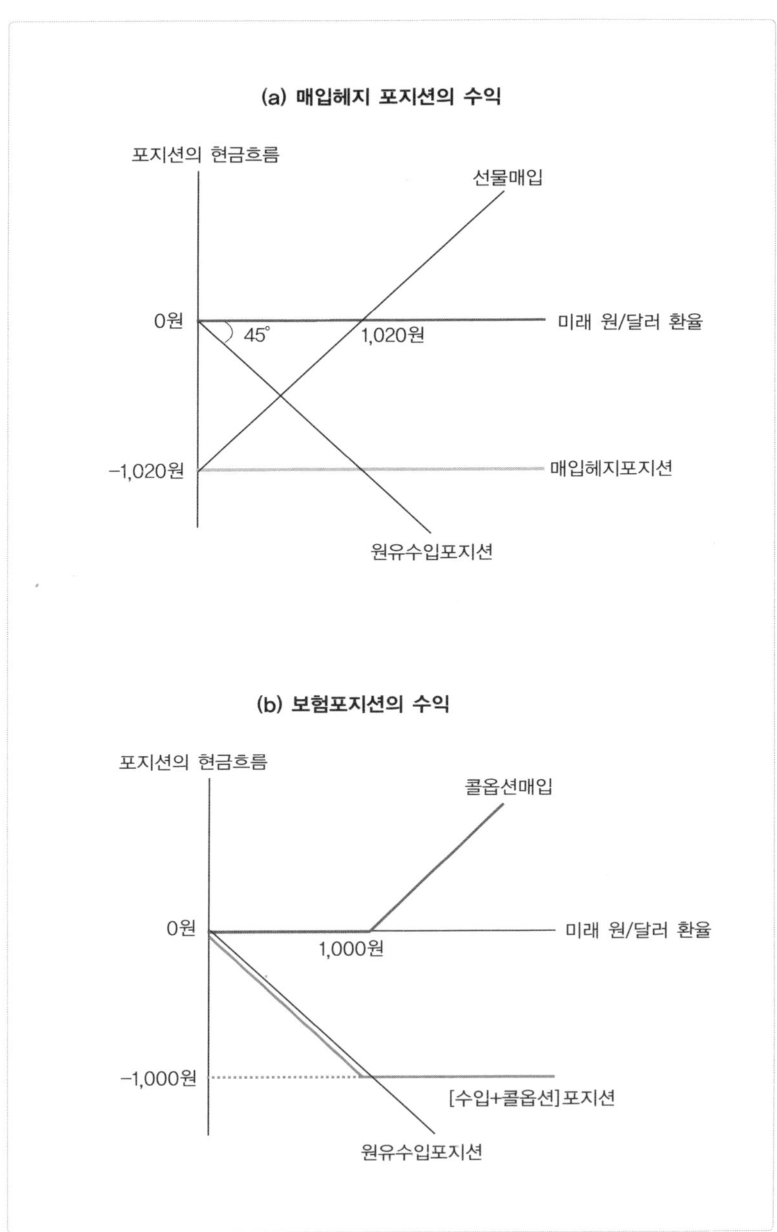
(a) 매입헤지 포지션의 수익
포지션의 현금흐름
선물매입
0원
45°
1,020원
미래 원/달러 환율
−1,020원
매입헤지포지션
원유수입포지션
(b) 보험포지션의 수익
포지션의 현금흐름
콜옵션매입
0원
1,000원
미래 원/달러 환율
−1,000원
[수입+콜옵션]포지션
원유수입포지션

래로 떨어지면 콜옵션행사를 할 이유가 없으며 낮은 환율에 달러를 매입함으로써 환율하락에 따른 이익을 얻을 수 있다. 즉 콜옵션을 이용하면 환율상승에 따른 손실을 막아 주면서 환율하락에 따른 이익을 향유할 수 있다. 이를 그림으로 나타내면 〈그림 14-5〉와 같다.

보험은 헤지에 비해 손실이 발생하는 위험만을 없애준다는 점에서 매우 매력적인 위험관리수단이다. 그러나 보험은 헤지보다 비용이 많이 든다는 단점이 있다. 헤지수단으로 많이 이용되는 선물의 계약비용이 0인 데 비해, 보험수단으로 많이 이용되는 옵션의 계약비용 (즉 옵션가격)은 0보다 크다는 사실이 이를 말해준다.

칼라

앞의 보험전략에서 콜옵션이나 풋옵션의 구입에 따른 비용을 언급했다. 칼라collar는 보험전략에 소요되는 비용을 절약하기 위해 보험수단인 옵션을 매입하되 이때 발생하는 매입비용을 조달하기 위해 유형이 다른 옵션을 매도하는 전략을 말한다. 예를 들어 보험포지션을 구성하기 위해 풋옵션을 매입한다면, 매입비용의 일부 또는 전부를 콜옵션을 매도하여 조달한다는 것이다. 이럴 경우 가격변동으로 인해 포지션의 가치가 하락할 때 입게 되는 손실은 보전되지만, 가격변동으로 인해 포지션의 가치가 상승할 때 얻을 수 있는 이익에는 한계가 있게 된다.

칼라전략에서 매입하는 옵션과 매도하는 옵션의 프리미엄이 같도록 옵션의 행사가격을 결정하여 보험에 소요되는 비용을 0으로 만드는 전략을 무비용칼라zero-cost collar라고 부른다.

[예제 4] 무비용칼라의 수익형태

㈜PT는 최근 새로 인수한 유전에서 예상되는 천연가스 생산량에 대한 헤지를 시작했다. 이 회사는 무비용칼라를 구성하여 최저판매가격이 1,000세제곱 피트당 3.50달러를 유지하도록 하였고, 가격 상승시에는 1,000세제곱 피트당 5.26달러까지 얻을 수 있도록 했다. 달리말해 행사격이 3.50달러인 풋옵션을 매입하고, 행사가격이 5.26달러인 콜옵션을 매도하여 무비용칼라를 구성했다. ㈜PT가 사용한 칼라전략의 수익형태에 대해 설명해보자.

[풀이]

콜옵션은 기초자산을 미리 정한 행사가격에 살 수 있는 권리이며, 풋옵션은 기초자산을 행사가격에 팔 수 있는 권리이다. 따라서 콜옵션매도포지션과 풋옵션매입포지션의 결합인 칼라의 수익형태는 〈그림 14-6〉의 (a)의 실선부분과 같다. ㈜PT는 기초자산(가스)을 보유하고 있다. 그리고 이 기초자산의 가격변동위험을 없애기 위하여 칼라를 구성했으므로 기초자산포지션과 칼라포지션을 결합하면 만기일의 수익형태는 〈그림 14-6〉의 (b)와 같다. 그림에서 S_0는 기초자산의 현재가격을, K_P는 풋옵션의 행사가격을, 그리고 K_C는 콜옵션의 행사가격을 나타낸다.

그림에서 보는 것처럼 칼라를 이용하여 헤지한 후의 만기일의 손익형태는 다음과 같다.

- 기초자산 가격이 아무리 하락하더라도 최대손실은 [기초자산의

| 그림 14-6 • 칼라, 기초자산, 그리고 [기초자산+칼라]의 수익형태 |

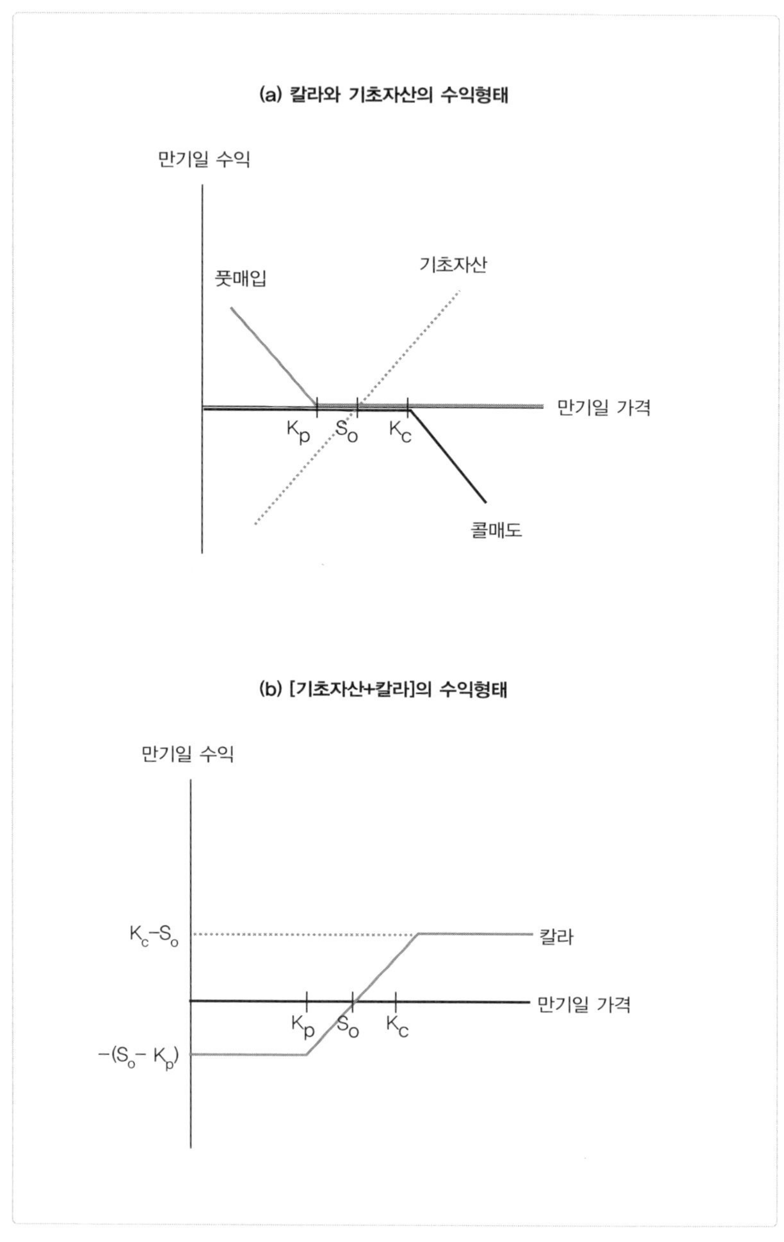
(a) 칼라와 기초자산의 수익형태
만기일 수익
풋매입
기초자산
만기일 가격
K_p
S_o
K_c
콜매도
(b) [기초자산+칼라]의 수익형태
만기일 수익
$K_c - S_o$
칼라
만기일 가격
K_p
S_o
K_c
$-(S_o - K_p)$

현재가격−풋옵션행사가격]으로 제한된다. 달리 말해 만기일에 ㈜PT는 최소 풋옵션행사가격 3.50달러에 기초자산인 천연가스를 팔 수 있다.

- 기초자산 가격이 상승하는 경우에 얻을 수 있는 이익의 최대치는 [콜옵션행사가격−기초자산의 현재가격]으로 제한된다. 달리 말해 만기일에 ㈜PT는 기초자산을 콜옵션행사가격 5.26달러에 팔아야 하는 의무를 부담한다.
- 만기일의 기초자산 가격이 현재가격과 같은 경우 ㈜PT의 손익은 0이다.

투기

투기는 미래의 가격움직임을 예측하고 이를 이용하여 이익을 얻으려는 거래행위를 말한다. 이런 거래를 하는 투자자를 투기자라고 부른다. 투기는 높은 위험을 부담하고 그에 대한 대가로 상당한 보상을 기대하는 활동이라고 할 수 있다. 가격 움직임에 대한 예상이 맞을 경우 큰 이익을 얻을 수 있으나 예상이 틀릴 경우 큰 손실을 입을 수 있다.

파생상품 거래에서 기초자산에 대한 거래 없이 선물이나 옵션을 한 방향으로 거래하는 것이 대표적인 예이다. 예를 들어 미래에 주가가 상승할 것을 예상하고 주식에 대한 선물을 매입할 경우, 예상이 적중하면 이익을 얻지만 예상이 빗나가면 큰 손실을 입을 수 있다. 따라서 현재의 위험수준이 목표로 하는 위험수준에 비추어 너무 낮다고 판단하는 투자자는 선물을 매입함으로써 위험수준을 높일 수 있다. 반면에 현물을 보유한 투자자가 선물을 매도하는 경우 위험수준을 낮출 수 있다.

[예제 5] 앞서의 [예제 1]에서 ㈜금왕이 미래 금가격의 변동위험에 대한 노출을 늘리기를 원한다고 하자. 이를 위해 ㈜금왕은 100만 온스에 대한 금선물을 매입했다. 선물가격은 온스당 350달러이다. 선물 매입 전과 매입 후의 ㈜금왕의 기말의 수익분포를 비교해보자.

구분		금가격=$250	금가격=$450
선물매입 전	현물시장 선물시장	$250M –	$450M –
선물매입 후	현물시장 선물시장	$250M ($250−350)×100만 온스	$450M ($450−350)×100만 온스
	합계	$150M	$550M

위 표에서 보는 것과 같이 ㈜금왕의 애초의 미래수익의 분포는 상황에 따라 250M달러 또는 450M달러였다. 그러나 100만 온스에 대한 선물을 매입한 이후의 ㈜금왕의 미래수익의 분포는 150M달러 또는 550M달러로 그 변동성이 훨씬 커진 것을 확인할 수 있다.

파생상품시장에서는 투기목적의 거래가 많이 일어난다. 투기자와 투기자 사이에서도 거래가 일어날 수 있지만, 많은 경우 투기자는 위험부담을 원하지 않는 투자자, 즉 헤저 또는 보험수요자의 거래상대방이 되어준다. 헤저는 투기자에게 자신이 부담하고 싶지 않은 위험을 전가하며, 투기자는 그 위험을 부담하는 대가로 일정한 프리미엄

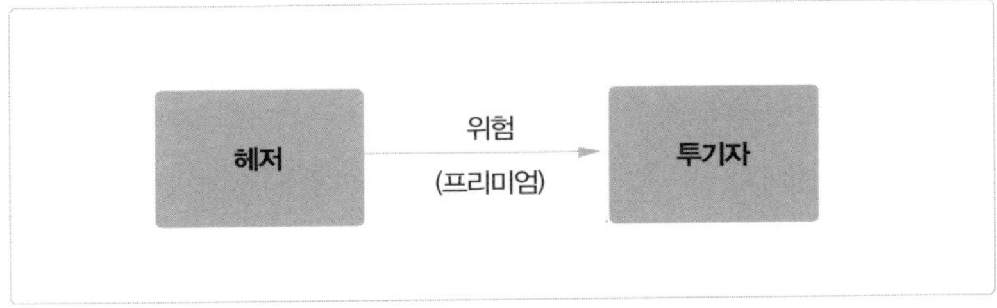

| 표 14-2 • 위험관리기법의 비교 : 분산투자, 헤지, 보험, 칼라, 투기 |

구분	위험의 감소				위험의 증가
거래전략	분산투자	헤지	보험	칼라	투기
대상위험	비체계적 위험	비체계적, 체계적 위험	손실발생 위험	손실발생 위험	비체계적, 체계적 위험
거래방법	상관관계가 낮은 자산들에 같은 방향으로 거래	기초자산과 상관관계가 높은 선물 등에 반대 방향으로거래	보험 수단으로서 옵션을 이용	콜옵션과 풋옵션을 반대방향으로 결합	선물, 옵션 등에 한 방향으로 거래

을 얻을 수 있다. 〈그림 14-7〉은 이러한 관계를 나타낸다. 투기자의 이런 역할은 시장에서 위험이 적정가격에 거래되는 것을 가능하게 한다. 또 이는 시장의 유동성을 높이고 시장참가자의 다양한 욕구를 보다 쉽게 만족시킬 수 있다.

지금까지 살펴본 위험관리기법의 특성을 비교하면 〈표 14-2〉와 같다.

3 어떤 회사가 헤지를 해야 할까

기업가치-헤지 무관련 이론

완전자본시장에서 자본구조와 기업가치가 관련이 없다는 자본구조 무관련이론은 헤지 활동과 기업가치 간의 관계에도 적용할 수 있다. 즉 기업의 자산구성에 영향을 미치는 헤지 활동(예를 들어 사업의 다각화, 다양한 통화로의 매출채권 구성 등)이 아닌 파생상품을 이용한 헤지 활동은 금융활동이므로 완전자본시장에서 이러한 헤지 활동은 기업가치에 영향을 미치지 못한다는 것이다.

완전자본시장에서는 기업이 어떤 헤지정책을 사용하느냐에 관계없이 투자자 스스로 주식과 파생상품을 결합하여 언제든지 헤지포지션을 만들어낼 수 있다(이를 homemade hedging이라 부른다). 이런 상황에서는 헤지를 한 기업의 가치와 헤지를 하지 않은 기업의 가치가 다르게 평가되는 경우 차익거래기회가 발생하며 결국 헤지 여부는 기업가치에 영향을 미치지 못한다.

그러나 현실시장에서 많은 기업들은 파생상품을 이용하여 위험관리를 하고 있다. 국제스왑·파상생상품협회ISDA의 조사자료나 많은 연구결과들은 세계시장에서 활동하는 대기업들의 경우 거의 대부분이 파생상품을 이용하여 이자율위험, 상품가격위험, 환위험 등을 헤지하고 있음을 보여주며, 국내시장에서 주로 활동하는 많은 중소기업들 역시 헤지 활동을 하는 것으로 나타난다.

이처럼 현실의 기업들이 MM이론과는 달리 파생상품을 이용하여 헤지 활동을 하는 이유는 무엇일까? 정말 헤지를 통해 기업가치를 증가시킬 수 있는 것일까?

헤지 활동이 기업가치에 도움을 줄 수 있도록 하는 요인들

현실시장은 MM의 가정과는 달리 불완전하다. 파산비용, 세금, 정보 비대칭 등 불완전한 시장요인들은 기업이 헤지 활동을 통해 기업가치를 높일 수 있도록 작용할 수 있다.

파산비용 등 재무적 곤경비용(financial distress costs)

MM의 세상과는 달리 현실시장에서는 파산비용이 존재한다. 부채를 사용하는 기업은 원리금을 상환하지 못할 위험, 즉 파산위험을 부담하며 부채 사용이 증가할수록 파산위험이 커져 기대파산비용이 증가한다. 그리고 부채 사용이 증가할수록 부채의 자본비용이 증가하며 대리비용 또한 발생한다. 이처럼 부채 사용에 따른 재무적 곤경비용이 존재하는 경우 헤지활동은 기업가치를 증가시킬 수 있다.

영업현금흐름의 변동이 큰 기업의 경우 성과가 안 좋은 시기에는 영업현금흐름이 상환해야 할 원리금보다 작을 수 있으며, 이 경우 추가자금조달이 이루어지지 못하면 기업은 파산한다. 그러나 헤지 활동을 통해 미래 영업현금흐름이 안정되는 경우 어느 시기든지 안정적으로 원리금 상환을 할 수 있고 결과적으로 파산위험을 없앨 수 있다. 따라서 경기변동에 따라 영업성과의 변동이 큰 기업 중 부채비중이 높은 기업은 헤지 활동을 통해 기대파산비용을 줄이고 기업가치를 증가시킬 수 있다.

세금(taxes)

현실시장에는 법인세와 개인소득세 등 세금이 존재하는데, 헤지 활동은 기업이 부담하는 세금을 줄여주는 효과를 갖는다. 법인세율이 누진적인 경우(예를 들어 2010년 현재 한국의 경우 2억 원까지는 10%, 2억 원 초과분은 20%), 영업성과의 변동이 큰 기업은 이익이 작은 해에는 세금을 적게 내나 이익이 큰 해에는 더욱 많은 세금을 내게 되어 불리하다. 예를 들어 어떤 기업이 올해에 0원, 내년에 4억 원의 이익이 실현된다면 이 기업이 부담하는 세금은 올해에 0원, 내년에 6,000만 원으로 총 6,000만 원이다. 그러나 헤지 활동을 통해 기업의 이익이 매년 평균 2억 원으로 안정된다면 이 기업이 부담하는 세금은 올해와 내년에 모두 2,000만 원으로 총 4,000만 원이다.

　또 헤지 활동을 통해 이익의 실현이 이연되고 세금 납부시기 또한 이연시킬 수 있다. 세금 납부시기가 이연될수록 세금의 현가가 작아지므로 기업가치는 증가한다.

부채수용능력(debt capacity)

헤지 활동을 통해 영업현금흐름이 안정되는 경우 채권자의 평가가 좋아지고 기업의 신뢰도가 높아져 부채수용능력이 커지고 부채 사용에 따른 감세효과 또한 커지는 이점이 있다. 이에 따라 헤지 활동 후 기업의 신용등급이 상향될 수 있다.

홈메이드 헤징의 어려움과 헤지 비용

MM은 주주들이 스스로 알아서 헤지를 할 수 있다고 전제한다. 그러나 현실시장에서 많은 주주들은 자신의 투자포지션에 대해 헤지를 하지 못한다(헤지 방법에 대한 무지, 이용 가능한 헤지 수단의 부재, 기업과 개인의 헤지 비용의 비대칭성 등). 이 경우 기업의 헤지 활동은 주주에게 도움을 줄 수 있으며 기업가치를 증가시킬 수 있다.

손쉽고 분명한 성과평가 : 정보비대칭의 해소

경영자의 성과는 기업의 실적에 기초해 이루어진다. 그러나 기업실적은 경영자의 경영능력에 의해서만 결정되는 것이 아니라 이자율, 환율, 상품가격 등 거시환경요인의 불확실성에 크게 좌우된다. 헤지 활동을 통해 이러한 외부환경요인의 영향을 통제하는 경우 경영자의 성과평가가 보다 손쉽고 분명하게 이루어질 수 있다. 이는 기업내용에 대한 경영자와 외부투자자 사이의 정보비대칭이 헤지 활동에 의해 일정부분 해소될 수 있음을 의미한다. 정보비대칭의 해소는 기업에 대한 시장의 평가에 긍정적인 요인으로 작용한다.

헤지 활동이 기업가치에 부정적으로 작용하도록 하는 요인들

한편, 헤지 활동이 기업가치에 마이너스(−) 요인으로 작용할 가능성도 있다.

적절한 헤지 비율의 결정문제

일반적인 기업에서 헤지 대상은 향후 일정기간 영업활동에서 생산하는 상품이다. 그러나 이 생산량은 생산설비의 가동수준과 재고보유량, 상품가격 등 여러 요인에 영향을 받는다. 따라서 기업이 헤지

대상으로 평가한 물량과 실제 생산량이 달라질 가능성이 언제나 존재한다. 이 경우 적정하지 않은 수량의 파생상품계약(헤지 비율)이 이루어질 수 있고 이에 따라 손실이 발생할 수 있다.

모형위험(model risk)

기업은 헤지 비율 결정을 위해 상품가격이 변동할 때 기업의 주가(또는 기업가치)가 얼마만큼 영향을 받는지를 특정한 모형을 이용하여 평가해야 한다. 그러나 사용된 모형이 적정한지 또 과거자료를 이용하여 추정한 모형추정치가 미래에도 지속될지에 대해 불확실성이 존재한다.

복잡한 파생상품 회계처리 및 세무 문제

파생상품에 대한 회계처리와 세무는 현재까지도 통일되어 있지 않으며 명확한 지침이 마련되어 있지도 못하다. 이에 따라 제도 및 법규상의 위험이 상존하고 있다.

상품가격의 상승에 따른 이익의 상실

무엇보다 중요한 문제는 헤지 활동을 통해 기업이 상품가격이 하락하는 경우에 발생할 수 있는 손실은 통제할 수 있지만, 그 반면에 상품가격이 상승하는 경우에 얻을 수 있는 이익을 포기해야 한다는 점이다. 예상과 달리 상품가격이 상승하는 경우 헤지를 하지 않은 경우에는 큰 이익을 얻을 수 있지만 헤지를 한 경우에는 그러한 이익을 얻을 수 없다.

4 영업 헤지와 전사적인 위험관리 시스템 구축

지금까지 살펴본 것과 같이 헤지를 할 것인지 아니면 말 것인지는 기업이 처한 상황과 특성에 따라 결정되어야 하는 선택의 문제이다. 헤지 활동이 기업가치를 어느 경우에나 증가시키는 것은 아니며, 때에 따라서는 상당한 비용을 수반할 수 있다.

따라서 기업이 헤지 활동을 어떻게 수행할 것인지는 앞서 논의된 여러 요인들을 면밀히 검토하여 이루어져야 한다. 또 파생상품 외의 헤지 수단(자본구조정책, 자산구성 등)을 이용하여 영업활동과정에서 자연스레 헤지가 이루어지도록 할 필요가 있다. 무엇보다 중요한 것은 위험관리활동에 대한 경영자의 분명한 인식과 전사적인 위험관리 시스템 구축이다.

15장

순현가법의 한계와 보완

| 학습목표 |

- 전통적인 순현가법의 문제점을 살펴본다.

- 실물옵션의 의미와 종류에 대해 살펴본다.

- 실물옵션을 반영하여 투자결정하는 방법을 알아본다.

- 허들 레이트Hurdle Rate의 의미와 사용 이유에 대해 살펴본다.

| 핵심개념 체크 |

경영자는 경영환경이 변화하는 경우 최초의 투자결정을 수정할 수 있다. 경영자가 갖는 이러한 수정기회는 투자안의 가치에 어떤 영향을 미칠까?

투자결정에서 전통적인 순현가법은 투자안의 현금흐름과 할인율에 관련된 변수들의 미래 확률분포가 처음 투자를 결정할 때 예측되었던 것과 다르지 않다고 가정한다. 따라서 경영자는 최초의 투자결정 후 상황변화에 따른 투자전략의 변경을 고려할 필요가 없으며, 처음 투자결정을 내릴 때의 상황이 계속해서 유지된다고 가정한다. 그러나 미래의 상황은 처음 투자를 결정할 때 예측되었던 상황과는 다르게 변화할 수 있으며, 경영자는 이러한 상황변화를 반영하여 이어지는 의사결정을 변경할 수 있다. 즉 상황의 변화에 대응하여 이익창출의 가능성을 크게 하고 손실 가능성이 제한되도록 투자전략을 수정함으로써 투자안의 가치를 증가시킬 수 있다.

예를 들어 경영자는 순현가가 0보다 크더라도 미래 경영환경이 불확실한 경우 불확실성이 해소될 때까지 투자결정을 연기할 수 있다. 또 경영자는 투자안을 오늘 집행한다고 하더라도 미래의 환경 변화에 따라 투자규모를 확대하거나 사업을 축소할 수 있다. 경우에 따라서는 사업을 완전히 포기하고 매각하는 방안을 고려할 수도 있다.

다른 한편으로 현재의 투자안이 수익을 내지는 않지만 미래의 새로운 사업과 연결되어 가치를 창출할 수 있다면 이 투자를 집행할 수 있다. 예를 들어 저급기술을 획득하기 위한 R&D투자는 그 자체로서 의미를 가질 뿐만 아니라 그 기술을 바탕으로 하여 보다 높은 수준의 고급기술을 개발하는 출발점이 될 수 있다.

경영자가 갖는 이러한 투자전략의 수정기회와 투자안에 내재된 옵션을 실물옵션이라 한다. 따라서 이를 반영하면 투자안의 가치는 다음과 같이 수정되어야 한다.

투자안의 가치=전통적 순현가법에 의한 가치+실물옵션의 가치   (15.1)

투자결정과 관련하여 경영자는 기본적으로 6장에서 살펴본 대로 순현가가 0보다 큰 투자안을 선택하고 순현가가 0보다 작은 투자안은 기각함으로써 기업가치를 극대화하는 투자를 할 수 있다. 그러나 기업의 경영환경은 처음 투자결정을 내린 이후에도 계속해서 변화하며, 경영자는 상황변화를 반영하여 최초의 투자전략을 수정할 수 있다.

이러한 상황에서 순현가법은 언제나 최적의 의사결정을 가져올까?

경영자가 갖는 투자전략의 수정기회를 실물옵션real option이라 한다. 전통적인 순현가법에서는 실물옵션을 반영하지 않는다. 그러나 경영자가 투자전략을 수정할 수 있는 기회를 갖는 경우 투자결정은 실물옵션이 반영되어 이루어져야 한다. 또 자원제약이 있는 경우 투자결정은 보유자원의 배분효과가 극대화되도록 이루어져야 한다. 이러한 상황에서는 허들 레이트가 유용하게 이용될 수 있다.

1 실물옵션의 예

현실시장에는 다양한 실물옵션이 존재한다. 다음에서는 대표적인 예로 투자의 연기옵션과 포기옵션을 살펴본다.[33]

연기옵션

기업은 투자에서 예상되는 미래현금흐름의 현재가치를 계산하고 이를 투자비용과 비교하여 투자안을 평가한다. 이때 기업은 투자비용을 행사가격으로 하고 미래현금흐름의 현재가치를 기초자산가치로 하는 콜옵션을 가지고 있는 것으로 생각할 수 있다. 기업이 지금 당장 투자결정을 한다는 것은 콜옵션을 행사하여 투자비용을 지불하고 현금흐름의 현재가치를 받는 것과 같다. 전통적인 순현가법의 기준을 따르면 순현가가 0보다 크다면 기업은 지금 바로 투자해야 한다. 그러나 투자결정을 콜옵션으로 이해한다면 문제가 그리 간단하지만은 않다.

특정 투자안의 경우 순현가가 0보다 크다고 하더라도 오늘 당장 투자를 집행할 필요가 없는 경우가 있다. 기업은 투자를 연기했다가 향후 경기가 좋아지면 투자하고, 경기가 계속해서 부진하면 투자를 포기할 수 있다. 이렇게 투자시점을 뒤로 미룰 수 있는 선택권을 '투자안의 연기옵션'이라고 한다. 물론 기업이 무한정 투자를 연기할 수는 없다. 경쟁기업이 먼저 진입하거나 시간이 지남에 따라 보유기술이 낙후되면 미래현금흐름이 감소하는 위험을 부담해야 한다. 그러나 이러한 위험요인들을 고려하더라도 기업이 투자를 연기할 수 있는 옵션을 가지고 있다면 이는 투자안의 가치에 반영되어야 한다.

[예제 1] 이항옵션가격결정모형을 이용한 연기옵션의 평가
기업 A가 새로운 투자안을 검토하고 있다. 기업 A가 평가한 사업계획은 다음과 같다. 1년 후에 경기가 좋으면 180억 원의 수익이 발생하고 경기가 나쁘면 50억 원의 수익이 발생한다. 각각의 확률은 0.5이다. 이 투자안의 위험을 감안한 위험조정할인율은 15%이고 무위험이자

율은 6%이다. 이 사업을 시행하는 데 필요한 투자비용은 90억 원이
다. 이 기업은 지금 당장 투자하는 대신 1년 동안 기다린 후 경기가
좋으면 투자하고 경기가 나쁘면 투자를 포기할 수도 있다고 한다. 투
자안의 현금흐름과 투자비용은 1년 후에도 일정하다.

　① 순현가법을 이용하여 투자안의 가치를 평가하라.

　② 투자를 1년 연기하는 경우 투자안의 가치를 평가하라.

[풀이]

지금 당장 투자하는 경우의 투자안의 현금흐름은 다음과 같다.

<u>투자안의 현금흐름</u>

$$투자비용 = 90억 원 \begin{cases} 0.5 \rightarrow 180억 원 \\ 0.5 \rightarrow 50억 원 \end{cases}$$

① 순현가법 이용

　1년 후 현금흐름의 기댓값을 계산한 후 위험조정할인율로 할인하
면 현금흐름의 현재가치는 다음과 같다.

$$PV(CF_1) = \frac{E(CF_1)}{1+r} = \frac{180 \times 0.5 + 50 \times 0.5}{1+0.15} = 100억 원$$

$$NPV = PV(CF_1) - I = 100 - 90 = 10억 원$$

　투자안의 순현가는 10억 원이므로 기업 A는 이 투자안을 채택
한다.

② 투자를 1년 연기하는 경우

투자안의 순현금흐름

투자의 순현가? 0.5 → Max[180억 원−90억 원, 0]=90억 원
0.5 → Max[50억 원−90억 원, 0]=0원

투자를 1년 연기하는 경우 미래 경기가 좋으면 투자를 하여 90억
원의 순현금유입을 얻는다. 반면 경기가 나쁜 경우에는 투자를 포기
한다. 이러한 현금흐름은 투자안의 현금흐름을 기초자산의 가격으
로 투자비용을 행사가격으로 하는 콜옵션의 만기일의 수익형태와
동일하다. 따라서 투자안의 순현가는 바로 콜옵션의 가치이다. 콜옵
션가치(C)는 다음과 같은 이항옵션가격결정모형을 이용하여 구할 수
있다.[34]

이항옵션가격결정모형 :

$$\text{콜옵션가치 } C = \frac{C_U \times q + C_D \times (1-q)}{(1+r)} \tag{15.2}$$

$$\text{풋옵션가치 } P = \frac{P_U \times q + P_D \times (1-q)}{(1+r)} \tag{15.3}$$

$$q = \frac{(1+r)-d}{u-d}$$

〈식 15.2〉에서 $C_U(P_U)$는 경기가 좋은 경우의 만기일의 콜옵션(풋옵
션) 수익, $C_D(P_D)$는 상황이 좋지 않은 경우의 만기일의 콜옵션(풋옵션)

수익, r은 무위험이자율이다. q는 위험중립확률을 나타내는데, 위험 중립의 세계에서 자산을 평가할 때 미래에 발생하는 수익의 기댓값을 구하는 데 사용되는 확률의 의미를 갖는다. u는 좋은 상황에서의 투자안의 가치상승배수를, d는 좋지 않은 상황에서의 투자안의 가치하락배수를 나타낸다.

$$u = \frac{180}{100} = 1.8,\ d = \frac{50}{100} = 0.5$$

$$q = \frac{(1+r)-d}{u-d} = \frac{1.06-0.5}{1.8-0.5} = 0.431,\ 1-q = 1-0.431 = 0.569$$

이항모형을 이용하여 현재 시점의 콜옵션가치, 즉 투자안의 순현가를 계산하면 다음과 같다.

$$C = \frac{90 \times 0.431 + 0 \times 0.569}{1.06} = 36.59 \cong 37억 원$$

투자결정을 1년 연기하는 경우 투자안의 순현가는 37억 원으로, 현재 투자하는 경우의 순현가 10억 원보다 크다. 따라서 기업 A는 불확실성이 높은 상황에서 지금 당장 투자하는 것보다 투자결정을 1년 연기하는 것이 좋다.

지금 당장 투자해야만 하는 경우에 비해 투자를 1년 연기할 수 있는 경우 투자안의 가치는 27억 원(=37억 원−10억 원)이 더 크다. 이때 27억 원이 연기옵션의 가치다.

포기옵션

기업이 투자를 한 이후에 경영환경이 악화되어 수익이 음(-)의 값을
가지는 경우가 생길 수 있다. 이런 경우 기업은 중도에 사업의 진행
을 중지하거나 영원히 사업을 포기할 수도 있다. 이렇게 기업이 중도
에 사업을 포기할 수 있는 선택권을 '포기옵션'이라고 한다.

기업이 중도에 사업을 포기할 때 시장에서 일정금액을 받고 이 사
업을 팔 수 있다고 하자. 이는 매각대금을 행사가격으로 하는 사업에
대한 풋옵션을 보유하는 것과 같다. 매각가치가 높을수록 풋옵션을
포함하는 투자안의 가치도 증가하고 그 결과 기업이 투자할 유인도
커진다.

또 현재 진행 중인 사업에서 손실이 있더라도 포기옵션으로 인해
최소한 일정수준의 매각대금을 확보할 수 있다면 어느 정도 손실을
감수하더라도 호경기를 기다리며 사업을 지속할 수 있는 여력이 생
긴다. 실제 기업은 손실이 발생하더라도 사업을 지속하며 손실이 일
정수준을 넘어서야 사업을 포기한다.

전통적인 순현가법으로 평가한 투자안의 가치가 0보다 작더라도
포기옵션의 가치를 고려하면 투자안의 가치가 0보다 커져서 기업이
투자안을 선택할 수도 있게 된다. 다음의 예를 살펴보자.

[예제 2] 포기옵션의 평가

앞의 [예제 1]과 동일한 상황이고, 다만 투자비용이 102억 원이라고
하자. 이 경우 순현가법에 따르면 사업의 순현가가 −2억 원으로 0보
다 작아서 투자는 기각된다. 그런데 1년 후 경기가 나빠질 경우 기업

A는 M&A시장에서 60억 원을 받고 사업을 매각할 수 있다고 하자. 기업 A가 이러한 포기옵션을 갖고 있는 경우 이 사업의 가치를 다시 평가해보자.

[풀이]

투자안의 현금흐름과 1년 후 포기옵션의 가치를 다음과 같이 나타낼 수 있다.

	투자안의 현금흐름	포기옵션의 가치
PV(CF₁)=100억 원	0.5 → 180억 원	Max[60−180, 0]=0억 원
투자비용=102억 원	0.5 → 50억 원	Max[60−50, 0]=10억 원

포기옵션의 가치를 〈식 15.3〉을 이용하여 평가하면 다음과 같다.

$$P = \frac{0 \times 0.431 + 10 \times 0.569}{1.06} = 5.37 \cong 5\text{억 원}$$

이 투자안의 가치는 포기옵션의 가치를 포함하는 경우 100+5＝105억 원이 된다. 투자비용을 고려하여 순현가를 계산하면 105−102＝3억 원이다. 포기옵션을 고려하면 기업 A는 이 투자안을 채택해야 한다.

2 실물옵션을 포함한 투자안의 가치평가 : ㈜배터리 사례

㈜배터리는 2차전지 생산기술에 대한 투자를 계획하고 있다. 〈표 15-1〉은 이 사업과 관련된 현금흐름 추정자료이다. 동종 산업의 유사한 회사들의 영업위험을 반영한 자산베타는 1.2로 추정되었으며 수익률의 연간 표준편차는 50%이다. 현재 10년 만기 국채의 수익률은 10%이며, 시장평균위험프리미엄은 7%로 추정된다.

| 표 15-1 • **2차전지 사업의 현금흐름** |

(단위 : 백만 원)

구분	2011년	2012년	2013년	2014년	2015년	2016년
영업이익	−4,000	0	2,700	3,700	−65	−900
법인세비용	0	0	295	1,415	0	0
세후영업이익	−4,000	0	2,405	2,285	−65	−900
감가상각비	900	900	900	900	900	900
세후영업현금흐름	−3,100	900	3,305	3,185	835	0
설비투자비용	−5,400	0	0	0	0	0
순운전자본투자	−1,500	0	0	0	0	1,500
현금흐름	−10,000	900	3,305	3,185	835	1,500

이 투자안에 투자하면 4년 후에 1,000억 원이 소요되는 차세대 2차전지를 개발하는 투자안에 투자할 수 있는 옵션을 얻는다. 또 후속되는 투자 기회가 없는 상황에서도 ㈜배터리는 최초투자 후 2년 말에 시장상황에 따라 기존투자안을 40억 원에 매각할 수 있는 옵션을 갖고 있다. 이런 경우 차세대 투자가 이루어지기 위해 필요한 차세

대 2차전지 개발투자안의 최소가치는 얼마일까? 또 투자안을 매각할 수 있는 옵션의 가치는 어떻게 평가할 수 있을까?

순현가법을 이용한 2차전지 사업의 평가

미래현금흐름을 할인하는 할인율은 CAPM을 이용하여 구할 수 있다. 10년 만기 국채의 수익률은 10%로 주어져 있으며, 베타는 1.2, 시장위험프리미엄은 7%로 평가된다. 따라서 투자안 평가를 위한 할인율은 다음과 같다.

$$\text{할인율} = \text{무위험이자율} + \text{시장위험프리미엄} \times \text{베타}$$
$$= 10\% + 7\% \times 1.2 = 18.4\%$$

〈표 15-1〉의 현금흐름과 18.4%의 할인율을 이용하여 2차전지 사업의 가치와 순현가를 구하면 다음과 같다.

$$\text{투자안의 가치} = \frac{900}{1.184} + \frac{3,305}{1.184^2} + \frac{3,105}{1.184^3} + \frac{835}{1.184^4} + \frac{1,500}{1.184^5}$$
$$= 6,058(\text{백만 원})$$

$$\text{투자의 순현가} = 6,058 - 10,000 = -3,942(\text{백만 원})$$

투자의 순현가가 음(−)이므로 전통적인 순현가법에 의하면 이 투자안은 경제성이 없다. 따라서 ㈜배터리는 2차전지 사업에 투자를 하지 말아야 한다. 그러나 이러한 의사결정은 이 투자안이 가지고 있는 옵션을 반영하지 않은 것이다. 만일 현재 사업에 투자함으로써 ㈜배터리가 확보하는 차세대사업 투자 기회의 순현가가 3,942(백만 원)보다 크다면 ㈜배터리는 2차전지 사업에 투자함으로써 가치를 증가시킬 수 있다.

블랙-숄즈 옵션가격결정모형과 실물옵션의 평가

사례에서 ㈜배터리는 최초투자와 관련하여 두 가지 옵션을 가지고 있다. 하나는 2차전지 생산기술에 대한 투자가 차세대 2차전지 사업에 대한 투자옵션을 내포하고 있다는 것이다. ㈜배터리는 최초투자 후 4년째에 1,000억 원이 소요되는 차세대 투자를 실행할 수 있다. 다른 하나는 최초투자 후 2년 말에 시장 상황이 안 좋은 경우 투자안을 40억 원에 매각할 수 있는 옵션이다. 즉 ㈜배터리는 2년 말에 시장 상황이 안 좋은 경우 사업을 계속할 것인지 아니면 40억 원에 팔 것인지를 선택할 수 있다.

실물옵션을 포함하고 있는 투자안의 가치평가는 앞서 살펴본 이항옵션가격결정모형이나 블랙-숄즈 옵션가격결정모형(B-S모형)을 이용하여 이루어질 수 있다. B-S모형을 이용하여 옵션가치를 평가하는 경우, 필요한 투입자료는 기초자산의 가격(S), 옵션의 행사가격(K), 무위험이자율(r), 옵션의 만기일(T), 기초자산 가격변화율의 변동성(σ), 배당수익률(d)이다.

배당수익률을 고려한 B-S모형에 의한 콜옵션(C)과 풋옵션(P)의 가치평가식은 다음과 같다.[35]

$$C = Se^{-dT} \cdot N(d_1) - Ke^{-rT}N(d_2) \tag{15.4}$$

$$P = Ke^{-rT}N(-d_2) - Se^{-dT}N(-d_1) \tag{15.5}$$

$$d_1 = [\ln(S/K) + (r - d + \frac{1}{2}\sigma^2)T]/\sigma\sqrt{T}, \ d_2 = d_1 - \sigma\sqrt{T}$$

〈식 15.4〉와 〈식 15.5〉에서 $N(d)$는 표준정규분포에서 $z = d$에 해당하는 누적확률을 나타내며, e는 자연로그의 밑수를 나타낸다. 따라서 평가대상 실물옵션에 대해 B–S모형에 필요한 투입자료를 확정하는 것이 1차적으로 이루어져야 한다. 주식옵션과 실물옵션을 비교하여 투입자료를 설명하면 다음과 같다.

| 표 14-2 • **주식옵션과 실물옵션에서 B-S모형 적용을 위한 투입자료의 비교** |

구분	주식옵션	실물옵션
기초자산 가격	주가	투자안의 가치
행사가격	행사가격	투자비용(또는 매각가격)
옵션만기	정해진 만기	의사결정 가능기간 (연기가능기간/매각가능기간)
무위험이자율	무위험이자율	무위험이자율
기초자산 변동성	주식수익률의 분산	투자안 가치변화율의 분산
배당수익률	배당수익률	시간 경과에 따른 투자안의 가치감소율

주식옵션의 경우 주식수익률의 분산을 제외한 다른 투입요소들은 옵션계약조건에서 확정되거나 시장에서 확인할 수 있다. 그러나 실물옵션의 경우 투입요소들을 명확하게 확정하는 것이 어려운 경우가 대부분이다. 투자안의 시장가격을 확인하기가 어려운 경우가 대부분이며 이에 따라 투자안 가치변화율의 분산을 계산하기가 매우

어렵다. 또 투자안의 만기 역시 명확하지 않은 경우가 일반적이며, 시간경과에 따른 투자안 가치의 감소율을 정확하게 추정하는 것은 더더욱 어려운 작업이다. 따라서 옵션모형을 이용하여 실물옵션을 평가하는 경우에 이러한 문제점을 분명히 인식할 필요가 있으며, 모형의 평가치를 과신하지 말고 전통적인 순현가법을 보완하는 대안으로 이해할 필요가 있다.

차세대 2차전지 사업에 투자할 수 있는 옵션의 평가

차세대 사업에 투자할 수 있는 옵션을 반영하는 경우 ㈜배터리가 계획하고 있는 2차전지 사업의 순현가는 다음과 같이 평가되어야 한다.

> 투자의 순현가＝옵션 고려 전의 순현가＋차세대사업의 옵션가치

㈜배터리가 차세대사업에 투자할 수 있는 옵션은 차세대 2차전지 사업의 가치를 기초자산가격으로 하고 투자비용 1,000억 원을 행사가격으로 하는 만기 4년의 콜옵션으로 해석할 수 있다. 즉 만기일에 (4년 말에) 차세대 사업의 가치가 투자비용 1,000억 원을 초과하는 경우 ㈜배터리는 콜옵션을 행사하여 차세대사업에 투자할 것이다.

앞서 2차전지 사업의 순현가는 −3,942(백만 원)이었다. 옵션가치를 반영한 투자의 순현가가 0보다 커야만 ㈜배터리가 2차전지 사업에 투자할 것이므로 차세대사업의 옵션가치는 3,942(백만 원)보다 커야 한다. 옵션의 만기는 4년이며, 기초자산의 변동성(표준편차)은 50%, 무위험이자율은 10%, 배당수익률은 0, 그리고 행사가격은 1,000억

원이며 최소한의 콜옵션가치는 3,942(백만 원)이므로 B-S모형으로
부터 차세대 투자가 이루어지기 위해 필요한 차세대 2차전지 사업의
최소가치를 구할 수 있다.

$$3,942 = S \cdot N(d_1) - 100,000e^{-0.1 \times 4}N(d_2)$$

$$d_1 = [\ln(S/100,000) + (0.1 + \frac{1}{2}(0.5)^2)4]/0.5\sqrt{4}$$

$$d_2 = d_1 - 0.5\sqrt{4}$$

위 식에서 시행착오과정을 거쳐 기초자산 가격S를 구하면 약
27,000(백만 원)이다. 따라서 현재시점에서 평가되는 차세대 2차전지
사업의 가치가 27,000(백만 원) 이상인 경우 현재 2차전지 사업에 투
자를 하는 것이 유리하다고 판단할 수 있다.

포기옵션의 가치평가

차세대 2차전지 사업에 대한 투자옵션이 없다고 가정하고 2년 말에
투자안을 매각할 수 있는 권리의 가치를 평가해보자.

2년 말에 시장상황이 안 좋은 경우 ㈜배터리는 2차전지 사업을
40억 원에 매각할 수 있다. 이는 2년 말 시점에서 투자안의 가치가
40억 원보다 작은 경우에도 ㈜배터리는 40억 원에 매각함으로써
2년도 말 시점의 투자가치를 최소한 40억 원 수준으로 유지할 수 있
다는 것이다. 따라서 ㈜배터리는 투자안의 가치를 기초자산 가격으
로 40억 원을 행사가격으로 하는 만기가 2년인 풋옵션을 갖고 있는
것이다.

〈식 15.5〉의 풋옵션 평가식에서 행사가격 K=4,000, 투자안 가치 S=6,058, 무위험 이자율 r=10%, 투자안 가치의 변동성 σ=50%, 만기 T=2년, 배당수익률 d=0인 경우이므로 풋옵션 가치는 다음과 같다. 먼저 d_1과 d_2의 값을 구해보자.

$$d_1 = [\ln(S/K) + (r - d + \frac{1}{2}\sigma^2)T]/\sigma\sqrt{T}$$

$$= [\ln(6,058/4,000) + (0.1 + \frac{1}{2}(0.5)^2)2]/0.5\sqrt{2} = 1.22$$

$$d_2 = d_1 - \sigma\sqrt{T} = 1.22 - 0.5\sqrt{2} = 0.52$$

표준정규분포표에서 d_1=1.22, d_2=0.52에 해당하는 누적확률을 찾으면 N(1.22)=0.8888, N(0.52)=0.6985이다. 따라서 N(−d1)=N(−1.22)=1−N(1.22)=0.1112, N(−d2)=N(−0.52)=1−N(0.52)=0.3015이며, 풋옵션 가치는 다음과 같다.

$$P = Ke^{-rT}N(-d_2) - Se^{-dT}N(-d_1)$$

$$= 4,000e^{-0.1\times2} \times 0.3015 - 6,058 \times 0.1112 = 314(백만 원)$$

현재시장에서 평가되는 2차전지 투자안의 가치는 6,058(백만 원)이다. 그러나 투자안 가치의 변동성은 50%로 2년 말에 투자안 가치가 40억 원 이하로 떨어질 가능성이 존재한다. 이 경우 투자안을 40억 원에 팔 수 있는 풋옵션의 가치는 현재시점에서 314(백만 원)으로 평가된다. 따라서 이러한 처분권리(풋옵션)을 고려하는 경우 2차전지 사업의 가치는 314(백만 원)만큼 증가되어야 한다.

3 자원제약과 자본비용 평가의 불완전성, 그리고 허들 레이트

전통적인 순현가법에서는 투자에 필요한 자원에 제약이 없다고 가정한다. 이 경우 기업은 순현가가 0보다 큰 모든 투자안에 투자함으로써 기업가치를 극대화할 수 있다. 그러나 현실의 기업들은 이용가능한 자원에 제약을 받을 수밖에 없다. 대표적으로 투자자금에 제약이 있으며, 투자안의 분석과 평가를 담당할 인적자원에도 제약이 있다.

그리고 새로운 사업을 시작하기 위해서는 이를 감당할 수 있는 경영자의 능력과 시간이 확보되어야 하나 현실적으로는 이 또한 용이하지가 않다. 즉 새 사업이 시작되는 경우 경영자는 기존 사업에 소홀해질 가능성이 존재한다. 이러한 경우 기업은 제한된 자원의 사용 효과를 극대화할 수 있도록 투자결정을 하게 되며, 이 경우 순현가가 0보다 큰 투자안이라고 하더라도 투자를 포기할 수 있다.

한편, 시장의 불완전성으로 인해 자본비용 평가도 완전하지 못할 수 있다. 9장에서 살펴본 것과 같이 주식발행이나 부채차입을 통한 새로운 자본조달은 대리비용과 정보비대칭에 따른 비용을 발생시킨다. 그러나 이러한 비용들은 명확하게 추정하기가 매우 어렵다. 결국 추정된 기업의 자본비용은 실제 자본비용을 과소평가할 가능성이 높다.

이러한 문제들을 고려하여 많은 경영자는 '투자에서 최소한 벌어들여야 한다고 평가되는 요구수익률'을 정하고 이를 기준으로 투자

결정을 내린다. 이를 허들 레이트_{Hurdle Rate}라 부르며 기업의 자본비용
과 다음과 같은 관계를 갖는다.

$$허들 레이트 = 자본비용 + \alpha, \ \alpha > 0 \tag{15.6}$$

〈식 15.6〉에서 α의 크기는 경영자의 주관에 의해 평가되며 기업마
다 다르다. 대개의 경우 자원제약의 정도가 심한 중소기업이 대기업
에 비해 보다 큰 α 값을 갖는다.

16장

기업지배구조와 기업가치

- 기업지배구조가 왜 중요한지 살펴본다.

- 경영자와 주주 간에 발생하는 이해상충 문제에 대해 살펴본다.

- 기업지배구조가 주주가치에 미치는 영향에 대해 살펴본다.

소유경영자에 의한 기업지배와 전문경영자에 의한 기업지배, 어느 대안이 최선일까?

어떤 형태의 기업지배가 최선인지에 대해서는 많은 논란이 있으며 정답은 없다. 각 기업마다 경영환경이 다르고 성장배경과 조직문화, 특성이 다르므로 각 기업에 적합한 지배구조는 각기 다를 수 있다. 전문경영자 시스템을 채택하고 있는 영미계의 세계적인 대기업들이 좋은 성과를 내고 있는 것과 마찬가지로, 소유경영자 시스템을 채택하고 있는 유럽의 패션과 화장품회사들이나 아시아의 기업들 역시 영미계 대기업 못지않은 성과를 내고 있는 것이 그 단적인 예이다.

다만, 1990년대 이후 전세계적인 기업지배구조 개선운동이 일고 있으며, 대부분의 국가에서 주주 권익을 최우선시하고 이사회의 역할을 강조하는 바탕에서 지배구조를 규정하고 있다

〈표 16-1〉은 북미, 유럽, 일본 등 선진 27개국의 기업 중 시가총액이 상위 20위 안에 드는 기업들의 소유구조와 지배형태를 정리한 한 연구결과를 나타낸 것이다.[36] 표에서 '소유분산' 기업은 경영권을 행사하는 대주주가 존재하지 않는 경우이며, '소유집중' 기업은 대주주인 가족 또는 개인에 의해 기업경영이 이루어지고 있는 경우이다. 지배주주의 분류기준을 10%로 한 경우 '소유분산' 기업은 전체의 24%를 '소유집중' 기업은 전체의 35%를 차지한다.

| 표 16-1 • 선진 27개국의 기업 소유와 지배형태의 유형별 비중 |

구분	각국 상위 20위 기업의 유형별 비중			
	소유분산	소유집중	정부소유	기타
지배주주 20% 기준	36.5%	30.0%	18.3%	15.2%
지배주주 10% 기준	24.1%	34.8%	20.2%	20.9%

주 : 표에서 최대주주의 지분이 기준치(10%, 20%) 이상이면 '소유집중', 아니면 '소유분산'으로 분류한 것이며, 최대주주
　　가 정부이면 '정부소유'로, '기타'는 기타 법인, 금융회사, 펀드, 종업원 등의 소유지분이 기준치 이상인 경우를 나타
　　낸다.

〈표 16-1〉의 결과는 실제 기업경영에서 다양한 형태의 지배구조가 나타남을 보여준
다. 주주 입장에서 평가할 때 좋은 지배구조는 경영자와 주주 사이에 발생하는 대리비
용을 최소화하여 주주가치를 극대화할 수 있는 시스템이다. 소유경영자가 기업을 지배
하든 아니면 전문경영자가 기업을 지배하든 대리비용은 필연적으로 발생한다. 문제는
어떻게 하면 이러한 대리비용의 발생을 방지하고 최소화할 수 있도록 기업 내외부의
제도를 설계하느냐 하는 것이다.

지난 2003년 외국계 자산운용사인 소버린이 SK㈜의 주식을 집중매입하여 SK㈜의 지분율을 14.99%까지 장악하면서 SK㈜는 외국 투기펀드에 의한 적대적 M&A의 대상이 되는 위기에 처하게 되었다. 당시 SK그룹은 분식회계, 불법정치자금 제공협의, 기업의 부당 내부거래, 최태원 회장의 구속 등으로 기업의 주가가 크게 하락한 상태였다. 또한 SK그룹의 총수가족의 지분율이 다른 재벌그룹에 비해 낮아 작은 자본으로 손쉽게 경영권을 확보할 수 있는 지배구조를 갖고 있었다.

소버린 측은 SK㈜의 2대 주주로 급부상한 이후 끊임없이 SK그룹에 지배구조개선을 요구했다. 소버린 측의 명분은 지배구조 개선과 경영의 투명화를 통해 기업의 내재가치를 높이고 주가를 높여 시세차익을 노리겠다는 거였다. 소버린 측의 이런 요구가 있을 때마다 SK㈜의 주가는 상승했고 결국 약 1년 만에 소버린은 350%의 시세차익을 올리게 되었다.

이번 장에서는 기업지배구조corporate governance와 기업가치에 관해 살펴본다. 기업지배구조란 기업의 주인(자본제공자)인 주주(또는 채권자)가 경영자에 의한 기업경영을 감시·견제하고 규율하는 메커니즘을 말한다. 최근 어떤 지배구조가 좋은 지배구조인지에 대한 논의가 전 세계적으로 큰 주목을 받고 있다. 다음에서는 지배구조 문제가 왜 중요한지, 기업가치와 지배구조의 관계는 어떠한지를 R&E 사례를 중심으로 살펴본다.

1 기업지배구조와 주인-대리인 문제

기업지배구조의 의미와 중요성

기업지배구조란 주주, 채권자, 이사회, 경영자 그리고 기타 이해관계자들 간의 상호작용 관계를 규정하는 메커니즘을 의미하며, 좁은 의미로는 기업의 주인(주주, 채권자)이 경영자에 의한 기업경영을 감시·견제하고 규율하는 메커니즘을 말한다.

주주와 채권자가 왜 경영자를 규율하고 감독해야 할까? 이는 소유와 지배(경영)가 분리되면서 '주인-대리인 문제'가 발생하게 되고, 이에 따른 비용(대리비용)을 최소화하기 위해 주인이 경영자(대리인)를 규율하는 장치가 필요하기 때문이다.

주인-대리인 문제

현대 기업의 일반적인 형태는 주식회사이며, 소유와 지배의 분리가 광범위하게 이루어지고 있다. 불완전한 현실시장에서 기업과 관련된 이해관계자 간에는 정보비대칭이 존재한다. 이 경우 소유와 지배가 분리되면 주인(투자자)과 대리인(경영자)의 이해와 목적이 달라지는 주인-대리인 문제가 발생한다. 기업의 소유주인 주주가 경영자의 모든 행동을 통제할 수 없는 상황에서, 경영자는 주주의 이익보다는 자신의 이익을 극대화하는 방향으로 행동할 수 있기 때문이다.

기업지배구조 문제는 이렇듯 이해상충이 발생하는 상황에서 투자자가 자신이 투자한 자금에 대해 어떻게 정당한 수익을 보장받을 수 있는가의 문제이다. 즉 "주주가 경영자로부터 정당한 이익을 확보할 수 있는 방법은 무엇인가, 경영자가 주주의 이익을 침해하는 의사결정을 할 수 없도록 견제하는 방법은 무엇이며, 경영자가 기업의 관리를 부실하게 하는 경우 어떤 식으로 압력을 행사할 수 있는가?"의 문제이다.[37]

현실에서 이루어지는 주주와 경영자 간의 계약은 대부분 상당 부분의 재량권을 경영자에게 인정하는 불완전계약의 형태를 띤다. 주주가 기업내용에 대한 완전한 정보를 얻을 수 없는 현실시장에서, 경영자는 기업경영과 자산의 처분 및 자금운용에서 재량권을 가질 수밖에 없으며, 결국 기업지배구조는 이러한 경영자의 재량권 행사를 어떻게 제한함으로써 주주의 권익을 보호할 것인가의 문제로 귀착된다.

주인–대리인 문제의 해결방안

대리인 문제의 해결방안은 주주가 재량권을 부여받는 방법으로 귀결되고, 여기에는 다음의 두 가지 방법이 제시될 수 있다.

첫째는 기업의 주식을 상당부분 보유하는 대주주가 존재하도록 하는 것이다. 대주주는 경영성과와 밀접한 이해관계를 가지며, 경영자에게 효과적으로 압력을 행사할 수 있기 때문에 대리인 문제가 해결된다는 것이다. 또 다른 방법은 주주의 권리를 보장해줄 수 있는 법적·제도적 장치를 마련함으로써 주주의 이해관계가 기업경영에 관철될 수 있도록 하는 것이다.

대주주의 존재

대주주가 존재하는 경우 명시적으로 기업의 주인을 설정함으로써 경영효율성을 높이고 불필요한 정보비용을 최소화할 수 있다. 또 소액주주의 권리와 관련된 법적ㆍ제도적 장치가 미비한 상황에서 대주주의 존재는 경영진의 도덕적 해이를 방지하는 역할을 할 수 있다.

그러나 만약 대주주가 기업가치(또는 주주 부)의 극대화라는 목적 이외에 다른 사적인 목적을 가지는 경우, 이를 충족시키기 위한 경영정책이 소액투자자들의 이해와 일치한다는 보장이 없다. 즉 대주주의 사적 이익 추구에 따라 외부 주주들의 부가 희생되는 문제가 발생할 수 있다.

주주 보호를 위한 법적, 제도적 장치

경영자(혹은 대주주)의 사적 이득 추구행위로부터 주주(혹은 소액주주)를 보호하기 위해, 주주에게 권한을 부여하는 다양한 법적ㆍ제도적 장치를 생각해볼 수 있다. 소액주주권 보호, 내부자 거래 금지, 정보공시 등이 대표적인 사례이며, 소유가 광범위하게 분산된 경우 흔히 사용되는 방법이다. 그러나 내부통제장치와 외부통제장치를 포함한 법적ㆍ제도적 장치들의 효율성은 매우 의문스럽다. 따라서 이들은 세밀하게 디자인되어야 할 뿐만 아니라, 현실적인 상황을 충분히 고려하여 실효성이 있도록 설정되어야 한다.

기업지배구조 기본원칙

1993년 영국에서는 BCCI은행Bank of Credit and Commercial International의 몰락

과 맥스웰Maxwell 연기금 펀드 스캔들을 계기로 애드리언 캐드베리Adrian Cadbury를 중심으로 기업지배구조개선위원회가 구성되어, 이후 전 세계 기업지배구조의 모범규준이 되는 '캐드베리 코드Cadbury Code'를 발표했다. 이에 따르면 기업은 모든 이사들의 급여내역을 공개해야 하고 CEO와 이사회의장직을 분리하도록 요구하고 있다.

캐드베리 보고서는 이후 영국의 많은 기업들에서 채택되었고, 세계 각국에서 기업지배구조에 관한 모범규준을 제정하는 계기가 되었다. 우리나라에서도 1997년 IMF 위기 이후 1999년에 확정된 기업지배구조 모범규준에 근거하여 이사회 중심의 주주 중시 경영제도를 도입해왔다.

2003년 OECD는 세계 주요 국가의 기업지배구조 규정을 종합하여 '기업지배구조 기본원칙'을 제정했다. 주요 내용은 ①주주의 권리보호와 주주권의 기능 확대, ②주주의 평등 대우와 외국인 주주 및 소액주주의 권익 보호, ③기업과 이해관계자 간 적극적 협력 촉진, ④기업정보의 적절한 공시를 통한 경영투명성 확보, ⑤이사회의 역할과 책임 강조(기업전략 제시, 경영진 감독, 주주 및 기업 이익대변 등) 등이다.

2 기업지배구조와 기업가치 : R&E 사례

기업지배구조가 기업가치에 미치는 영향을 가상기업인 R&E의 사례를 이용하여 분석해보자. R&E는 2010년 말 현재 미국시장에서 운영

중인 부동산투자회사이다. 이 회사의 CEO인 랜드Rand는 지난 10여 년간 탁월한 경영능력을 발휘해왔다. 지난 2000년 이후 R&E의 투자 규모는 5배 이상 성장했으며, 해외부동산 사업 등 다양한 사업을 운영하고 있다.

이에 힘입어 R&E의 주가는 동종업계 평균보다 15% 이상의 상승을 기록해왔다. 이러한 결과는 시장상황을 정확하게 판단하고 적절하게 대응하는 랜드의 능력에 크게 기인한다. 그럼에도 불구하고 R&E의 주가는 순자산가치NAV 대비 지속적으로 저평가되어왔으며, 최근에는 동종업계 최고수준인 약 40% 이상 할인되어 거래되고 있다.

이러한 저평가 현상은 동종업계의 일반적인 현상으로, 많은 동종 기업들은 주가의 저평가 현상을 해소하기 위해 자사주 매입을 꾸준히 실시하고 있다. 그러나 할인폭이 가장 큰 R&E는 지난 10년간 자사주 매입을 한 번도 실시하지 않았다.

그동안 시장은 끊임없이 R&E의 지배구조에 대해 비판을 제기해왔다. 투자자들이 제기하는 대표적인 문제점은 다음과 같다.

- CEO와 이사회의장 겸직 문제 : 랜드는 회사의 CEO와 이사회의 장을 겸직하고 있다.
- 사기업화되고 있다는 비판 : CEO인 랜드의 아들이 2000년부터 R&E의 상임이사로 활동해오고 있다. 또 그는 계열회사인 R&E 파이낸싱 부의장을 맡고 있다.
- 독립성이 결여된 이사회 구성 문제 : 현재 R&E에는 네 명의 상임 이사와 네 명의 비상임이사가 있는데, 대부분의 비상임이사가

R&E와 직·간접으로 관련이 있는 기업체에서 근무한 경력이 있
거나 재직 중에 있다.

이런 상황에서 시장의 여러 분석가와 주주들은 자사주 매입과 기
업지배구조개선을 지속적으로 요구해왔다. 특히 R&E의 지분을 2%
가량 보유하고 있는 헤지펀드인 L&H파트너스는 R&E의 기업지배구
조 개선을 공개적으로 요구하고 있다. 구체적으로 L&H파트너스는
다음과 같은 세 가지를 요구하고 있다.

- 발행주식의 10%에 해당하는 자사주 매입의 실시
- 주가가 순자산가치 대비 20% 이상 저평가되는 경우 주기적인
  자사주 매입 실시
- 외부전문가 2인의 이사회참여

L&H파트너스와 시장에서 R&E에 요구하고 있는 기업지배구조 개
선요구를 랜드는 지금까지 무시해왔다. 그러나 L&H파트너스의 적
극적인 의결권 행사 시도 등에 비추어볼 때 이러한 요구를 계속 무시
하기는 어려운 상황이다.

R&E의 주요 자산, 수익·비용, 이사회 구성 현황

〈표 16-1〉은 과거 10년간의 현금과 투자부동산을 비롯한 R&E의 주요
자산과 수익, 비용 및 순이익 현황을 보여준다. 〈표 16-2〉는 2010년
말 현재 회사의 주주구성을 나타낸 것이다. R&E의 지분은 은행을 비

| 표 16–1 • **R&E의 주요 자산 현황과 수익 · 비용 현황** |

(단위 : 백만 달러)

항목	2001	2002	2003	2004	2005	2006	2007	2008	2009	2010
현금	186	214	298	192	164	234	240	236	188	734
투자부동산	1,996	2,992	5,324	6,020	6,292	7,208	7,580	8,556	9,300	10,056
수익	386	430	490	575	698	794	944	1,108	1,134	1,182
비용	316	342	395	472	538	580	728	952	996	1,070
순이익	60	88	95	103	160	114	216	156	138	112
순이익/수익(%)	15.5	20.5	19.4	17.9	22.9	14.4	22.8	14.1	12.2	9.5

| 표 16–2 • **R&E의 주주 구성** |

(2010년 말)

주주	보유주식수	지분율
개인	12,500,000	2.5%
은행 및 수탁기관	462,500,000	92.5%
기타 법인	25,000,000	5.0%

롯한 기관투자자들이 대부분의 지분을 소유하고 있다. CEO인 랜드의 지분은 0.5%이다.

R&E의 이사회는 네 명의 사내이사와 네 명의 사외이사로 구성되어 있다. 사내이사는 CEO인 랜드와 그의 아들, 그리고 회사의 COO와 부회장이다. 네 명의 사외이사 중 한 명은 R&E와 거래관계가 있는 법무법인의 선임 파트너이며, R&E의 고문을 맡고 있는 ABC투자은행의 사외이사를 맡고 있다. 다른 한 명은 이전에 R&E의 보유 부동산에 대한 자산유동화 작업을 담당한 기업의 이사이다. 사외이사회 의장은 R&E의 사외이사직에 더해 ABC투자은행의 고문을 맡고

있다. 마지막 한 명은 R&E의 해외부동산 포트폴리오의 가치평가를 담당하고 있는 기업의 임원이다.

R&E 지배구조의 문제점과 주가의 저평가 현상

L&H파트너스와 같이 최근에는 많은 펀드들이 기업경영에 적극적으로 참여하고 있다. 이를 펀드자본주의 또는 펀드행동주의라고 한다. L&H파트너스와 다른 투자자들이 R&E의 지분을 매입하고 경영진에 자사주 매입과 지배구조 개선을 요구하는 등 공격적인 행동을 취하고 있는 이유를 정리하면 다음과 같다.

순자산가치 대비 주가의 심각한 저평가

R&E의 주가는 순자산가치에 비해 40% 이상 저평가되어 있다. 이는 동종업계 최고수준이다. 순자산가치가 자기자본의 적절한 가치를 반영하고 있다면, 현재 주가는 향후 순자산가치 수준으로 상승하게 될 것이다.[38] 따라서 L&H파트너스는 R&E의 주식을 매입하고 순자산가치와 주가의 갭을 해소할 수 있는 조치를 취할 것을 R&E에 요구함으로써 차익을 얻을 수 있으리라 기대했을 것이다.

R&E의 지배구조 문제

① CEO와 이사회의장 겸직 문제

랜드는 현재 R&E의 CEO와 이사회의장을 겸직하고 있다. 그러나 OECD의 기업지배구조 모범규준을 비롯하여 대부분의 국가에서 CEO와 이사회의장직을 분리하도록 요구하고 있다. 투자자들은 R&E

가 CEO와 이사회의장직을 분리함으로써 CEO의 독선과 전횡을 방지하고 기업경영의 효율성을 높일 수 있을 것으로 기대할 수 있다.

② 사기업화와 독립성이 결여된 이사회 구성 문제

CEO인 랜드의 아들이 R&E의 사내이사로 활동해왔으며, 계열회사인 R&E 파이낸싱 부의장을 맡고 있다. 또 대부분의 사외이사는 R&E와 직·간접으로 관련이 있는 기업체에서 근무한 경력이 있거나 재직 중이다. 이는 투자자들로 하여금 R&E가 사기업화되고 있다는 우려를 갖게 하며, 이사회의 독립성에 심각한 의문을 갖게끔 하는 요소이다.

소유구조

〈표 16-2〉를 보면 R&E의 주주구성은 은행을 비롯한 기관투자자들이 대부분의 지분을 소유하고 있다. CEO인 랜드의 지분은 0.5%에 불과하다. 이는 경영권에 대한 외부공격에 R&E가 매우 취약할 수 있음을 의미한다. 또 지분의 대부분을 보유하고 있는 은행 등의 기관투자자들이 투자수익을 높일 수 있는 L&H파트너스의 제안에 동의할 것이라고 판단했을 수 있다.

동종기업들의 자사주 매입과 풍부한 현금보유

부동산투자회사들의 주가는 대체적으로 순자산가치에 비해 할인되어 거래되고 있다. 그러나 R&E의 할인폭은 동종업계 중 최대이며 다른 기업들이 순자산가치와 주가의 갭을 줄이기 위해 자사주 매입을 꾸준히 실시하는 것에 반해 R&E는 지난 10년간 자사주 매입을 한

번도 실시하지 않았다. 또 〈표 16-1〉에서 보는 것과 같이 R&E의 2010회계연도 말 현금보유 수준은 총자산의 7.3%로 과거에(2~3%) 비해 매우 높은 수준이다. 따라서 L&H파트너스는 R&E에 자사주 매입을 요구할 경우 실현 가능성이 높다고 판단했을 것이다.

사업규모의 확대와 효율성의 저하

R&E는 현재 다양한 사업을 영위하고 있다. 〈표 16-1〉에서 보는 것과 같이 지난 10년간 이 회사의 자산규모는 5배 이상으로 증가했다. 이는 다양한 사업에 전문성을 갖춘 경영진이 필요함을 뜻한다. 또 2008년 이후 수익의 성장이 저하되고, 과거에 비해 수익성이 크게 떨어지고 있다. L&H파트너스는 R&E의 사업규모가 너무 커져 경영의 효율성이 떨어졌다고 판단하고, 경영효율성 개선을 위해 전문 능력을 갖춘 외부인사를 이사회에 참여시킬 것을 요구했을 수 있다.

지배구조개선은 어떤 측면에서 주주에게 이득이 될 수 있을까

앞서 살펴본 것과 같이 기업지배구조 문제는 기본적으로 주주와 경영자 사이에 나타나는 대리문제로 인해 발생한다. R&E의 경우 CEO인 랜드는 지난 10여 년간 기업을 잘 경영했다고 평가받고 있다. 그러나 2010년 말 현재 L&H파트너스를 비롯한 많은 투자자들은 R&E의 사업내용이 다양해지고 규모가 커져 경영효율성이 과거에 비해 떨어졌다고 판단하고 있다. 또 경영환경 역시 '기업지배구조에 관한 모범규준'의 제정과 실행 등에서 볼 수 있는 것처럼 많은 변화가 나타났다. 그러나 랜드는 이러한 문제점에 대해 L&H파트너스와는 다른 판단을 하고 있다.

이러한 상황에서 R&E의 주주들이 지배구조 개선에 대해 관심을 갖는 이유를 정리하면 다음과 같다.

저평가 현상의 해소와 주가 상승

L&H파트너스를 비롯한 많은 투자자들은 R&E가 주가의 저평가 상황을 해소하기 위한 적절한 노력을 기울이지 않고 있다고 비판한다. 이러한 결과를 가져온 주요한 이유로 독립성이 결여된 이사회가 제역할을 다하지 못하는 것과 CEO인 랜드의 독단적인 의사결정을 들 수 있다. 따라서 이사회가 CEO에 대한 감시와 조언이라는 본연의 기능을 수행하도록 구성되고 CEO의 독선에서 벗어나도록 지배구조가 개선되는 경우 저평가 현상의 해소에 긍정적인 효과를 거둘 것으로 기대할 수 있다.

많은 현금보유와 대리비용

2010회계연도 말 현재 R&E의 현금보유 수준은 총자산 대비 7.3%로 과거에 비해 매우 높은 편이다. 이런 상황에서 경영자는 불필요한 곳이나 수익성 없는 사업에 자원을 사용할 수 있다. 랜드처럼 장기간 CEO를 맡아 우월의식이 높은 경영자의 경우 이럴 가능성이 더욱 높다. 또 이사회가 제 기능을 다하지 못하는 경우 경영자의 행위를 통제하지 못한다.

객관적인 성과평가와 보수 책정

이사회가 독립성이 결여되는 경우 이사회 멤버로 구성되는 성과평가 및 보상위원회나 감사위원회 역시 적정한 기능을 다하기 어렵다. 따라서 경영진의 성과평가가 객관성을 상실할 수 있으며 이에 따라 임원진의 보수 역시 지나치게 높게 책정될 가능성이 있다.

전문적인 경영능력과 경영효율성

초기와 달리 R&E는 현재 매우 다양하고 큰 규모의 사업을 운영하고 있다. 이에 따라 보다 전문적인 능력을 갖춘 이사들이 경영에 참여하여 경영효율을 높일 필요가 있다.

1 — 2010년 1월 15일, 전국경제인연합회.

2 — 한 예로 투자자가 수익성이 높고 위험이 작은 우량기업과 이와 반대로 수익성이 낮고 위험이 큰 불량 기업을 구분할 수 없어 증권을 발행하는 기업들의 평균적인 상태를 반영한 가격만을 지불하려 하는 경우를 가정해보자. 이 경우 우량기업의 소유자는 증권발행을 하지 않을 것이 며 시장에는 불량기업의 증권만이 거래될 것이다. 결국 시장에서는 기업들이 증권을 발행하여 자금을 조달하지 못하는 사태가 발생할 것이다. 이러한 현상을 '역선택(adverse selection)'이 라 한다. 다른 예로 대출심사기능이 부실하여 은행이 기업들의 채무상환능력을 제대로 파악 하지 못해 대출금리에 차별성이 없다 하자. 이 경우 기업들은 채무상환능력을 높이려는 노력 을 줄이게 될 것이다. 이러한 현상을 '도덕적 해이(moral hazard)'라고 한다.

3 — 예를 들어 사이언트의 설립과 초기투자단계에서 세쿼이아 캐피털(Sequoia Capital), 벤치마 크 캐피털(Benchmark Capital), 모건스탠리 벤처파트너스(Morgan Stanley Venture Partners) 등의 벤처캐피털리스트가, IPO과정에서 모건스탠리 딘 위터(Morgan Stanley Dean Witter), 함브레히트 앤 퀴스트(Hambrecht & Quist) 등이 투자은행으로 참여했다. PWC는 회계감사인으로, 메릴린치(Merrill Lynch), 모건스탠리 딘 위터, CSFB, 리먼브러더스 (Lehman Brothers) 등은 재무분석가로, 캐피털 리서치(Capital Research), 퍼트남(Putnam), 야누스(Janus), 뱅가드(Banguard) 등은 기관투자자로 참여했다. 이에 대한 구체적인 내용은 Palepu, K. G., P. M. Healey, and V. L. Bernard, Business Analysis & Valuation, Chapter 1, Thomson South Western, 2004 참조.

4 — 기간에 따라 이자율이 달라지는 현상을 이자율의 기간구조라 하는데 이에 대해서는 4장에서 살펴본다.

5 — 수의상환권은 채권의 발행자가 만기 이전에 채권을 상환할 수 있는 권리를 말하며, 이러한 권리가 내재된 채권을 수의상환채권이라고 한다. 수의상환채권의 발행자는 시장의 이자율이 낮아지면 현재의 채권을 상환하고 새로운 채권을 발행할 유인을 가진다. 이는 채권발행자에 게 선택권을 부여하는 것이므로 투자자에게는 그만큼 불리하다. 따라서 수의상환 조항이 있 는 채권은 그렇지 않은 채권보다 값이 싸다. 전환권은 투자자가 채권을 주식으로 전환할 수 있는 권리를 말하며, 이러한 권리가 내재된 채권을 전환사채라고 한다. 이 채권은 투자자에 게 선택권을 부여하는 것이므로 그렇지 않은 채권에 비해 값이 비싸다.

6 — 수의상환조건이나 전환조건이 있는 채권의 경우 미래상황에 따라 채권자가 얻게 될 현금흐 름이 변동한다.

7 — 주주가 얻는 현금흐름은 배당이므로 기본적으로 주식가치는 미래배당의 현재가치로 평가할

수 있다(배당평가모형). 그러나 배당을 지급하지 않는 기업들(예를 들어 신생기업, 향후 일정 기간 손실이 예상되어 배당을 지급하지 못하는 기업, 재투자를 위하여 이익을 모두 유보하는 기업 등)에 대해서는 배당평가모형을 적용하기가 쉽지 않다. 잉여현금흐름을 이용한 주식가치의 평가는 배당을 지급하지 않는 기업에도 적용할 수 있다는 장점이 있다.

8 — 앞서 2장에서 현금흐름표를 공부하며 '영업활동으로 인한 현금흐름'을 공부했다. 자기자본만으로 자금을 조달하는 기업의 경우 〈식 5.2〉의 세후영업현금흐름은 '영업활동으로 인한 현금흐름'에서 영업활동으로 인한 자산 · 부채의 변동을 순운전자본의 변동에 따른 현금지출액으로 정리한 것으로 볼 수 있다.

9 — UPS는 주당 50달러에 기업공개를 했다. 공모 첫날 UPS 주가는 67.25달러에 거래가 마감되었으며, 1999년 말 주가는 69달러 수준이었다.

10 — 인플레이션을 반영한 현금흐름 계산에서 한 가지 주의할 점은 감가상각비는 명목현금흐름이라는 것이다. 즉 물가가 상승하더라도 매년 감가상각비는 역사적 취득원가를 기준으로 산출되는 것이기 때문이다. 또 투자기간 말에 회수될 잔존가치가 인플레이션으로 인해 기대치보다 증가하는 경우 그 차액은 명목소득으로 계산되고 그에 따라 법인세가 과세된다.

11 — 이 사례는 Reinhardt, U. E., "Break Even Analysis for Lockheed's Tri Star: An Application of Financial Theory," *Journal of Finance* 27, 1972, pp. 821~838의 내용을 참조하여 이 장의 목적에 맞게 재구성한 것이다.

12 — 항공산업전문가들의 분석에 의하면 학습효과에 의해 항공기는 생산수량이 2배로 증가할 때마다 대당 평균생산비용은 75% 내지 78%의 비율로 감소한다고 한다. 77.4%의 학습효과와 록히드의 관련자료에 근거한 첫 항공기 제작비용은 당시 1억 달러로 추정되며, 210대의 트리스타를 생산하는 경우 대당 현금지출 생산비용은 평균 0.14억 달러로 평가된다. 그러나 록히드는 청문회에서 투자비용 8억 달러, 대당 평균생산비용 0.12억 달러에 트리스타를 생산할 수 있다고 주장했다.

13 — 407대를 생산하는 경우 학습효과에 의해 대당 평균생산비용이 낮아질 것이다. 학습효과를 고려하여 현가기준 손익분기점을 구하는 것은 추가적인 분석이 필요하다. 이에 대한 분석은 생략한다.

14 — 당시 상황을 분석해볼 때 록히드가 트리스타 프로젝트가 자신들의 주장처럼 경제성이 있는 투자안이었다고 확신했는지는 의문이다. 록히드의 증언과 공개되지는 않았지만 생산원가에 대한 분석자료 등을 감안할 때 록히드 역시 트리스타 프로젝트의 경제성에 의문을 가졌을 것이라는 점은 분명하다. 그럼에도 불구하고 경제성이 의문시되는 프로젝트를 강행한

이유는 무엇일까? 많은 분석가들은 록히드가 트리스타 프로젝트를 민간항공기 사업 분야에 진출하는 교두보로 삼으려 했다고 분석한다. 록히드는 트리스타 프로젝트 이전에 주로 군수산업 분야에 주력하고 있었으나, 당시 미 국방부와의 계약에서 큰 손실을 부담하게 되었고 새로운 탈출구를 모색하고 있던 상황이었다. 록히드는 트리스타 프로젝트를 기업의 장기 전략의 일환으로 삼아 비록 손실을 보더라도 그를 통해 새로운 시장을 개척하려는 의도를 가졌던 것으로 해석할 수 있다.

15 — 식의 유도과정은 박정식 · 박종원 · 조재호의 《현대재무관리》 9장을 참조하기 바란다.

16 —Elton, E. J., and M. J. Gruber, Modern Portfolio Theory and Investment Analysis, 4th edition, Wliey & Sons Inc., 1991.

17 — 회귀식의 추정방법에 대해서는 통계학 서적을 참조하기 바란다.

18 — 김남심 · 고창열, 〈투자보수율 산정 사례와 이슈(Ⅱ)〉, 정보통신정책 제14권 22호, 2002년 12월에서 발췌 · 수정한 것이다.

19 — 〈식 9.3〉은 부채 사용에 따른 법인세감세효과의 위험이 자산베타와 같다고 전제한 경우의 평가식이다. 만일 법인세감세효과의 위험이 부채베타와 같다고 보는 경우 〈식 9.3〉은 다음과 같이 변형된다: $\beta_E = \beta_A + (\beta_A - \beta_D)\dfrac{D}{E}(1 - \text{법인세율})$, $\beta_D = 0$인 경우 : $\beta_E = \beta_A((1 + (1 - \text{법인세율})\dfrac{D}{E})$.

20 — 이처럼 기업레버리지(기업의 부채)를 대체한 개인의 레버리지를 'homemade leverage'라고 부른다.

21 —특권적 소비의 예로 호화로운 집무실과 집기 및 차량, 과도한 기부행위, 경제성 없는 투자안에의 투자와 불필요한 M&A를 통한 기업의 규모확장 추구 등을 들 수 있다.

22 —Edward Altman, "A Further Empirical Investigation of the Bankruptcy Cost Question," *Journal of Finance* 39, 1984, PP. 1067~1089.

23 — 부채비율이 높은 기업의 경우 유한책임(limited liability)의 특성을 갖는 주주들은 안전한 투자안보다는 가능성은 낮더라도 큰 수익이 실현될 기회가 있는 위험이 큰 투자안을 선택하려 하는데 이를 '위험자산투자유인'이라 한다. 경영성과의 배분순위에서 채권자가 주주에 우선하므로 안전하지만 큰 수익을 올릴 기회가 없는 투자의 경우 주주에게 돌아올 몫이 없으나, 위험은 크지만 큰 수익이 실현될 기회가 있는 경우 주주에게 돌아올 몫이 있기 때문이다. 안 좋은 상황이 실현되더라도 유한책임의 특성으로 주주가 추가로 부담해야 할 손실은

없다. 또 파산위험이 있는 기업의 주주들은 수익성은 높지만 순현가의 절대규모가 작은 투자안의 경우 투자를 기피하는 경향을 갖는다. 이를 '과소투자유인'이라 부른다.

24 ─ Grullon, G., and R. Michaelely, "Dividends, Share Repurchases, and Substitution Hypothesis," *Journal of Finance* 57, 2002, pp. 1649~1684.

25 ─ Lang, L., and R. Stulz, "Tobin's Q, Corporate Diversification, and Form Performance," *Journal of Political Economy* 102, 1994, pp. 1248~1280; Berger, P., and E. Ofek, "Diversification's Effect on Firm Value," *Journal of Financial Economics* 37, 1995, 39 65; Campa, J., and S. Kedia, "Explaining the Diversification Discount," *Journal of Finance* 57, 2002, pp. 1731~1762.

26 ─ Maksimovic, V., and G. Phillips, "Do Conglomerate Firms Allocate Resources Inefficiently across Industries? Theory and Evidence," *Journal of Finance* 57, 2002, pp. 721~767.

27 ─ Jensen, M., "Agency Costs of Free Cash Flow, Corporate Finance, and Takeovers," *American Economic Review* 76, 1986, pp. 323~329; Jensen, M., and W. Meckling, "Theory of the Firm: Managerial Behavior, Agency Costs, and Ownership Structure," *Journal of Financial Economics* 3, 1976, pp. 305~360.

28 ─ 이 장은 박정식 · 박종원 · 조재호, 《현대재무관리》 제7판, 다산출판사, 2007의 제30장 "기업합병과 취득"의 내용을 발췌하여 정리하고 보완한 것이다.

29 ─ A기업의 주주 입장에서 이와 같은 손실을 입지 않기 위해서는 어떤 대책이 필요할까? 일반적으로 합병은 파산위험과 같은 재무적 압박을 줄여주기 때문에 그만큼 부채의 수용능력도 크게 만든다. 이를 이용하여 합병 이전의 부채상환 없이 단지 합병이 있은 후에 타인자본의 비율을 높이는 것만으로도 합병으로 인한 부의 이전문제를 완화시킬 수 있다. 왜냐하면 합병 이후의 타인자본비용은 위험의 감소로 인해 합병 전에 비해 상대적으로 낮은 수준이며 합병 이후 타인자본의 증가는 파산위험을 높임으로써 그만큼 부의 이전효과를 줄일 수 있기 때문이다.

30 ─ 파생상품의 특성에 대한 자세한 설명과 다양한 위험관리기법의 이용에 대한 구체적인 내용은 조재호 · 박종원 · 조규성, 《선물 · 옵션 · 스왑》, 다산출판사, 2009 참조.

31 ─ 현물시장 포지션이란 현재 투자하고 있는 자산(또는 상품)의 구성을 말한다. 현물이라는 용어는 선도 또는 선물과 대비되는 표현으로 파생상품과 관련된 분야에서 자주 이용한다.

32 — 자산을 공매하면 공매시점에서 빌린 자산을 미래에 구입하여 갚아야 한다. 여기서 현물의 공매포지션(short position)이란 미래에 현물을 매입해야 하는 상황을 말한다.

33 — 조재호 · 박종원 · 조규성, 《선물 · 옵션 · 스왑》, 다산출판사, 2009, 제20장 5절에서 인용.

34 — 이항옵션가격결정모형에 대해서는 조재호 외, 제12장 참조.

35 — 조재호 외, 제13장 참조. 금융자산을 기초자산으로 하는 옵션의 경우에는 옵션의 만기가 짧아 배당수익률이 가치평가에 큰 영향을 미치지 않는다. 그러나 실물옵션의 경우에는 투자안의 만기가 장기이므로 배당수익률 요소를 정확히 파악하여 이를 반영하는 것이 중요하다. 배당수익률은 기초자산의 가치를 감소시키는 역할을 하므로 실물투자안의 경우 배당수익률에 해당되는 요소는 투자안의 시행을 연기하는 동안에 발생하는 추가적인 비용(예 : 경쟁업체의 출현에 따른 투자안의 수익성저하나 소비자기호변화에 의한 수요 감소 등) 요소이다.

36 — La Porta, R., F. Lopez de Silanes, and A. Shleifer, "Corporate ownership around the World," *Journal of Finance* 54, 1999, pp. 471~518.

37 — Shleifer, A. and R. W. Vishney (1996), "A Survey of Corporate Governance," *Journal of Finance* 52, 1997, pp. 737~783.

38 — 순자산가치는 다양한 이유로 자기자본의 적정한 가치를 나타내지 못할 수 있다. 여기서는 지배구조에 문제의 초점을 맞추기 위하여 순자산가치를 적정한 자기자본가치로 가정한다.

KI신서 3054

**리더가 꼭 알아야 할
재무관리 전략**

1판 1쇄 인쇄 2011년 1월 24일
1판 1쇄 발행 2011년 1월 31일

지은이 박종원 **펴낸이** 김영곤 **펴낸곳** (주)북이십일 21세기북스
출판컨텐츠사업부문장 정성진 **출판개발본부장** 김성수 **경제경영팀장** 류혜정
영업 · 마케팅본부장 최창규 **마케팅** 김보미 김현유 강서영 **영업** 이경희 우세웅 박민형
출판등록 2000년 5월 6일 제10-1965호
주소 (우413-756) 경기도 파주시 교하읍 문발리 파주출판단지 518-3
대표전화 031-955-2100 **팩스** 031-955-2151 **이메일** book21@book21.co.kr
홈페이지 www.book21.com **21세기북스 트위터** @21cbook **블로그** b.book21.com

ISBN 978-89-509-2810-7 03320